"211工程"三期重点学科建设项目

《西部大开发与区域发展理论创新》

国家开发银行资助项目

《西部大开发重大战略问题研究基金》

West 西部大开发研究丛书

中国西部人力资源
区域差异与协调发展

Regional Differences and Harmonious
Development of Human Resources
in Western China

周丽苹　陈磊　著

ZHEJIANG UNIVERSITY PRESS
浙江大学出版社

西部大开发研究丛书

目　录

第一章　研究背景

中国西部疆域辽阔,是我国发展的巨大战略回旋余地,在全国发展战略棋盘中占据着极为重要的位置。然而历经时间洗礼、沧海桑田,东、西部地区发展差距的历史存在和过分扩大,成为长期困扰中国经济和社会健康发展的全局性问题。当历史脚步迈入 21 世纪,中国西部大开发战略、"一带一路"倡议的先后实施,西部地区获得了前所未有的强劲的发展动力和广阔的发展空间。人力资源作为经济社会建设的第一要素,是西部大开发战略顺利实施的基本前提和根本保障。西部地区人力资源丰富,但如何发掘并发挥最佳效能,离不开西部地区经济社会发展的历史与环境,离不开西部大开发的战略构想和要求,离不开"一带一路"倡议为西部发展带来的机遇和挑战。

一、中国西部大开发战略

1978 年,中国共产党十一届三中全会以后,改革开放和社会主义现代化建设全面展开。以邓小平同志为核心的中央领导集体制定了我国现代化建设"三步走"的战略目标和战略步骤:第一步目标,从 1981 年到 1990 年,实现国民生产总值翻一番,解决全国人民的温饱问题;第二步目标,从 1991 年到 20 世纪末,国民生产总值比 1980 年翻两番,人民生活实现小康;第三步目标,到 21 世纪中叶基本实现现代化,人均国民生产总值达到中等发达国家水平,人民过上比较富裕的生活。同时也提出了包括促进东、西部地区经济合理布局和协调发展的"两个大局"战略构想:"一个大局"是沿海地区加快对外开放,较快地先发展起来,内地要顾全这个大局;另"一个大局"是沿海地区发展到一定时期,拿出更多的力量帮助内地发展,沿海地区也要顾全这个大局。当人类社会告别 20 世纪,跨入 21 世纪之际,我国终于实现了现代化建设"三步走"战略目标的第二步目标,即人民生活实现小康。然而"两个大局"战略下区域发展"梯次推进"、东部沿海率先发展策略所引发的负面效应也开始出现。经济方面,改革开放以来不断扩大的东西部差距,不但制约了东部沿海地区的进一步发展,而且西部地区经济发展滞后,影响了人民生活水平的提高;社会方面,东西部差距引起一系列社会问题,一方面是西部地区的社会秩序开始出现不稳定,另一方面西部大量人口涌入东部地区,给东部地区稳定带来一定影响;环境方面,由于过度开发,西部地区的生态环境开始恶化,出现以洪涝灾害、沙尘暴为特征的环境问题(马述忠,冯晗,2011)。西部发展在国家发展战略中占有举足轻重的地位,西部经济总量、发展速度、财政收入、人民生活、基础设施、生态环境等与东部差距显著并持续扩大,区域发展不协调的矛盾日益突出,必将严重影响到全国实现全面小康、最终实现现代化的进程。在经历20多年改革开放后的中国,经济快速发展,国家综合实力明显增强,具备了为西部大开发提供较大规模的资金和技术支持的能力,实现"两个大局"中的第二个大局的时机和条件已经成熟,西部大开发被提上国家重要议事日程。1999年中共十五届四中全会通过的《中共中央关于国有企业改革和发展若干重大问题的决定》明确国家要实施西部大开发战略。2000年中共十五届五中全会通过的《中共中央关于制定国民经济和社会发展第十个五年计划的建议》强调"实施西部大开发,促进地区协调发展",指出要坚持从实际出发,积极进取、量力而行,统筹规划、科学论证,突出重点、分步实施。力争用5到10年时间,使西部地区基础设施和生态环境建设有突破性进展,西部开发有一个良好的开局。2000年10月《国务院关于实施西部大开发若干政策措施的通知》明确了西部大开发的战略目标和相关政策措施,组建西部地区开发领导小组及其办公室,专门负责组织贯彻落实中央、国务院关于西部地区开发的方针、政策。2001年9月,国务院办公厅转发《国务院西部开发办关于西部大开发若干政策措施的实施意见的通知》提出70条政策措施实施意见。中央各部委相继出台更为具体的政策,涉及财政与税收、金融信贷、投资及引资、基础设施建设、产业发展、农业及农村经济发展、教育及人力资源开发、文化建设、科技、民族地区发展、司法援助、扶贫、资源开发与环境保护等13大类,西部地区各省区市也出台相应政策措施,共同构成比较完善的西部大开发的政策体系并正式实施。自此,西部拉开了大开发的序幕。

至今西部大开发战略已实施19年,西部地区基础设施建设、生态环境保护、特色优势产业发展、经济结构调整、民生改善等方面取得长足进步,为到2020年全面建成小康社会打下了比较坚实的基础。根据2018年8月30日《国家发展改革委举行新闻发布会介绍西部大开发进展情况》,主要体现在以下7大方面①:

经济呈现快速发展的良好势头。2000—2017年,西部地区生产总值年均增速达14.66%,在东、中、西、东北四大区域中位居第一。在快速增长的带动下,西部地区生产总值(GDP)总量从2000年的1.67万亿元增加到2017年的17.1万亿元,占全国的比重也由16.79%逐步提高到20.00%。2013—2017年的5年间,主要经济指标高于全国平均水平,一些省份经济指标长年位居全国前列;全社会固定资产投资年均增长超过13%,进出口总额年均增长6.4%,占全国的比重分别从23.8%、6.1%提高到26.4%和7.5%。

基础设施保障能力全面增强。西电东送、西气东输等一批具有重要影响的能源工程相继竣工;青藏铁路、兰新铁路第二双线、兰渝铁路、西成高铁等一批重要交通干线相继投入运营,铁路运营里程达到5.4万公里,其中高速铁路7618公里;高速公路通车里程突破5万公里;民用运输机场数量达114个,占全国比重近50%;金沙江梯级水电站以及广西百色、四川紫坪铺等一批大型水利枢纽建成并发挥效益;新一代信息基础设施建设顺利推进,移动互联网覆盖面不断扩大。

特色优势产业发展壮大。西部地区产业体系和市场体系建设取得明显成效,电力、煤炭、石油天然气、有色金属、棉花、畜牧、生态旅游、装备制造、高新技术等特色优势产业,在全国已占有重要位置,经济增长的内生动力不断增强。已建成一批国家重要的能源基地、资源深加工基地、装备制造业基地和战略性新兴产业基地,成为国民经济的重要支撑。各地区充分发挥自身优势,加快产业转型升级,如重庆的汽车、电子信息产业,贵州的大数据、大健康、大旅

① 国家发展改革委员会.国家发展改革委举行新闻发布会介绍西部大开发进展情况[EB/OL].[2018-08-30].https://news.sina.com.cn/o/2018-08-30/doc-ihiixyeu1372950.shtml.

游产业等蓬勃发展。随着产业结构调整步伐加快,工业化迈入中期发展阶段,城市化率进一步提高。

生态环境保护取得明显成效。退耕还林、退牧还草、天然林保护、风沙源治理等一批重点生态环境保护工程稳步推进,国家在西部地区设立了37个生态文明先行示范区,生态补偿机制初步建立。2013—2017年,西部地区安排新一轮退耕还林还草3865.6万亩,面积累计达1.26亿亩,森林覆盖率进一步提高。草原、湿地等重要生态系统得到有效保护和恢复,地区生态环境明显改善,国家生态安全屏障得到巩固。

社会事业建设和人民生活水平持续改善。2017年城镇和农村居民人均可支配收入分别达到3.1万元和1.1万元,是2000年的5.54倍和6.47倍,年均增长超过10%;实施农村精准扶贫、脱贫战略,通过整村推进、就业培训、产业扶贫、金融扶贫、连片特困地区脱贫攻坚、东西部地区扶贫协作等,西部地区脱贫减贫成效显著,农村贫困人口大幅减少,2013—2017年超过3500万贫困人口实现脱贫,目前西部地区贫困发生率全部下降到10%以下;西部地区"基本普及九年义务教育""基本扫除青壮年文盲"的"两基攻坚计划"如期完成,"两基"人口覆盖率达到100%;农村三级卫生机构建设稳步推进,新型农村合作医疗制度参合率明显提高;全力推进农村饮水安全工程建设,全面解决了无电人口用电问题,实现用电人口全覆盖;覆盖城乡的社会保障体系初步建立,社会保障覆盖面不断扩大。四川汶川、芦山,云南鲁甸,青海玉树,甘肃舟曲等灾区灾后恢复重建顺利完成。

对外开放迈出新的步伐。得益于基础设施不断完善、外向型产业不断发展壮大、边境开发和口岸建设速度不断加快、富民兴边等工程的实施,西部地区外向型经济的环境得到极大改善,开放型经济水平不断提高。截至2015年9月,实际使用外资417.6亿元,同比增长18.2%。非金融类对外投资76.2亿美元,同比增长19%。① 积极参与和融入"一带一路"建设,中欧班列快速发展,宁夏、贵州内陆开放型经济试验区和广西凭祥、云南瑞丽、内蒙古满洲里等重点开发开放试验区建设稳步推进;积极承接东部沿海地区产业转移和投资

---

① 国家发展和改革委员会.国家西部开发报告2017[M].杭州:浙江大学出版社,2017:3.

创业,东西部合作势头良好。

西部大开发促进了全国经济发展。西部地区为东部地区提供了大量能源、矿产品、特色农产业等资源,保证了经济发展和人民生活的需要。同时,西部地区重点工程建设所需的设备、材料、技术和人才,来自全国各地,扩大了市场空间,促进了产业结构调整,增加了就业岗位。

按照国家西部大开发五十年规划,目前西部大开发已处于第二阶段的中期。如果说第一阶段(2001—2010年)是奠定发展基础的十年的话,第二阶段(2010—2030年)则是全面深入推进西部发展承前启后的关键时期。那么,西部目前处于哪个发展阶段?工业化是一个国家或地区经济发展与现代化进程的重要标志。关于经济发展阶段与工业化进程的对应关系,钱纳里多国模型无疑为重要的划分依据。美国著名经济学家霍利斯·钱纳里(Hollis B. Chenery)利用第二次世界大战后发展中国家,特别是其中的9个准工业化国家(地区)1960—1980年间的历史资料建立了多国模型,根据人均国内生产总值,将不发达经济到成熟工业经济整个变化过程划分为三个阶段六个时期,即工业化初期、工业化初期向中期过渡、工业化中期、工业化中期向后期过渡、工业化后期、后工业化时期,而且从任何一个发展阶段向更高一个阶段的跃进都是通过产业结构转化来推动的。从工业化初期到后工业化时期,产业结构将发生从"一、二、三"到"二、三、一"再到"三、二、一"的演进。

城市化又是工业化的产物,美国城市地理学家诺瑟姆(Ray. M. Northam)的城市化进程"S"曲线,揭示了城市化率与产业就业的对应关系:在城市化初始阶段,城市化率低于30%,农业经济占主导地位,第一产业就业比重在50%以上,第二、三产业各占20%左右;在城市化率从30%提升至70%的城市化加速阶段,也是"传统乡村社会"向"现代城市社会"转变的关键时期,第二、三产业迅速崛起并占据主导地位,从而提供更多的就业机会,农业劳动生产率提高而释放大量农村剩余劳动力转移到第二、三产业,就业比重持续上升;当城市化率超过70%进入城市化成熟阶段,第三产业大规模发展,就业比重上升到50%以上,第二产业则稳定在30%左右,第一产业下降到10%以下。

这些经典理论为准确判断西部地区发展阶段提供了理论论据。有研究从经济发展水平、三次产业结构和工业化率、三次产业就业结构、城市化进程四个方面判断"十一五"期间西部地区所处发展阶段:从经济发展水平看,2011年西部地区人均生产总值达到27561元,超过4000美元,已经从工业化初期开始进入工业化中期,处于经济增长加速、可持续发展能力增强的时期;从三次产业结构和工业化率看,2010年西部地区三次产业产值结构为13.1:50.0:36.9,第二产业产值占全部生产总值的比重达到50.0%,开始进入工业化中期;从三次产业就业结构看,2008年第一产业就业比重为50.2%,第二产业仅为18.3%,仍处于工业化初期;从城市化进程看,2011年西部地区城市化率为43.2%,仍处于工业化初期。综合起来,"十一五"期间西部地区已经从工业化初期进入工业化中期,正处于工业化中期的早期阶段(钱滔,2012)。同样,另一项评估研究发现,"十一五"期间,西部各省域处于不同的发展阶段,具体为内蒙古处于工业化后期前半阶段,青海、宁夏、陕西、四川处于工业化中期后半阶段,广西、甘肃、云南、贵州处于工业化中期前半阶段,西藏、新疆处于工业化初期后半阶段(黄群慧,2013)。魏后凯等通过观察西部地区人均收入水平、三次产业产值结构和就业结构、工业内部结构的变动情况,并结合西部地区拥有的资源要素禀赋、特色优势产业的现状与发展前景以及国家对西部地区发展的战略倾斜,判断"十二五"期间西部地区所处的发展阶段:2013年西部地区人均GDP为5463.7美元,第一产业产值比重在12%左右,2012年重工业比重为72.2%,处于重工业化向高加工度化阶段转变的时期。根据钱纳里模型,研究认为"十二五"期间西部地区总体上处于工业化中期阶段(魏后凯,2016)。根据这些研究大致可以判断,近十年我国西部地区已跨入工业化中期,目前尚处于工业化中期。

纵观发达国家和我国东部沿海地区的发展历程和经验,进入工业化中期阶段,经济发展的显著特征是:经济结构调整频繁、结构变动剧烈。这种调整和变动在推动工业发展、加速经济增长方面起到核心的作用。资本投入虽然仍是经济增长的主角,但总的趋势将逐步下降,因技术进步引起的全要素生产率提高对经济增长的贡献会逐步上升,最后取代资本而成为经济增长最主要的因素。可以断定,处于工业化中期的西部地区,产业结构调整和技术进步因素在较长时期内和很大程度上将决定其经济增长的速度和质量。早在国家实施西部大开发战略10周年之际,《中共中央国务院关于深入实施西部大开发战略的若干意见》(中发〔2010〕11号)将"增强自我发展能力"作为进一步提升西部发展保障能力的着力之举,提出要以科技进步和人才开发为支撑,更加注重自主创新,实现发展方式的转变。2018年8月21日,李克强总理主持召开新一届国务院西部地区开发领导小组会议,在部署深入推进西部开发工作时,李总理指出,"西部地区要提高自我发展能力,必须进一步营造更具竞争力的'软环境'"。"要立足自身实际推动创新,以'双创'为抓手,促进提升西部产业竞争力,在培育新动能和传统动能改造升级上迈出更大步伐。"在当前国际国内发展环境发生重大而深刻变化的大背景下,西部大开发迫切需要进入深入推进的新阶段——从奠定发展保障能力向增强自我发展能力的转变,需要实现由注重对"物"的开发向注重对"人"的开发的重大转变。然而事实上,近年西部经济的高速增长主要还是依靠资源性产业,投资高速扩张,能源、资源高消耗和"三废"高排放来支撑,以高投入、高消耗、高排放为特征的粗放模式不仅使西部经济发展缺乏持久的后劲和可持续性,发展质量不高、环境问题突出,也不免陷入"经济要发展"和"生态要保护"互相矛盾的"两难"境地。要走出"两难"境地,西部地区必须彻底摒弃传统的粗放发展模式,打破对自然资源和投资的高度依赖状况,充分发掘西部地区丰富的人力资源,充分发挥人力资本的作用,激活自身的"造血"功能,增强内生动力和自我可持续的发展能力,提升区域创新能力,促进绿色循环低碳发展,依靠创新驱动实现转型发展。

二、"一带一路"倡议的重大机遇

2013年9月和10月,习近平总书记在出访中亚和东南亚国家期间,先后提出共建"丝绸之路经济带"和"21世纪海上丝绸之路"(以下简称"一带一路")的重大倡议,得到国际社会的高度关注和有关国家的积极响应。

推进"一带一路"倡议,是党中央、国务院根据全球形势变化,统筹国际国内两个大局做出的重大决策,实质是借用古代丝绸之路的历史符号,以和平发展、合作共赢为时代主题,积极主动地发展与沿线国家经济合作伙伴关系,共同打造政治互信、经济融合、文化包容的利益共同体、命运共同体和责任共同体,对开创我国全方位对外开放新格局,推进中华民族伟大复兴进程,促进世界和平发展,都具有划时代的重大意义。2014年3月,国家发展改革委、外交部、商务部联合发布《推动共建丝绸之路经济带和 21 世纪海上丝绸之路的愿景与行动》(以下简称《愿景与行动》),指出共建"一带一路"旨在促进经济要素有序自由流动、资源高效配置和市场深度融合,推动沿线各国实现经济政策协调,开展更大范围、更高水平、更深层次的区域合作,共同打造开放、包容、均衡、普惠的区域经济合作架构。借助于"一带一路"的平台,中国可以进一步融入区域经济一体化和经济全球化,提升经济的国际竞争力和影响力,从而成为我国政府"优化经济发展空间格局"的重要途径。

自 20 世纪 70 年代末、80 年代初开始,我国对外开放重点一直在东南沿海,广东、福建、江苏、浙江、上海等省市成为对外开放"领头羊"和最先的受益者,而广大中、西部地区始终扮演着"追随者"的角色,对外开放总体呈现东快西慢、海强陆弱的格局。西部地区地处内陆,区位优势相对不足,对外开放起步晚、水平低,开放型经济发展相对缓慢,在一定程度上造成了东、中、西部发展的区域失衡。西部地区拥有中国 72% 的国土面积、27% 的人口,与 13 个国家接壤,陆路边境线长达 1.85 万公里,但对外贸易的总量只占中国的 6%,利用外资和对外投资所占的比重不足 10%。中国扩大对外开放最大的潜力在西部,拓展开放型经济广度和深度的主攻方向也在西部。自 2000 年以来,西部大开发建设一直依赖于东部沿海地区以及国家政策、财政的支持,虽取得显著成就,但与东部地区仍然存在较大差距。未来西部大开发,需要建立在对内对外开放的基础上,通过扩大向西开放,使中国西部地区与中亚、南亚、西亚的贸易往来和经济合作得以加强。"丝绸之路经济带"就是中国形成全方位对外开放格局,实现东、西部均衡协调发展的关键一环。[①]

"丝绸之路经济带"贯穿我国新疆、青海、宁夏、甘肃、陕西、四川、云南、重庆、广西 9 省区市。国家发改委等部委的《愿景与行动》对国内"一带一路"沿线相关省份做出明晰的功能定位,对西部地区的宏观策略为[②]:

西北地区。发挥新疆的区位优势和向西开放重要窗口作用,深化与中亚、南亚、西亚等国家交流合作,形成丝绸之路经济带上重要的交通枢纽、商贸物

---

① 冯宗宪."一带一路"构想的战略意义[N].光明日报,2014-10-20.

② 国家发展改革委,外交部,商务部.推动共建丝绸之路经济带和 21 世纪海上丝绸之路的愿景与行动[EB/OL].新华网.www.xinhuanet.com/world/2015-03/28/c_127631962.htm.

流和文化科教中心,打造丝绸之路经济带核心区。发挥陕西、甘肃综合经济文化和宁夏、青海民族人文优势,打造西安内陆型改革开放新高地,加快兰州、西宁开发开放,推进宁夏内陆开放型经济试验区建设,形成面向中亚、南亚、西亚国家的通道、商贸物流枢纽、重要产业和人文交流基地。发挥内蒙古联通俄蒙的区位优势。

西南地区。发挥广西与东盟国家陆海相邻的独特优势,加快北部湾经济区和珠江—西江经济带开放发展,构建面向东盟区域的国际通道,打造西南、中南地区开放发展新的战略支点,形成 21 世纪海上丝绸之路与丝绸之路经济带有机衔接的重要门户。发挥云南区位优势,推进与周边国家的国际运输通道建设,打造大湄公河次区域经济合作新高地,建设成为面向南亚、东南亚的辐射中心。推进西藏与尼泊尔等国家边境贸易和旅游文化合作。

内陆地区。利用内陆纵深广阔、人力资源丰富、产业基础较好优势,依托长江中游城市群、成渝城市群、中原城市群、呼包鄂榆城市群、哈长城市群等重点区域,推动区域互动合作和产业集聚发展,打造重庆西部开发开放重要支撑和成都、郑州、武汉、长沙、南昌、合肥等内陆开放型经济高地。

显然,"一带一路"倡议使我国对外开放的地理格局发生了重大调整,不仅为缓解长期存在的区域发展不均衡问题寻找一种创新性的出路,更是将我国西部地区在国家对外开放战略中所扮演的角色从长期的"追随者"推到了"牵头者",西部地区作为中国连通西亚、中亚、南亚、欧洲,开展经济商贸、人文交流的重要枢纽,与东部地区一起承担起中国走出去的历史重任,"一带一路"倡议为西部大开发注入了崭新的、强劲的发展动力。

人力资源作为发展经济的最基础条件和基本要素,是 21 世纪知识经济时代与经济全球化背景下重要的资源。加强西部地区人力资源的开发和建设,不仅关系到西部地区经济结构的转型升级,关系到西部地区未来经济社会的发展后劲和潜力,更关系到西部地区承担起"一带一路"倡议的"牵头者"和开发与振兴的重任的能力,关系到我国对外开放中生产要素从过去由发达国家引入转向向发展中国家输出的重大转折的顺利实现。同时需要看到,"一带一路"沿线国家,特别是南亚和东南亚国家的人力资源丰富,一旦他们获得充分的基础设施,这些国家很可能会成为中国制造业的有力竞争者,我们将面临产业安全的风险。那么,西部地区人力资源是否具备参与国际竞争的实力和优势? 是否具备撑起中国产业优势的能力和潜力? 我们面对的现实是,由于历史、政治、经济、社会、文化等方面沿革路径的不同,加之中国改革开放以来长达40多年横跨我国东、中、西部地区的人口大规模的迁移流动,西部地区的大量青壮年劳动力流失和人才流失,无论在数量上还是质量上都与东部地区存在巨大差距。与此同时,虽然西部大开发战略使西部社会经济获得了长足发展,但多是依靠国家的财政扶持和物质投入,人力资本对地区生产总值的贡献率远远低于物质资本的贡献率,发展的内生动力明显不足。

为此,厘清西部地区人力资源的现状、水平、区域差异,把握西部人力资源参与国家对外开放战略所具备的比较优势和劣势,分析制约西部地区提升人力资源水平、储备的种种障碍,在西部大开发新进程、"一带一路"倡议大环境中寻求增强西部地区人力资源有效集聚的机遇、思路与途径,对加快人力资源开发建设,筑起人力资本高地,增强国际竞争能力,承担起"牵头者"重任都具有十分重要的现实意义和战略意义。是为本研究之初心。

第二章　西部人力资源研究概述

关于中国西部地区人力资源的研究,科研成果大量出现始于 2000 年我国实施西部大开发战略。内容主要涉及西部地区人力资源现状及制约因素的研究、东(中)西部地区人力资源水平的比较研究、西部地区人力资源开发与教育的关系研究、人力资源开发与西部大开发政策相关的研究等。

一、西部人力资源现状与问题研究

(一)西部地区人力资源的现状

作为一种资源,人力资源同样具有量和质的规定性,可以用劳动者的数量和质量来综合反映人力资源的状况。众多研究利用人口普查数据、年度统计数据等多种资料分析西部地区人力资源状况,得出比较一致的结论:西部地区人力资源数量丰富,但质量偏低。

王桂新等(2006)利用 2000 年第五次全国人口普查资料进行分析,认为在以后相当长时期内,西部地区的人口增长将异常迅速,人力资源的供给较为充足。但人力资源质量水平不高,人才资源数量匮乏且人才资源分布不平衡,表现为:一是地域上的分布不平衡,重庆、成都、西安、兰州是西部地区高等院校、科研院所和高科技企业集中的城市,人才资源集中丰富,但贫困地区和自然资源较为恶劣的地区,人才资源匮乏。二是人才结构分布不平衡,具有大专以上学历的人才比重很小,专业技术人才和高级人才相当缺乏。峻峰(2005)认为西部地区不仅现存人力资源数量庞大,即绝对数大,增长速度高于全国平均水平,而且从西部地区劳动年龄人口比重略低于全国平均水平、人口负担系数较高来看,西部地区潜在人力资源供给丰富。谭捷(2006)从静态(人口总量)和动态(人口增长速度)两方面对西部人力资源数量进行了说明:静态分析认为西部地区人口众多;动态分析认为由于西部是少数民族聚居地,而我国对少数民族地区实行较为宽松的计划生育政策,因而西部地区人口增长速度明显快于东部地区。但西部人口和人力资源的质量水平不高,且各地区之间差异明显,具体表现为文盲、半文盲人口比例较高,就业人员受教育程度低,医疗保健水平不高。汤甬(2010)根据普查数据资料中的西部地区在人口增长速度、劳动年龄人口增长情况、自然增长率方面均高于全国平均水平和中、东部地区,预测出西部地区未来人力资源总量丰富。但从人均预期寿命、文盲率、受教育程度等方面,均分析出西部地区人力资源质量低下。段小梅等(2015)分析表明,西部地区人力资源丰富,但人口增速减缓,人口占全国人口的比重逐年降低。2000—2011年间,西部地区人口总量从2000年的35635万人增长到2011年的36222万人,12年内增长了587万人,增幅较小,仅为1.65%,已进入人口低速增长阶段。西部人口占全国的比重自2000年的28.12%下降至2011年的26.88%,降低了1.24个百分点。自2000年西部大开发以来,尽管西部地区人口文盲率已明显下降,受教育程度整体提升,十几年来推行的全民教育工作取得初步成效,但目前西部地区人口素质仍然偏低。根据2010年人口普查资料,除广西和重庆人均预期寿命超过全国平均水平,其余省区均低于全国的平均水平。人力资源健康状况较差,而且西部地区人才总量不足、高层次人才尤其紧缺。姚引妹等(2012)利用第五次、第六次人口普查资料分析,认为实施西部大开发战略以来,西部地区人才资源总量稳步增长,人才队伍素质逐步提高,人才效能明显改善,但仍存在人才资源总量少,人才队伍整体素质不高,人才结构不合理等问题。

关于西部地区人力资源的利用效率、产业匹配和流动情况,不少研究也做出研究和结论。事实上,早在1978年改革开放之初,东、西部人口产业结构与产值结构表现出大致相同的结构特征,但在1978—1998年的20年中,东西部都出现了相同方向的变动趋势,变动速度和效率却大相径庭。罗淳、吕昭河(2007)的研究表明,20年中,中、西部地区产业结构变化比东部地区小得多,人口产业结构转变更严重滞后于产业结构转变。在世纪交替之际,当东部地区大步跨入工业社会的同时,西部地区仍然处于农业占重要地位的社会发展阶段,大部分劳动力以农业劳动为主,人力资源的产业分布存在结构性失衡。张绘(2017)的研究指出,在西部地区城镇化进程中:一方面,进城农民的职业培训没有跟上,农业转移人口自身受教育程度和职业技能水平较低,导致其收入水平难以随着经济增长而提高,影响了扩大内需、消费结构的升级;另一方面,西部地区高技能人才和创新人才不足,导致地区经济转型升级困难。产业转型所需人才不足和农业转移人口就业渠道狭窄并存,人力资源结构性矛盾突出,宏观经济效率难以提高。周楠楠(2017)的研究则指出,西部地区产业结构与人力资本结构协同发展存在人才流动与产业结构配比不合理、人力资本流动困难,产业转化能力不高、产业结构演进速度缓慢,人力资本分布不均衡、产业结构类同化高,人力资本素质有待提高、人力资本信息获取不对称等问题。

关于西部地区人才外流与人才效率,王桂新等(2006)研究指出,西部地区人才资源存在利用效率低下、浪费明显、流失严重等问题。虽然西部部分地区人才储备丰富、分布密集,但这些人才并没有发挥很好的作用,人才结构与经济结构不匹配,西部地区经济发展落后是造成人才实际利用效率低下的根本原因,存在大量"学非所用""用非所学"的现象。实际上,西部开发面临的最为严重的问题是大量的"人才外流",严重的人才流失不仅大大削弱了西部地区科技竞争力,而且也影响了对新的科技人才的吸引力。彭磊(2006)认为,西部地区人才流失严重的一个重要原因是部分省份过分注重引进人才而忽略留住人才,重外来人才轻本地人才,导致了大量的人才浪费和本地人才外流等现象。段小梅等(2015)研究指出,改革开放以来,东西部发展差距拉大,东部发达地区凭借优越的区位条件、发达的经济社会水平、优厚的薪资待遇和广阔的发展空间,对人才尤其是高层次人才有着极强的吸引力,更导致西部人才"孔雀东南飞",大量外流。自 20 世纪 80 年代以来,西部人才流出量是流入量的两倍以上,特别是中青年骨干人才大量外流。甘肃省每年在外地高校培养的非师范类毕业生的回归率只有 40%。在过去 10 年,百年高校兰州大学流失的高水平人才,完全可以再办一所同样水平的大学。[①] 中国科学院地质与地球物理研究所兰州近代物理所虽有着全球领先的实验条件,但近 5 年来,该所有 50 多名学术骨干与资深研究人员相继离开,人才流失量占到所里骨干团队总人

---

① 提升西部薪酬待遇 扭转人才流失现状[N].甘肃日报,2011-03-10.

数的 1/10。①

综合众多学者的分析,西部人力资源现状及问题主要表现为:其一,人力资源总量丰富,但人力资本存量低,高质量人才不足;其二,人力资源就业层次低,农业人口比重大,工业和服务业从业人口比重小;其三,人力资源存在大量浪费,本地人才流失严重;其四,人力资源分布严重失衡,配置效率低下。

(二)西部地区人力资源问题成因研究

关于西部地区人力资源现状与问题的成因研究众多。伍爱春、杨熙(2001)认为造成我国西部地区人力资源现状与问题的成因主要有三点:(1)在思想上对人力资源的重视不够,主要表现在企业不重视人力资源的作用,不注重员工的再培训和再学习,以及缺乏“以人为本”的管理;(2)西部地区对人力资源投资经费严重不足;(3)人才管理体制上存在的问题,导致人才外流。万丽娟等(2003)针对西部地区人力资源开发存在的问题,认为其原因是:(1)经济发展落后,各种条件艰苦;(2)思想观念陈旧,管理体制落后,人才发挥作用的软环境较差;(3)科研成果转化机制不健全;(4)生活待遇低下,缺乏实在的东西来吸引人才、留住人才。李娜(2005)重点分析了人力资源浪费现象和人才流失现象,同时提出西部人力资源流失的根本原因为以下四方面:其一,没有处理好引进外来人力资源与培养当地人力资源的关系;其二,没有建立一套公平合理的人力资源激励机制;其三,缺乏发展事业的物质条件,各种基础设施和配套政策不完善;其四,管理混乱,制度缺乏普适性。李兴江等(2007)对中国欠发达地区人才资源形成特点及制约因素的分析,可以反映西部地区人才资源建设面临的困境。其研究认为,欠发达地区存在人才形成的平均周期相对较长、人才形成过程中整体素质培养不全面、人才结构的调控体系不健全、人才成才动力不足、人才形成的途径有限、人才形成的环境缺乏、人才形成的经济支持能力不强等问题。形成这些问题的原因复杂,有个体因素或家庭因素,也有客观因素、主观因素,还有政府的、制度和政策方面的因素,包括教育水平的影响、经济发展水平的制约、观念和环境的影响、人才制度的影响等。

---

① 西部科技陷入“欠发达缺资金缺人才”恶性怪圈[EB/OL].[2018-12-20].http://tech.gmw.cn/2014-02-21/content_10467935.htm.

因人才制度或人才管理机制不健全对西部地区人才资源建设的影响,王桂新等(2006)认为,人力资本投资体制不健全,人才管理僵硬、滞后,人才对科技创新的效果甚微,市场化进程滞后,是阻碍西部地区人才资源建设的重要原因。段兴民(2009)从西部可持续发展的角度出发,认为西部地区过分注重物质资本投资而忽略人力资源投资是西部落后东部地区的最主要原因,同时观念落后,政府转变职能慢,体制障碍,还存在着机关企事业单位内部人才流动不畅,户籍管理和流动人口制度不能适应人才柔性流动的要求,社会保障体系不健全,收入分配制度不合理等问题,这些都导致了西部人力资本现状难以与社会经济可持续发展相适应。欧鎏(2011)通过论证人力资源对西部地区经济发展的重要性,提出影响西部人力资源开发的因素包括:人力资源观念滞后,人才队伍整体素质不高;西部农业剩余劳动力对区域经济发展的消极影响;财政对人才培养的投资力度不大。韦欣(2014)从西部人力资本投资优化角度出发,认为西部人力资本存量低下的主要原因是人力资本配置不合理,流动机制不完善,投资途径单一,等等。毛瑛等(2015)研究发现,我国西部地区各省卫生人力资源配置存在区域性差异,区域间经济实力差异是导致各省卫生人力资源配置不公平的主要根源,经济实力对卫生人力资源的吸引与保留也存在很大影响。

综观各种研究结论,我国西部地区人力资源现状形成的原因主要有以下三个方面:(1)观念落后,开发意识淡薄,没有充分重视人力资源在经济社会发展中的地位和作用,人才成长和发展缺乏良好的环境;(2)经济发展落后,财政收入有限,对人力资本投入不足,使得人力资本投资回报率低下,从而形成恶性循环;(3)各种用人制度不健全,缺乏人才培养和吸引的激励机制,造成人才使用效能低下,高质量人才的大量流失。

二、西部人力资源开发的对策研究

针对西部地区人力资源的现状、问题及成因,许多学者对加快西部地区人力资源开发从不同角度提出建议和对策。李建民(2000)认为,西部开发的关键在于西部地区人力资本的投资,他从西部地区落后的教育发展、较少的政府投入和低程度的人力资源开发这三个方面分析了人力资源开发的现状,借鉴内生性经济增长理论的启示,提出了三方面人力资源开发的基本内容:一是加大政府对教育的投入;二是开放人力资本投资市场,鼓励社会资源积极进入人力资本投资领域;三是以市场为导向,建立人力资本运营机制。杨锦英(2002)从体制改革方面入手,认为西部地区人力资源深度开发主要有两个突破口:一是建立起以人力资源开发为中心价值取向的现代企业制度;二是打破行政配置,坚持和完善人力资源市场化配置,使政府的宏观管理不是阻碍,而能推动人力资源市场化配置的健康发展。王桂新等(2006)认为,关键不在于引进人才,而在于建立一套发现人才、留住人才、使用人才、激励人才不断进行科技创新的机制和有效的科技成果转化体制,构建以组织为主体的多元化、多层次人才管理与开发系统,建立健全高效的科技创新体系。刘云、杨欣仪(2009)从西部地区人力资源开发的现状和落后原因出发,从教育和市场角度出发,提出西部人力资源开发应从以下五个方面出发:(1)继续加大对西部地区教育事业的政策支持;(2)创新人力资源开发制度,改革人才管理模式;(3)创新教育理念,更加注重培养创新型人才;(4)构建人力资本投资与回报的循环机制;(5)深化西部地区人事管理改革,促进人力资源市场繁荣。刘金玉(2011)从西部人才现状及其原因出发,通过对比全国、东北、东部、中部和西部地区的人才状况,提出解决西部人才问题的四项对策:(1)加大扎根西部企业的政府扶植力度;(2)发挥市场机制,加强宏观调控;(3)构建留住人才的"小环境";(4)提高教育质量,重视人力资源开发。郭会娟(2012)通过实证分析1999—2004年西部地区经济发展过程中人力资本投资状况,提出了西部地区人力资本开发的对策:(1)经济发展与人力资本开发相辅相成;(2)加快建立新型农村合作医疗制度;(3)加快西部文化产业建设。谈君豪(2013)结合西部经济社会发展的现实状况,提出西部地区人力资源开发应当从以下三个方面着手:(1)树立以人为本的人才观念;(2)多元化投资模式,拓展人力资源开发渠道;(3)建立科学的管理制度。汤伟娜等(2015)认为要提升西部地区工业企业人力资源竞争力,需要通过提升人力资源经济支撑力、教育开发力、环境支持力和健康保障力来实现。周楠楠(2017)针对西部地区产业结构与人力资本结构协同发展面临的困境,提出要强化人力资源调控和配置,突显人力资本比较优势,抓好两条教育主线——高等教育和职业教育,推动人力资本的市场运作,实现人力资本结构优化、西部地区产业结构与人力资本结构协同发展。谭周令等(2018)通过对西部大开发的净政策效应分析发现,在政策效应为正的地区,西部大开发政策对政府参与促进作用不显著,但对人力资源具有显著的吸收作用。在净政策效应为负的地区,政策实施对政府参与具有强化作用,但对人力资源具有显著的"挤出效应",为此提出,西部地区需要加大"软环境"建设,通过提升社会制度建设、加大教育资源投入和人才培养与引进工作,将外环境内化为地区经济发展的新增长动能,不能以政府替代市场,避免政府权力强行干预市场或过度开发自然资源而达到实现政绩的目的。

综合以上学者的几种观点,有关西部人力资源开发的对策建议为下述四个方面:其一,转变落后观念,树立"以人为本"的思想;其二,加大教育投资力度,积极发展职业教育,将学校教育、社会培训、企业学习结合起来,积极发展教育事业,创新教育模式;其三,以产业结构调整促进人力资源配置结构优化,改造传统农业,大力发展非农产业,逐步转移农村剩余劳动力,将人力资源数量优势转化为人力资源质量优势;其四,发挥市场手段多渠道引资、引智的同时,培养地方人才,构建多元化、多层次人才管理与开发系统,营造良好的用人环境。

三、人力资源评价指标研究

西方经济学从舒尔茨、贝克尔、丹尼森等人力资本理论的鼻祖开始,就人力资本对社会宏观的经济增长进行了多层次的研究,特别是以人力资本内生经济增长模型为代表的新经济增长理论,较为深入地揭示了人力资本在经济增长中的特殊作用,并对大量现实中的经济现象给出了创造性的解释。一方面,在西方学者的研究中,已经运用到许多人力资源水平的评价指标,但就反映宏观人力资源本身的数量、质量、结构等特征而言,这些指标就显得有些凌乱而不成体系。另一方面,国外当前从社会学、社会统计学出发,形成了一些通用性的指数,如 PQLI(物质生活质量指数)、ISP(社会进步指数)、PDI(人类发展指数)、ASHA(美国社会卫生组织指数)等,能够从某些侧面反映区域人力资源水平,同时一些国际机构如 OECD 出版了科技人力资源手册,对人力资源数据管理划定了边界。整体来看,国际上人力资源水平的指标研究领先于国内,但由于我国国情与西方发达国家存在巨大差异,诸多国际指标一旦在国内进行照搬照抄地应用,不仅不能成为人力资源开发的依据,甚至会出现异常,大大削弱其真实性和客观性。[①]

国内人力资源评价研究集中在 20 世纪 90 年代以后。蔡昉、都阳(2000)在分析改革开放以来影响中国地区经济增长趋同与差异时认为,在一系列影响人均收入的增长率的因素中,人力资本的初始禀赋,非常显著地与增长率正相关,是促进增长速度的重要因素。他们认为,人力资本包括教育和健康两个方面,多数情况下可以用反映教育水平的指标代替,包括小学和中学入学率(反映教育普及程度)、教师与学生比例(反映教育质量)和成人识字率(反映教育的结果)等。而徐现祥、舒元(2005)则采用 6 岁以上人口平均受教育年限代表人力资本存量。徐建平(2003)建立反映区域人力资源发展状况和发展水平的指标体系,该指标体系包括两个维度:纵向和横向。纵向将人力资源分为人口资源、劳动力资源和人才资源;横向对人力资源的考察分别从社会人力资源的数量(规模及与经济规模的适应情况)、质量(教育、健康、职称)、结构(年龄、在行业产业中的分布)、效能(在经济、科技方面的产出能力)和环境(成长与保护的环境)5 个子系统进行,形成纵横交错、网络状的指标体系,以描述和评价一定时空范围内的区域人力资源的数量规模、质量水平、分布状况、投资效益、发展趋势,综合反映区域社会人力资源发展和社会经济、文化、环境等其他领域发展的协调程度,并对人力资源开发和管理中可能存在的问题进行监测。韩喜平、徐广顺(2004)以吉林和浙江为研究对象,认为衡量人力资源不仅要看它的储备状况,更应该看它的应用状况,研究引进了技术市场成交额这一指标,结果显示,虽然吉林有潜在的人力资源优势,但没有转化为显性的生产力优势,从而使两地的经济水平差距逐年扩大。高其勋、张波(2006)认为区域人力资源的可持续发展表现为适当的人口规模、合理的人才结构和良好的人口素质及合理的人力资源流动。在遵循科学性、系统性、量化性、可操作性、稳定性等原则下,建立了包括数量、结构、素质和流动 4 个评价角度,体现人口自然增长、医疗保健投资、人口自然结构、人口产业结构、空间分布结构、教育培训投资、研究与开发投入、人力资源配置、人才流动制度、人力资源再配置投资 10

---

① 徐建平.区域社会人力资源指标体系研究[D].上海:华东师范大学,2003.

个评价细则,31 个具体指标组成的评价指标体系,旨在对区域人力资源可持续发展的现状和未来做出客观的评价与预测。戴志伟(2006)认为,一个城市或区域人才竞争力取决于人才总量规模、人才效能水平、人才发展环境 3 大模块。其中,人才总量是描述人才竞争力的存量水平和结构状态;人才效能描述人才使用的效果,反映的是人才存量的产出水平;人才环境描述人才发展水平,反映人才竞争力的未来水平或未来人才竞争力水平的贴现值。该研究构建了包括人才总量、人才效能、人才环境等 3 个一级指标,人才资源数量、结构、素质,人才经济贡献、社会贡献、科技贡献,人才成长载体、人才经济环境、制度环境和文化环境等 10 个二级指标和 34 个具体指标组成的人才竞争力评价指标体系。李兴江等(2010)基于对西北地区人力资源的开发研究,提出人才资源评价监测指标主要由 3 方面指标构成:一是反映人力资源数量、受教育、就业、与产业匹配等情况的总体指标;二是反映人力资源能力与业绩的指标;三是人力资源发展环境指标,主要包括制度、政策、人文、流动、保障、工作生活环境等。认为人力资源的开发投入,应考虑到除了医疗保健以外的人力资源保护情况,应以教育和培训投入、医疗保健投入、社会保障投入这 3 个方面为基础。林牧、国洪岗(2011)通过对国内外人力资源指标进行归纳,从人力资源综合素质水平、教育和培训发展综合水平和社会经济发展水平构建区域人力资源发展水平评价指标体系。认为人力资源综合素质水平、教育和培训发展综合水平和社会经济发展水平 3 个维度之间是互为因果、相互支持并相互影响的,三者形成闭合的因果链,共同体现了区域人力资源发展的总体水平。陶晓波(2012)则强调社会保障对区域人力资源开发的支撑力度和公共服务对人力资源发展的跟进程度,在传统人力资源指标的基础上引入社会保障指标和公共服务指标,建立了区域人力资源和社会保障协调发展测评指标体系,共选取 27 项指标对区域人力资源发展水平和支撑水平进行测度。

如果说基于某一国或某一区域视域的人力资源水平评价是宏观人力资源评价的话,那么基于某企业、某行业、某职业视域的人力资源水平评价则属于微观人力资源评价。许多研究在不同领域、企业、行业对具有不同特征的人力资源进行评价和研究。如李巨光(2010)的研究对象为科研人员,认为科研人员除了具有一般人力资源的特质外,还有需求层次高、善于学习、个性突出、流动意向强等内在个性以及工作过程难以监控、劳动成果不易直接测量和评价等特点,要建立科研人员绩效评价体系,不仅需要考虑科研人员工作的特点,还应充分利用各种绩效评价方法的长处,探索符合科研院所和高等院校自身情况的科研人员绩效评价体系。郑小兰(2007)认为企业管理型人才的最大特点是他们有着超常的获利能力,产出价值的评估最能体现他们与一般员工的这种能力的差别。提出管理型人才价值具有五大特点:是一种效用价值,也就是一种经济价值或产出价值;其价值实现的隐蔽性决定了价值实现不是可以直接表现和控制的;价值实现因受各种因素影响而具有不稳定性,可以迅速升值也可以迅速贬值;具有高收益性,一般人力资本使用效率提高1%,生产增加0.75%,而管理型人力资本使用效率提高1%,生产增加1.8%;价值实现有时滞性,须经过教育、培养、训练和实践等诸多环节才能脱颖而出,投资周期长。耿祥建等(2009)以公共部门人力资源绩效为研究和评价对象,公共部门(是指负责提供公共产品或进行公共管理,致力于增进公共利益的各种组织和机构,最典型的公共部门是政府部门)管理目标复杂,社会目标、无形目标和长远目标更具有根本意义。公共部门的这些目标,只要涉及公平、责任、素质等就难以简单进行定量分析,从而使该部门人力资源绩效测评的指标确立和方法选取一直是研究的一个难点。研究借鉴美国艾德华·海的海氏工作评价系统,结合公共部门人力资源的特点,设计了一套包括技能水平、解决问题能力和风险责任三项内容的评估指标。尽管评估企业人力资源价值的传统方法有市场法、成本法和收益法,然而由于各种方法自身的局限性,其应用性受到极大影响。从理论上讲,市场法应该是人力资源价值评估的最佳方法,它体现人力资源的市场价值,体现市场对经济资源的主导配置作用。然而我国真正意义上的人力资源市场机制建设尚待完善,难以找到类似的人力资源交易案例作为参照物,而且由于人力资源的特性使得人力资源市场的透明度不高。用市场法对人力资源价值进行评估要比有形资产困难得多;由于企业对人力资源投入成本核算的不完整性,主观能动性又使人力资源最终实现自身价值的保值和增值,传统的成本法在人力资源价值评估中尽显局限性,而且即使是投入成本完全相同的两个人,也会因为其自身素质、能动性以及外界环境的影响使其创造的价值不完全相同,传统的成本法不能反映人力资源的真实价值;而收益法的局限性则体现在：由于人力资源的价值不只体现在其为某企业或某几个企业创造的收益上，而且人力资源创造的收益具有极大的不稳定性，传统的收益法不能核算人力资源的全部价值。

人才测评（personnel appraisement）是微观人力资源评价的常用方法。人才测评是通过综合利用心理学、管理学和人才学等多方面的学科知识，对个人的能力、特点和行为进行系统、客观的测量和评估的科学手段，是为招聘、选拔、配置和评价人才提供科学依据，为提高个体和企业的效率、效益而出现的一种服务，在现代人力资源管理和开发中具有重要作用。文魁、谭永生（2005）认为，应该集管理学、社会学、心理学、行为学以及统计学等多门学科方法，以心理测量理论为基础，综合利用社会学、管理学、统计学等理论方法来多角度对人才进行综合评价，从而形成人才评价多学科、多方法综合运用的格局。运用这种综合方法从不同角度和不同层面来对评价对象进行评价，得出的结论肯定会比单一方法更科学。人才测评主要对被测者的品德、智力、心理、技能、知识、经验，包括人格、观念、自我意识、政治品质、思想品质、道德品质、智力、技能、才能、知识素质、经验素质、自学能力、体质、体力、精力等个人素质做出综合评价。

尽管人才测评的对象是个体，但测评的理念、内容、方法无疑能为宏观人力资源评价指标体系的构建提供重要思路和参考。综观国内学者关于人力资源水平评价指标的研究，在反映人力资源水平的指标中，除了传统的人力资源数量（人力资源数量规模、增长速度、人才总量等）、质量（受教育水平、高学历人口占比、平均预期寿命、劳动熟练程度等）、结构（年龄结构、人口产业结构等）和流动分布（人力资源的空间分布、产业分布、人才流动等），诸多经济学、社会学、人才学指标亦逐渐进入评价视野，如人力资源的教育、健康、培训投资，人力资源的社会保障条件与公共服务环境，人才的效能与对经济、社会、科技的贡献度，人力资源的配置与流动，等等。但总体上看，目前国内关于人力资源评价指标体系的研究并不多，且多偏重特定的研究视角，指标选取、体系构建和计算方法等差异明显，从而使人力资源评价指标处于不成熟、不系统、比较零碎的状态。事实上，在学术界也存在另一种声音，即由于人力资源本身的特殊性，其价值受外界因素影响而具有很大的不稳定性，难以量化和评估，因而人力资源指标体系也就无从谈起。对一个国家或区域的人力资源水平要进行比较准确的评估在实际操作上存在较大难度,人力资源水平评价的客观性仍值得商榷。

四、区域人力资源比较研究

不同研究构建不同的人力资源评价指标体系,其目的都在于对区域人力资源水平进行评价和区域人力资源比较研究。区域比较研究的优势在于,通过国家或地区之间的对照,易识别人力资源的开发水平、规模和地区之间的差异性。研究的区域比较尺度有大到国家之间、中国的东中西三大区域[1]之间、不同省域之间的比较,小到省域内部、市域内部不同地区之间的比较。如尹豪、陈炳镇(2009)通过对东北区域中、日、韩3国的人力资源开发与合作水平展开研究,选取总和生育率、未来人口规模预测、劳动年龄人口预测、外国人就业状况等指标,对3国人力资源的规模和水平做出判断,并指出了中国人力资源所处的地位和未来的发展方向。陆远权、马垒信、何倩倩(2010)通过建立人力资源数量指标(人口数量、人口自然增长率、人口自然死亡率)、质量指标(城镇人口比重、成年人口比重、社会抚养系数、高等学历人口比例、文盲率、高等院校数量、每10万人口高校在校人数)、潜力指标(教育经费支出额、教育支出占财政支出比例、每10万人口小学在校人数、每百人图书藏书量)和分布指标(第二产业从业人数比例、第三产业从业人数比例),选取2008年我国31个省级行政区[2]相关统计数据,展开因子分析和聚类分析,将31个省级行政区人力资源重聚为4类。赵丛敏(2002)从人力资本总量和结构的区域不平衡性对我国东、中、西不同地区1985—2000年的经济增长按照资本、劳动力和人力资本进行了分解,测算结果表明人力资本对经济增长的贡献在我国不同地区存在一定的差异。其中西部地区人力资本对经济增长贡献的份额最大,这说明教育投资对我国西部经济发展的促进作用大于东、中部地区。陶晓波(2012)运

---

① 说明:东部地区包括11个省市,分别是北京、天津、河北、辽宁、上海、江苏、浙江、福建、山东、广东和海南;中部地区包括8个省,分别是山西、吉林、黑龙江、安徽、江西、河南、湖北、湖南;西部地区包括12个省区市,分别是四川、重庆、贵州、云南、西藏、陕西、甘肃、青海、宁夏、新疆、广西、内蒙古。

② 本书研究以我国31个省区市为对象,不包含港澳台地区,下文不再赘述。

用自身研究构建的包括"人力资源蓄流""社会保障支撑力度"与"公共服务跟进力度"3个维度27个具体指标的评价体系,对中国东部、中部、西部和东北区域人力资源和社会保健协调水平进行评价,发现东部地区在社会保障支撑力度与公共服务跟进程度上要明显强于其他三个地区,中部、西部与东北地区在社会保障支撑力度上差异不大,但在公共服务跟进程度上,中部地区相对较为落后。同时,地区间的差异在有些方面由县级差异造成,有些方面由市级差异造成。提出地方政府对基础设施的投入至关重要,中部、西部及东北地区应在人、财、物等几个方面加大对公共服务基础设施的投入,同时还应该根据县级或市级差异的不同有所侧重。李维新、贾琳(2006)利用年龄结构、教育结构、产业结构和城乡结构这四个指标分析了东北地区人力资源现状及东北省际人力资源结构的差异,认为东北地区人力资源存在未成年劳动人口比重较大,人力资源城乡分布不均衡,劳动力产业分布不合理,人才流失现象比较严重等问题,并针对存在的问题从制度、经济和政府三方面提出了建议措施。徐梁(2016)对全国31个省区市要素积累与结构变动如何影响动态比较优势进行了实证分析,结果显示资本劳动比是对动态比较优势影响最大的因素,较高的人均资本存量对比较优势的动态提升具有积极作用。东部地区人均资本存量对比较优势的提升作用低于西部,与东部地区开放程度、吸引资金、人均受教育年限等显著高于西部地区有关。而西部地区发展相对缓慢,人均资本存量较低,但与东部地区相比,一个最大的特点是劳动力人均受教育的年限增长会极大提高出口产品的动态比较优势。张旭路等(2017)比较分析了不同层次高等教育在我国东、中、西部地区城镇化建设中的直接效应和溢出效应,发现东部地区硕博研究生层次的高等教育对新型城镇化建设的溢出效应远好于中西部地区,在中西部地区本专科层次的高等教育对新型城镇化建设的直接效应和溢出效应均好于东部地区,在西部地区非全日制高等教育对新型城镇化建设的推动作用更大。为此,西部地区应从实际出发,适度增加特定本专科专业招生规模,邀请东部高校对西部地区开设网络教育课程,以发展适合西部地区产业结构特点和城镇化进程的非全日制高等教育。

第三章　宏观人力资源水平评价指标体系构建

　　人力资源拥有一般物质资源所不具备的特质。由于一些抽象的、边界模糊的品质特性,人力资源评价的理论框架和系统思路往往难以完全具体化为可定量的指标体系,加之受相关数据资料的限制,构建宏观人力资源水平评价指标体系成为一项富有挑战性的研究工作。

　　一、人力资源概念、特点与相关理论

　　(一)人力资源的概念

　　"人力资源"(human resources)最早见于约翰·R·康芒斯(John Rogers Commons)的《产业荣誉》(1919)和《产业政府》(1921),但当时他所指的人力资源和现代我们所理解的人力资源在含义上相去甚远。现代意义上的"人力资源"由管理学大师彼得·F.德鲁克(Peter F. Drucker,1909—2005)在《管理的实践》(2009)中首先提出并进行了明确的界定,"和其他所有资源相比较而言,唯一的区别就是它是人",具有"协调能力、融合能力、判断力和想象力"等素质,这是其他资源所不具备的。

　　对于人力资源概念的界定,由于研究角度不同,国内众多研究者给出不同的解释,但大致可以分为两大类,一类从能力角度定义,另一类从人口角度定义。

　　从能力角度定义:

　　——人力资源是指能够推动经济和社会发展的劳动者的能力,即处在劳动年龄的已直接投入建设和尚未投入建设的人口的能力。[①]

---

　　① 张德.人力资源开发与管理[M].北京:清华大学出版社,2001.

——人力资源是指包含在人体内的一种生产能力,是表现在劳动者身上,以劳动者的数量和质量表示的资源。它对经济发展起着决定性的作用,是企业经营中最活跃、最积极的生产要素。[①]

——人力资源是指社会组织内部全部劳动人口中蕴含的劳动能力的总和。[②]

——人力资源是指劳动过程中可以直接投入的体力、智力、心力总和及其形成的基础素质,包括知识、技能、经验、品性与态度等身心素质。[③]

——人力资源是可用于生产产品或提供劳务的一种生产能力,是人的知识和技能运用的表现。人力是人员素质综合发挥的作用力,人力资源是劳动生产过程中,可以直接投入的体力、脑力和心力的综合。[④]

从人口角度定义:

——人力资源是指能够推动社会和经济发展的,能为社会创造物质财富和精神财富的体力劳动者和脑力劳动者的总称。[⑤]

——人力资源是指一个国家或地区具有劳动能力人口的总和,是存在于人的自然生命机体中的一种国民经济资源。[⑥]

——人力资源是指在一定社会区域内,所有具有劳动能力的适龄劳动人口和超过劳动年龄的人口的总和。[⑦]

——人力资源是指已经投入和即将投入社会物质财富和精神财富创造过程的,具有体力劳动和脑力劳动能力的人的总和,主要由现实的人力资源和潜在的人力资源构成。[⑧]

(二)人力资源的特点

人力资源不同于其他物质资源,其最重要的特性在于:

---

① 朱丹.人力资源管理教程[M].上海:上海财经大学出版社,2001.

② 陆国泰.人力资源管理[M].北京:高等教育出版社,2000.

③ 萧鸣政.人力资源管理[M].北京:中央广播电视大学出版社,2001.

④ 中国人力资源开发研究中心.论人力资源与人才资本及其转化[J].中国人力资源开发,1994(6).

⑤ 廖泉文.人力资源管理[M].北京:高等教育出版社,2003.

⑥ 王秀银,崔树义,鹿立.现代人口管理学[M].济南:山东人民出版社,2011.

⑦ 朱丹.人力资源管理教程[M].上海:上海财经大学出版社,2001.

⑧ 滕玉成,周萍婉.人力资源与人力资本[J].山东大学学报(哲学社会科学版),2004(6).

其一，人力资源的生物属性和社会属性。人力资源作为有生命活动的群体，其出生、发育、成长、衰老、死亡等生命过程与人的生命周期的生理特征密切相关，性别、民族、种族、寿命等特征，由人的生物学因素决定或以生物学因素为基础，这种基本由生物遗传因素决定的特征不会因为不同经济、社会、科技发展状况而发生显著变化，这是其生物属性；人力资源的社会属性则是区别于其他物质资源的重要特征。虽然人力资源存在于人体之中，但任何个体都是生活在一定社会关系之中，受社会生产力水平、生产关系性质的影响，人力资源的形成要依赖社会、配置要通过社会、使用要处于社会的劳动分工体系之中。从本质上讲，人力资源是一种社会资源。

其二，人力资源的增值性和能动性。不同于自然资源因不断消耗而逐渐减少，人力资源是人所具备的脑力和体力，个人体力因为使用而增强，人的知识、经验和技能因为使用而变得更有价值。人力资源在耗用过程中也会出现贬值，主要表现为自身衰老和知识技能老化。但不同于物质资源和其他自然资源，人类活动具有主观能动性，主要表现为自我扩充强化和自我开发挖掘，人口的生产、教育的发展，有目的地使人力资源不断得以形成并强化，随着时间的推移得以不断积累、延续和增强，同时具有弹性较大的潜力开发空间，表现为劳动者主观能动性和积极性的发挥，这种积极性和潜力开发能大大增加人力资源的实际效应（王秀银等，2011），弥补其各项损耗，最终实现自身价值的保值和增值。所以，在价值创造过程中，人力资源总是处于主动地位，是劳动过程中最积极、最活跃的因素，因而成为激活自然资源和资本资源的主导性要素资源。

其三，人力资源的再生性和时效性。人力资源再生性是基于人口的再生产，包括现有一代人的生产和新一代人的再生产。前者通过个体不断的"劳动力耗费—劳动力体力智力恢复—劳动力再次耗费—劳动力再次恢复"的过程得以实现。后者则是通过生育产生新一代人，从而保证人类社会的世代更替、延绵不绝。因此，人力资源具有自身生产与再生产的能力，实现自我补偿、更新和发展。时效性是指人力资源的生产、配置和使用，都受时间的限制。一般而言，人力资源能够从事劳动的自然时间只是生命周期中的某一阶段，不足或超出这一阶段，所拥有的劳动能力就会受到限制，甚至丧失，而且能够从事劳动的不同年龄段(青年、中年、老年)的劳动能力也有所差别,使人力资源具有时效性。

其四,人力资源的独立性和共享性。独立性是指人力资源以个体为单位,独立存在于每个生活着的个体身上,其能力的发挥要受个体不同的生理状况、思想与价值观念的影响;共享性体现在人力资源用所拥有的健康、知识、经验、技能等方面的能力为自己创造财富的同时,也在为组织和社会创造财富。

我国是世界上人口最多的国家,区域差异显著,政治、经济、文化等方面均表现出巨大的非均衡性。不同区域的人力资源也存在显著差异,这里我们引入"区域人力资源"概念。宋寿金在其 2004 年出版的《区域人力资源开发研究》中对区域人力资源的定义为:一定行政区域(如省、市、县)内或特定经济区域内所具有的能为本地区创造物质财富、精神财富和文化财富的体力劳动和智力劳动的人口的总称,包括数量和质量两个方面,而且区域人力资源除具有一般人力资源的共同特征外,还具有三个突显的特点[1]:

第一,地方性。区域人力资源的数量和质量,尤其是整体素质,均受该地区历史、民族、地理状况、文化传统、经济发展水平、教育发展水平等因素的影响,而形成一定的地方特色,一定的优势和劣势。所谓"橘生淮南则为橘,生于淮北则为枳",说明很多物质资源(如森林、矿产、土地)具有地理依附特点,一方水土养一方人。

第二,差异性。包括人力资源素质差异和文化差异。一方面,人力资源素质差异不仅体现在同一区域内的不同地方之间、城乡之间,在发达地区和欠发达地区之间差异更为明显。一般来说,发达地区人力资源整体素质较高,结构相对合理,反之亦然。另一方面,区域人力资源还受当地风俗、语言、社会意识等人文因素的深刻影响,如泛珠江三角洲地区存在的多元文化,主要有岭南文化、湖湘文化、巴蜀文化、吴越文化以及各少数民族的文化,不同文化背景的人相处,工作与生活必然需要经历一个冲突与磨合的过程。

第三,流动性。在市场经济条件下,随着各地政府部门对人力资源在区域间流动政策的逐步放松以及区域经济活动日益紧密的条件下,区域人力资源

---

① 宋寿金.区域人力资源开发研究[M].广州:广东人民出版社,2004:60-61.

的流动性很大,并随着对内对外开放的扩大而不断扩大。"人往高处走"是地区间人力资源流动的一般规律。人口总是由经济欠发达地区流向经济发达地区,且流动性极不稳定。

(三)人力资源理论

现代管理学之父彼得·F. 德鲁克在其《管理的实践》一书中强调"人力资源和其他所有资源相比较而言,唯一的区别就是它是人",强调人力资源的人格化和异质化,强调员工不是工具而是人,是具有自身生理和心理特点、不同能力和行为模式的人。他批判了传统人事管理的弊端,提出人事管理应该向人力资源管理转变,这对企业管理至关重要。管理者要想鼓励职工取得成就,就必须把员工视为具有自身生理和心理特点、不同能力以及不同行动模式的综合有机体。管理的任务就是从不同的角度去设法满足职工对责任、参与、激励、报酬及地位等多方面的要求。他认为,人力资源是一种特殊的资源,这种特殊资源须经一系列有效激励才能对其开发利用,人力资源可以为企业创造可见的、难以估量的经济价值。

经济学是推动现代人力资源理论发展的主要动力,人力资本理论的提出使得人力资源概念及理论更加生动和丰富。"人力资本"思想最早萌芽于古典经济学研究。英国著名经济学家威廉·配第提出"人的技艺",他分析认为,有的人由于有技艺,就能够做许多没有本领的人所不能做的工作,欧洲国家经济实力差距的一个主要原因就在于劳动力素质的高低不同;英国著名经济学家亚当·斯密(Adam Smith)则对人力资本进行了比较系统的分析,他发现劳动力素质对经济发展有影响,认为劳动生产力的水平受制于人们在劳动中所表现出来的熟练程度、技巧和判断力,而这又是人们受到教育和培训的结果,他明确提出应当把投资在人的才能和教育上的费用看成资本。亚当·斯密在1776 年的《国民财富的性质和原因的研究》(简称《国富论》)中指出:"一国国民每年的劳动,本来就是供给这个国家每年消费的一切生活必需品和便利品的源泉。"他认为,通过增加从事劳动的人数和提高劳动生产率,可以增加一国国民财富。要提高工人的劳动生产率,首先需要加强劳动分工。劳动生产率提高,以及劳动时所表现出来的更大的熟练、技巧和判断力,似乎都是劳动分工的结果。而劳动分工又使得一个人自己的劳动产物只能满足自己欲望的极小部分,大部分欲望须用自己消费不了的剩余劳动产物去交换自己所需要的别人劳动产物的剩余部分来满足。因此,在亚当·斯密看来,人们生产的大部分产品不是为了自己使用,而是为了交换,这样劳动产品就具有了商品价值,凝聚了人类抽象劳动,使人类劳动成为商品价值的唯一源泉。正是在亚当·斯密劳动分工理论的指导下,产生了企业的岗位分工和部门分工,而这一切都是人力资源理论的基础。英国经济学家大卫·李嘉图在其《政治经济学及赋税原理》一书中强调社会财富的物质形式和价值形式的区别:前者由物品的使用价值,即有用物品的数量来计算;后者则由生产活动中消耗的劳动量来计算。大卫·李嘉图看到了劳动和技术在生产过程中,能够创造出不同的物品的价值,注意到人力素质提高的重要性。古典经济学家从不同角度审视到人力资源对国民财富增加的重要作用,认识到知识、技能、人口素质以及劳动者接受教育程度的高低会影响经济社会的发展。

进入 20 世纪,特别是第二次世界大战以后,日本和欧洲国家的经济快速崛起,使人们发现财富增长中有相当大部分不能由劳动力和资本的投入来解释,而应归功于"不可解释的余差因素(unexplainable residual factor)"(孙诚,2007)。20 世纪 50 年代末和 60 年代初,人力资本理论在西奥多·W. 舒尔茨(Theodore W. Schults)、加里·S. 贝克尔(Garys·S. Becker)、雅各布·明瑟尔(Jacob Mincer)的努力下破土而出,形成现代人力资本的理论体系。

诺贝尔经济学奖获得者美国经济学家西奥多·舒尔茨于 1961 年在其《人力资本投资》一书中指出,同质资本的简单化假设对资本理论是一个灾难。他首先区分了物质资本与人力资本,把增长余值(growth residual)归功于人力资本投资——通过对人力资本投资,人口的素质能够得到不断提高,并由此提高劳动生产率。舒尔茨的人力资本投资理论强调四个基本观点:其一,人力资本投资的作用大于物质资本投资,人力资本的积累是经济增长的源泉;其二,人力资本的关键是要对人进行投资,包括教育与培训、医疗与保健、鼓励劳动力流动、引进高素质移民等;其三,人力资本增长的速度比物质资本增长的速度要快得多;其四,资本积累的重点应从物质资本转移到人力资本。

美国著名经济学家贝克尔也是人力资本理论研究的推动者,他在人力资本理论方面做出很大的贡献,其著作《人力资本》被西方学术界认为是"经济思想中人力资本投资革命的起点"。他认为人力资本状况的改善是战后以来发达国家经济发展过程中所产生的"余增长率"的根本原因,改善贫困人口的决定性因素是人口质量的改善和知识的增进。他首次用传统的微观分析方法建立了人力资本投资均衡模型,该模型不仅考虑了人力资源投资利益,还考虑了人力资源投资成本,使人力资源投资成本核算更完整、更全面。他认为人力资本与物质资本投资一样,与个人未来收入之间是存在着紧密联系的,在假设每个家庭都追求效用最大化的基础上,在人的生命周期的某个阶段,人力资本投资的均衡条件是:人力资本投资的边际成本的当前价值等于未来收益的当前价值。关于人力资本投资,贝克尔认为用于教育、培训、卫生保健、劳动力迁移以及收集价格与收入信息等实际活动的支出都是一种投资,而不是消费,因为它们不仅在短期内提高劳动生产率,而且可以长期起作用。关于人力资本的内涵,贝克尔认为人力资本不仅意味着才干、知识和技能,而且还意味着时间、健康和寿命。关于人力资本的特征,贝克尔认为人力资本首先是一种人格化的资本,表现为人的能力与素质,与人本身不可分离。①

与舒尔茨在经济增长领域构建人力资本理论同时,美国经济学家雅各布·明瑟尔在收入分配领域也进行着同样的研究工作。在其1957年完成的博士论文《个人收入分配研究》中他指出,美国个人收入差距与教育水平有着密切的关系,人力资本投资是导致个人收入的增长和收入分配差距的根本原因。在他其后发表的《人力资本投资与个人收入分配》《在职培训:成本、收入及意义》等论文中,系统阐述了人力资本及人力资本投资与个人收入及其变化之间的关系,建立了个人的收入与其接受培训量之间相互关系的数学模型,从收入分配领域对人力资本理论进行诠释。

紧承舒尔茨和贝克尔的理论,著名英国经济学家哈比森(Harbison, F. H.)在《国民财富的人力资源》(1973)一书中指出:"人力资源是国民财富的最终基础。财务资本和自然资源是被动的生产要素,而人却是积累资本,它可以利用自然资源,建立社会、经济和政治等上层建筑并推动国家向前发展。一个国家如果不能发展人们的知识和技能,就不能发展任何新的东西……"自哈比

① 李仲生.人口经济学[M].3版.北京:清华大学出版社,2006:221.

森之后,对人力资本的研究在经济学领域得到越来越多的关注,不同的学者、企业家从不同角度提出了各自对人力资本的认识,逐渐形成了为数众多、比较完整的理论体系。

西方人力资本理论的产生和发展,重新证明了人是推动经济增长和经济发展的真正动力。自然资源、资本资源、人力资源构成国民经济发展三种不可缺少的基本要素,其中人力资源是激活另两种资源的主导性要素资源。马克思在《资本论》中指出,被资本化的自然资源,只有在人的力量驱动下,只有被劳动的火焰笼罩着,被当作劳动自己的躯体时,才能被赋予活力,才能在生产过程中发挥自己的职能和作用。

（四）人力资源开发理论体系

人力资源开发是一个复杂的社会系统工程,是以发掘、培养、利用和发展人力资源为主要内容的一系列有计划、有目的的活动及其过程。人力资源开发的前提是人力资本投资,包括人力资源的培训、教育以及人才的发现、培养、使用与调配等一系列管理活动。从宏观上讲,人力资源开发是指为提高一个国家或地区社会经济发展能力而充分、合理地发掘人力资源,使人力要素充分应用到经济过程之中并产生巨大的经济社会效应的过程;从微观上讲,人力资源开发是指一个企业、组织或社会团体以现有的人力资源为基础,依据组织战略目标和内外部情况的变化,对人力资源进行计划、组织、协调和控制,提高组织或团体现有的人力资源水平,使人力资源效率得以更好发挥,为组织或团队创造更大的价值的过程。

人力资源开发是一项十分宏大的系统工程,它广泛涉及应用经济学、管理学、人口学、人类学、生理学、社会学、教育学、伦理学等多学科相关理论和技术,但现代人力资源开发主要以经济学和管理学为其理论基础。多学科的交叉、分化与综合,逐渐形成了人力资源开发的理论体系。人力资源开发以立体开发为特征,以挖掘潜力为宗旨,以提高效率为重点,包括人力资源的生理开发、心理开发、智力开发(教育开发)、伦理开发、技能开发(创新能力开发)和环境开发。其中,创新能力开发是现代人力资源开发的核心,因为人力资源的创新能力是国家、企业和个人竞争优势的根本,是经济社会可持续发展源源不断的动力。

由于开发主体不同、所处开发环节不同、开发对象不同,人力资源开发的内容应当依据具体情况选用不同的人力资源开发途径、手段和措施。针对不同开发主体应当选用不同的开发内容与方法。一般而言,人力资源的开发主体主要有国家、组织和个人。国家层面的人力资源开发立足整体开发;组织层面的人力资源开发立足于提高组织现有人力资源的素质,强调组织学习、人员优化配置与人才充分使用;个人人力资源开发立足自身能力素质的完善和提高。一般而言,人力资源开发可分为环境开发、组织开发、管理开发和职业开发,开发层次由宏到微。

二、构建评价指标体系的逻辑框架与基本原则

(一)构建评价指标体系的逻辑框架

人力资源开发是涉及多学科理论的系统工程,要实现对人力资源水平真实客观的评价,借鉴多学科理论和技术应当是构建指标体系的出发点。但如果所有相关学科的方法全部采用,不仅会受到数据可得性的限制,指标本身还会因概念范畴、内在要素和相互关系而存在重叠和冲突。因此,需要在厘清评价对象内在要素规定性的基础上,确定指标体系的逻辑框架,使指标的选取、体系的构建具有层次性、逻辑性、重点和代表性。

评价区域人力资源水平,首先应当考虑的是人力资源的两种基础规定性,即数量和质量。任何与宏观人力资源相关的研究都离不开这两种基础规定性,这已经是学术界的共识。宏观人力资源数量规定性是对其存量的衡量,是人力资源的最基础要素,是宏观人力资源水平评价的起点。宏观人力资源质量规定性是内化到个体的各种能力所形成的群体规模效应,是人力资源的核心要素,是地区之间人力资源水平比较优势、比较劣势格局形成的根本原因。人力资源的两种基础规定性不受时空局限,具有普适性。

在知识经济时代,人力资源与经济发展的关系日益紧密,协同效应大大增强。经济发展依赖知识、人才、人力资源的创新和人力资源的协作而成为高效率经济。从经济学视角对人力资源水平进行评价,是对特定经济背景的呼应,是经济发展的客观要求。而从经济学视角评价人力资源水平,最重要的是"两个规模",即人力资源的投入规模和产出规模,归根到底是对人力资源价值的衡量。人力资源的价值规定性是知识经济时代下人力资源的关键要素。尽管

在其他时代亦有涉及,但远远比不上在知识经济时代所拥有的重要地位,因而具有时空特殊性。

随着社会文明程度不断提高,人力资源与社会协同效应亦不断增强,人力资源已不仅仅是经济活动的投入要素,还需要得到社会的认同、尊重和支持。宏观人力资源管理(macro human resources management)就是国家和政府通过建立一系列制度、政策,采取一些必要措施,保障和促进人力资源的形成,为人力资源的形成和开发利用提供条件,对人力资源的利用加以协调,以充分有效地发挥人力资源的劳动能力,创造更多更好的物质和精神财富,推动经济发展和社会进步。如我国的人口规划管理、教育规划管理、职业定向指导、职业技术培训、人力资源的宏观就业指导与调配、劳动与社会保障等,都是支撑人力资源形成和发展的必要条件。人力资源的良性发展需要得到社会的支持,没有对人力资源的维护,就不能保障人力资源正常参与社会经济活动,人力资源要素的效能就难以得到充分发挥。因此,除了考虑人力资源的数量、质量和价值规定性以外,人力资源的保障和维护的支撑规定性也需要得到重视。在社会主义市场经济和建设和谐社会的背景下,增强社会对人力资源的外部支撑愈显其重要紧迫,具有时空特殊性。

综上所述,本研究建立的宏观人力资源水平评价指标的逻辑框架是以人力资源的两种基础规定性为基础,再根据现代人力资源与经济、社会的协同效应而延伸出两种扩展规定性,具体见图3.1。

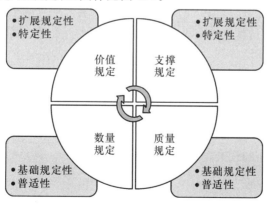

图 3.1 宏观人力资源要素构成

(二)构建评价指标体系的基本原则

指标体系是由表征研究对象特性及其相互关系的多重指标所构成的具有内在逻辑关系的有机整体,目的是对人力资源的数量、质量、价值、支撑状态及水平做出综合性的评价。因此,指标体系必定是一个由多维度、多层级、多指标组成的复杂体系,在构建过程中需要遵守几个基本原则:

1.科学性原则

宏观人力资源水平评价指标体系中所建立的指标应能反映区域人力资源水平的真实状况,每个指标都要有明确的内涵和科学的解释,能够充分反映和体现人力资源的构成要素,客观全面地反映区域人力资源各要素的内涵和水平,从科学的角度系统而准确地理解和把握人力资源水平的实质。同时,注意指标的数据来源的可靠性和权威性、定量分析方法的科学性。

2.系统性原则

注重评价指标体系的完整性和系统性,系统地反映区域人力资源要素组成及其相互协调运作的关系,综合、全面地反映区域人力资源的总体水平、各要素状态与特征。各指标之间应具有层次性、非重复性和合理的权重,尽量使各指标在总体评价中发挥合理的作用。

3.综合性原则

由于人力资源水平的测量涉及多学科、多领域理论和技术的交叉,同时为保障人力资源水平测量结果的真实可靠,参照人口学、经济学、人才学、社会保障学等学科范畴,依据人力资源的数量、质量、价值和支撑四种规定性,建立宏观人力资源指标体系,将传统人力资源评价方法与新兴人力资源衡量方法相结合。

4.普适性原则

本研究的研究对象为宏观人力资源水平,以区域为重点,选取的指标充分考虑到地区的经济发展水平和社会发展程度的大背景,这些指标不仅能衡量全国东、中、西、东北四大区域、西部 12 个省级行政区的人力资源水平,也能衡量特定空间不同时期、不同经济社会环境条件下的人力资源水平,即这些指标具有普遍的适用性。

5.可操作性原则

所设计的指标必须符合通用的国民经济核算体系,与国民经济核算体系中的有关指标含义和统计口径一致,保证评价指标具有横向和纵向的可比性,即具有区域之间的可比性和区域纵向时间上的可比性,客观、全面地反映区域人力资源水平;理论上的完备性在实际操作过程中往往因相关资料缺乏而受到约束和影响,因此在构建指标体系时,做到完备性与特殊性相结合,一方面力争指标的全面完整,另一方面选择一些最能代表评价结果的指标,或改用与此相关的指标替代,做到数据可得、可计量。

三、评价指标体系的维度、层级与指标

依据宏观人力资源四大要素的规定性,评价指标体系涵盖四大维度,即人力资源的数量维度、质量维度、价值维度、支撑维度。

(一)人力资源数量维度

本研究从区域人力资源的总体规模、高质量人力资源规模、参与经济活动的人力资源规模三大层面来综合反映区域人力资源的数量要素,因此由"人力资源规模""人才资源规模""参与经济活动的劳动力规模"构成人力资源数量维度的层级指标,见图3.2。

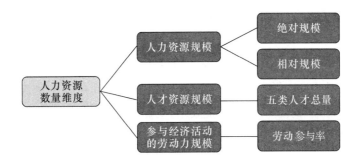

图 3.2 人力资源数量维度评价指标的层级构成

1.人力资源规模

从绝对量和相对量两个角度对人力资源数量进行考察和评价,这在众多研究中已达成共识。人力资源绝对量指的是一个国家或地区中具有劳动能力、从事社会劳动的人口总数,它是一个国家或地区劳动适龄人口减去其中丧失劳动能力的人口,加上非劳动适龄人口之中具有劳动能力的人口,代表一个国家或地区人力资源的绝对规模。人力资源相对量是指一个国家或地区总人

口中人均人力资源的拥有量,可用来进行国家或地区之间人力资源拥有量比较,相对数量越高,表明该国家或地区的经济活动有某种优势。考虑到数据资料的可得性,本研究对具体评价指标做以下调整:人力资源专指"现实人力资源",即经济活动人口,相应的人力资源绝对量和相对量专指经济活动人口总量和经济活动人口占总人口的比重。

2. 人才资源规模

人才资源是高层次的人力资源,是人力资源的核心组成部分。现代国际竞争归根到底是人才的竞争,人才资源对经济发展的作用越来越突出。因此,引入人才资源数量指标是全方位评价人力资源数量水平必不可少的组成部分,也有其重大的客观必要性。考虑到数据资料的可得性,本研究的"人才资源"专指中央组织部规定的五类人才总体,其规模即为党政机关人才、企业经营管理人才、专业技术人才、高技能人才和农村实用人才的数量加总。

3. 参与经济活动的劳动力规模

劳动参与率是衡量人们参与经济活动状况的指标,而人力资源的本质是劳动力参与经济活动。劳动参与率存在多种计量方式,考虑到指标体系的优化,本研究劳动参与率专指就业人口与劳动年龄人口之比。进一步看,人力资源中的劳动年龄人口是人力资源的基础性来源,而就业人口是劳动年龄人口参与经济活动的即期对象。如果说人力资源的本质是劳动力参与经济活动,那么人力资源数量水平高低应当是劳动参与率的高低。总的来看,劳动参与率这一指标将人力资源数量和价值联结,既体现了劳动力数量水平,又体现了劳动力参与经济活动的规模。

(二)人力资源质量维度

人力资源质量是人力资源总体素质的指标,它是指人力资源所具有的体质、智力、知识和技能水平。提高人力资源质量是现代人力资源开发的重要目标和方向,尤其是在以知识、信息和技术密集为特征的知识经济时代,只有真正拥有一大批高质量的人力资源,才能在未来的经济社会发展中具备核心竞争力。根据人力资源质量定义,本研究人力资源质量维度由"体质水平""知识水平"和"技能水平"三个层级指标构成,见图3.3。

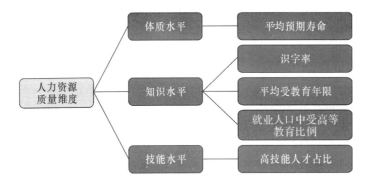

图 3.3　人力资源质量维度评价指标的层级构成

1. 体质水平

体质水平是人力资源质量的基础,健康的体魄是劳动力参与经济活动的前提。体质水平指人们的健康状况、寿命和遗传质量。学术界通常用人口平均预期寿命来综合衡量一个地区人口的健康水平。预期寿命同时还可以综合反映社会经济条件、卫生医疗水平、身体素质、遗传质量、生活条件等因素对人力资源身体素质的影响。因此,本研究在建立相应三级指标时选取平均预期寿命这一指标来反映人力资源的体质水平。

2. 知识水平

知识水平是指具有知识的多少和接受知识、理解知识及运用知识方面的能力。知识水平是人力资源发挥自身潜力的重要依据,是人力资源质量水平的核心组成部分。随着经济全球化和知识经济的纵深发展,人所具备的知识水平的重要性愈发突出,甚至成为大到国家地区、小到组织个人参与国际竞争的基本前提。考虑到数据可得性,本研究的知识水平对应三级指标主要选取教育指标,即平均受教育年限、识字率和就业人口受高等教育的比例。衡量范畴和尺度依识字率、平均受教育年限和就业人口受高等教育比例,由大到小、由粗到精。具体来看,识字率是对通用文化素质概略的衡量,也就是人力资源的一般文化水平,它是一个"是否型"变量,即人力资源是否受过教育;平均受教育年限是人力资源具备的通用文化知识,即人力资源接受文化教育的水平,通用文化素质主要来源于正规教育,如小学教育、中学教育、大学教育、研究生教育等;就业人口受高等教育的比例是指就业人口中拥有大专及以上学历的人口的比例,它体现的是主体劳动年龄人口接受高层次教育的程度。

3.技能水平

技能水平是人力资源参与经济活动的关键要素。由于技能水平本质是知识水平的外显,学术界常以知识技能水平之统称来将技能水平和知识水平涵盖,而单一衡量技能水平的指标较少。为保证指标体系的系统性和完整性,也考虑到数据资料的可得性,本研究尝试以高技能人才占技能型劳动者的比例作为评价指标,来体现人力资源的技能水平。指标含义是,在生产或服务一线从事技能操作的劳动者中拥有高级技师、技师和高级技工的比重。

(三)人力资源价值维度

人力资源价值是指人力资源为社会组织提供服务、创造价值的能力。衡量人力资源价值的高低就是衡量人力资源为社会创造价值所需要的资本投入,以及人力资源创造价值的多少,也就是说,人力资源价值就是人力资源的投入规模和产出规模。参考并借鉴已有研究的经验,本研究的人力资源价值维度由"人力资源投入规模"和"人力资源产出规模"两个层级指标构成,见图3.4。

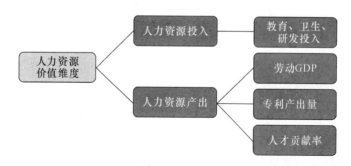

图3.4 人力资源价值维度评价指标的层级构成

1.人力资源投入

本研究的人力资源投入引用人力资本投资指标。人力资源对应到经济范畴则为人力资本,它是由投资而形成的,强调以某种代价获得的能力或技能的价值,投资的代价可在提高生产力过程中以更大的收益收回。人力资本投资是一个货币概念,为增强时间纵向和地区横向的可比性,本研究采用全社会教育支出、卫生支出和研发支出的总和与经济活动人口之比来衡量人力资本投资强度。

2.人力资源产出

研究试图从多维度衡量人力资源的产出水平,即经济总量角度的人均财富创造水平、高智力人力资源财富创造水平和人才资源经济贡献水平。具体来看:社会财富是由人力资本和物质资本共同创造的,但归根到底,财富的创造者和使用者只能是人,因此劳动者人均财富的拥有量在某种程度上就是对人力资源创造的社会价值的衡量,对应的评价指标选取劳动 GDP。一个国家或地区的专利产出量体现了其创新能力和经济可持续发展能力,而专利产出量本质上是人力资源以知识和技能创造的高层次产品,引入专利产出量有利于对人力资源产出水平的衡量实现进一步优化。研究沿用学术界惯例,以每十万人口专利受理数作为衡量高智力人力资源财富创造水平的评价指标。人才资源经济贡献水平是指人力资本中的人才资本对经济增长的贡献水平。研究采用人才贡献率作为相应的评价指标。"人才贡献率"即人才资本增长对经济增长的贡献率,是人才资本作为经济运行中的核心投入要素,通过其自身形成的递增收益和产生的外部溢出效应,从而对经济增长所作出的贡献份额。《国家中长期人才发展规划纲要(2010—2020 年)》中设置人才贡献率为衡量人才发展水平的核心指标。

（四）人力资源支撑维度

人力资源支撑是指对人力资源的维护和保障,国家政府对于全社会人力资源维护和保障的政策、制度、规划、措施等涉及教育、培训、卫生、就业、社会保障等,其中社会保障最为基础和根本。

社会保障是指国家通过立法和宏观调控,对社会各方面资源进行合理配置,保证无收入、低收入以及遭受各种意外灾害的公民能够维持生存,同时保障劳动者在年老、失业、患病、工伤、生育时的基本生活不受影响,根据经济和社会发展的实际状况,逐步增进公共福利水平,提高国民生活质量的制度。它是通过对国民收入的再分配而实现的,一般可分为社会保险、社会救济、社会福利、优抚安置等类别,其中社会保险中的养老保险、医疗保险、失业保险、工伤保险和生育保险是维护人力资源稳定和发展的最基本支撑。在宏观人力资源评价指标体系中引入社会保障指标,能有效识别宏观人力资源管理方面存在的问题和不足,完善宏观人力资源管理职能,使国家或地区的人力资源得以有效利用,吸引人才、留住人才、培养人才、激励人才、管好人才,创造区域动态核心竞争力并形成持续竞争优势。研究选取养老保险参保率、医疗保险参保率、失业保险参保率、工伤保险参保率、生育保险参保率五项指标用于衡量人力资源社会保障的覆盖水平,从一个侧面反映人力资源的支撑水平,见图3.5。

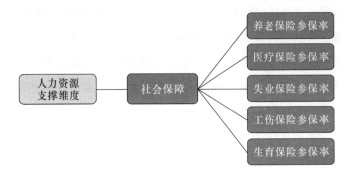

图 3.5　人力资源支撑维度评价指标的层级构成

综上,从人力资源的基础规定性和扩展规定性出发,借鉴人口学、经济学、人才学和社会保障学 4 类学科范畴的方法和技术,建立宏观人力资源水平评价指标体系,具体由 4 个维度、9 个层级、18 个评价指标组成,见表 3.1。

表 3.1　宏观人力资源水平评价指标体系

维度指标	层级指标	评价指标
人力资源数量	人力资源规模	人力资源绝对量
		人力资源相对量
	人才资源规模	五类人才总量
	参与经济活动的劳动力规模	劳动参与率
人力资源质量	体质水平	平均预期寿命
	知识水平	平均受教育年限
		识字率
		主体劳动年龄人口受高等教育比例
	技能水平	高技能人才占技能劳动者比例

续 表

维度指标	层级指标	评价指标
人力资源价值	人力资源投入	教育、卫生、研发投入
	人力资源产出	劳动 GDP
		专利受理量
		人才贡献率
人力资源支撑	社会保障	养老保险参保率
		医疗保险参保率
		失业保险参保率
		工伤保险参保率
		生育保险参保率

四、评价指标的度量说明及计算方法

为便于指标体系应用于实证研究,需要对评价指标做出说明和解释,明确其统计口径、计算方法,并设定代码。

(一)数量维度评价指标

人力资源绝对量:指经济活动人口的规模,代码 X1。

人力资源相对量:指经济活动人口占总人口的比重,代码 X2。

五类人才总量:指党政人才、企业经管人才、专业技术人才、高技能人才、农村实用人才规模的总和,代码 X3。

劳动参与率:指就业人口占 15～64 岁劳动年龄人口的比重,代码 X4。

(二)质量维度评价指标

平均预期寿命:指全体人口的平均预期寿命,利用 SPSS 编程计算,具体方法请见附件 1,代码 X5。

识字率:识字率=1一文盲率,代码 X6。

平均受教育年限:指全体人口的平均受教育年限,代码 X7。

$$E = 6 \times \alpha + 9 \times \beta + 12 \times \gamma + 15 \times \delta + 16 \times \varepsilon + 18.5 \times \zeta + 22.5 \times \eta$$

E 表示平均受教育年限,α、β、γ、δ、ε、ζ、η 分别代表小学、初中、高中、大专、本科、硕士、博士受教育程度的人口占总人口的比重。在现行教育制度下,小学毕业需 6 年;初中毕业需 9 年;高中毕业需 12 年;大专毕业需 15 年;本科毕业需 16 年;硕士学制 2 到 3 年不等,硕士毕业平均需 18.5 年;博士学制 3 到 5 年不等,博士毕业平均需 22.5 年。

主体劳动年龄人口受高等教育比例:指 20～59 岁劳动年龄人口中受过大专及以上高等教育人数的比例,代码 X8。

高技能人才占技能劳动者比例:指在生产或服务一线从事技能操作的劳动者中拥有高级技师、技师和高级技工的比重,代码 X9。

(三)价值维度评价指标

教育、卫生、研发投入:指国家对经济活动人口人均教育、卫生、研发的投资水平,代码 X10。

投资水平＝(教育投入＋卫生投入＋研发投入)/经济活动人口

劳动 GDP:指经济活动人口人均创造的生产总值,即 GDP 与经济活动人口之比,代码 X11。

专利受理量:指每 10 万人口专利受理量,代码 X12。

人才贡献率:指人才资本增长对经济增长的贡献程度,代码 X13。其测算过程如下:

首先计算出人力资本存量,进而将人力资本分解为一般人力资本和人才资本两部分,然后运用柯布-道格拉斯生产函数进行取对分离,再进行差分化,从而求得人才贡献率。

构建柯布-道格拉斯生产函数:

$$GDP = AK^a H_g^b H_s^c e^u \qquad (式 3.1)$$

在式 3.1 中,A 为综合效率常数,K 为物质资本投入量,H_g 为一般人力资本投入量,H_s 为人才资本投入量,e 为自然对数底,u 为残差弹性常数。a、b、c 分别代表物质资本、一般人力资本和人才资本的产出弹性。A、a、b、c 均为待估参数。

将式 3.1 两端取对数,将其线性化:

$$ln\ GDP = ln\ A + a\ ln\ K + b\ ln\ H_g + c\ ln\ H_s + u \qquad (式 3.2)$$

将式 3.2 差分化:

$$\frac{\Delta GDP_t}{GDP_t} = \frac{\Delta A_t}{A_t} + a\frac{\Delta K_t}{K_t} + b\frac{\Delta H_{gt}}{H_{gt}} + c\frac{\Delta H_{st}}{H_{st}} \qquad (式 3.3)$$

则在式 3.3 的方程中,方程左边代表经济增长率,方程右边从左到右分别代表综合要素增长率、物质资本增长率、一般人力资本增长率和人才资本增长率。则人才贡献率(r)为:

$$r = c\,\frac{\Delta H_{st}}{H_{st}}\bigg/\frac{\Delta GDP_t}{GDP_t} \tag{式 3.4}$$

（四）支撑维度评价指标

养老保险参保率:指经济活动人口的养老保险参保率,代码 X14。

医疗保险参保率:指经济活动人口的医疗保险参保率,代码 X15。

失业保险参保率:指经济活动人口的失业保险参保率,代码 X16。

工伤保险参保率:指经济活动人口的工伤保险参保率,代码 X17。

生育保险参保率:指经济活动人口的生育保险参保率,代码 X18。

第四章　西部人力资源在全国的地位

本部分将运用宏观人力资源水平评价指标,通过与全国人力资源总体水平的比较,对 2000—2015 年间西部地区人力资源水平及其变化特征从数量、质量、价值、保障四大维度进行描述和分析,对西部地区人力资源在全国整体中所处的地位做出宏观判断。

一、人力资源规模的现状与地位

(一)人力资源数量

1. 人力资源的绝对量

从人口总量变化看,自 2000 年以来全国人口规模一直保持相对的匀速增长,从 2000 年的 12.67 亿增长至 2005 年的 13.08 亿、2010 年的 13.41 亿、2015 年的 13.75 亿,以年均 0.55% 的增速迅速增长,其中 2000—2005 年年均增速为 0.64%,2005—2010 年为 0.50%,2010—2015 年为 0.50%,庞大的人口规模为充足的人力资源供给打下坚实的基础。同期,西部地区常住人口总量变动从 2000 年的 35635 万,到 2005 年的 35917 万、2010 年的 36069 万、2015 年的 37133 万,前 10 年以年均 0.12% 的速度增长,后 5 年以年均 0.58% 的速度增长。西部地区人口增长呈现出前 10 年滞后于全国,后 5 年快于全国的变动状态,占全国总人口的比重从 2000 年的 28.13% 逐步下降到 2005 年的 27.46%、2010 年的 26.90%,又回升到 2015 年的 27.01%。西部地区人口长期、快速、大规模地向东部地区迁移流动是导致西部地区人口规模增长缓慢的根本原因,但这一状态近年已有所转变,见图 4.1。

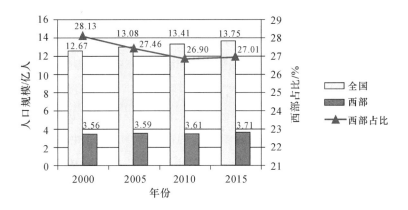

图 4.1　全国、西部地区人口规模变动

数据来源：2001 年、2006 年、2011 年、2016 年《中国统计年鉴》，中国统计出版社。

从经济活动人口变化看（见表 4.1），全国经济活动人口规模从 2000 年的 73992 万增加到 2015 年的 80091 万，以年均 0.53％的速度增长。同期，西部地区经济活动人口规模从 15747 万增加到 21647 万，以年均 2.14％的速度增长。西部地区经济活动人口增速显著快于全国总体水平，2000—2005 年间曾达到 4.33％，同期全国仅为 1.03％。近 15 年来，全国经济活动人口规模增速呈逐步放缓趋势，近几年有所回升。同样，西部地区也呈现放缓趋势，目前增速已低于全国水平。

表 4.1　全国、西部地区经济活动人口、就业人口的变动

		规模/万人				年均增速/%			
		2000 年	2005 年	2010 年	2015 年	2000—2015 年	2000—2005 年	2005—2010 年	2010—2015 年
经济活动人口	全国	73992	77877	78388	80091	0.53	1.03	0.13	0.43
	西部	15747	19466	21308	21647	2.14	4.33	1.82	0.32
就业人口	全国	72085	75825	76105	77451	0.48	1.02	0.07	0.35
	西部	15734	19448	21288	21447	2.09	4.33	1.82	0.15

数据来源：2001、2006、2011、2016 年《中国统计年鉴》，2001、2006、2011、2016 年《中国人口和就业统计年鉴》，中国统计出版社。

从就业人口变动看（见表 4.1），全国就业人口规模从 2000 年的 72085 万增加到 2015 年的 77451 万，以年均 0.48％的速度增长。同期，西部地区就业人口规模从

15734 万增加到 21447 万,以年均 2.09% 的速度增长。西部地区就业人口增速显著快于全国总体水平,2000—2005 年间曾达到 4.33%,同期全国仅为 1.02%。近 15 年来,全国、西部地区就业人口变动趋势与经济活动人口变动趋势基本一致。

近 15 年来,无论是全国还是西部地区,就业人口增速与经济活动人口增速的差距有所拉大,失业人口有所增加,但全国就业人口占经济活动人口的比重始终保持在 96% 以上,西部地区更是保持在 99% 以上,就业率很高,基本处于充分就业状态。有研究显示,2015 年国家调整生育政策,从"独生子女"到"单独两孩""全面两孩",这将推迟全国总人口规模变动的拐点和拔高人口峰值。总人口峰值将在 2028 年前后出现,约为 14.50 亿(较"独生子女"政策下增加 3500 万),人口负增长的时间被推迟 3 年到来("独生子女"政策下为 2025 年)。随着"全面两孩"政策新增出生人口逐渐步入劳动年龄,劳动年龄人口规模持续减少的趋势将会延缓,预计未来 40 余年之间,中国的劳动年龄人口规模仍然可以超过目前发达国家的总量。[①] 显然,人口众多的基本国情不会根本改变,对形成规模巨大的人力资源数量的基础性作用仍将十分明显。尽管西部地区人口增长减缓,但随着西部大开发、"一带一路"倡议的实施,西部地区城市化加速推进,人口向西部地区回流现象开始显现并有进一步增强的趋势,庞大的人口规模对人力资源的支撑作用仍将长期存在。

2. 人力资源的相对量

人力资源相对量与人力资源绝对量大致呈正相关,但与人力资源绝对量最大的区别是其微观代表性和相对稳定性。

从经济活动人口与总人口的比值看,自 2000 年以来,全国经济活动人口占总人口的比重一直保持在 58% 以上,2000 年为 58.38%,2005 年为 59.56%,2010 年为 58.46%,2015 年为 58.26%,即我国总人口中有近六成为经济活动人口。西部地区经济活动人口从 2000 年的 15747 万逐步增长到 2015 年的 21647 万,前 10 年经济活动人口增速显著快于全国总体水平,近年增速有所滞缓,但经济活动人口占总人口的比重从 2000 年的 44.19% 逐步提升到 2005 年的 54.20%、2010 年的 59.08% 和 2015 年的 58.30%。根据我国

---

① 翟振武,李龙,陈佳鞠.全面两孩政策对未来中国人口的影响[J].东岳论丛,2016,37(2).

统计制度,经济活动人口是指所有年龄在 16 岁及以上、在一定时期内为各种经济生产和服务活动提供劳动力供给的人口,即劳动力人口。劳动力人口占比较高,意味着社会负担(社会抚养比)较轻。自 2000 年以来,虽然大量青壮年人口外流,但西部地区经济活动人口占比仍处于逐步升高、稳定增长的态势,西部地区丰富的劳动力资源不仅为东部地区输送了大量的劳动力,也为西部地区经济社会建设奠定了人力资源基础。

近 15 年来,西部地区参与经济生产和社会服务的劳动力数量快速增长,经济活动人口、就业人口占全国经济活动人口、就业人口的比重逐年提高,总人口中拥有经济活动人口的水平与全国总体水平接近,劳动力产出增加,社会负担降低,见图 4.2。

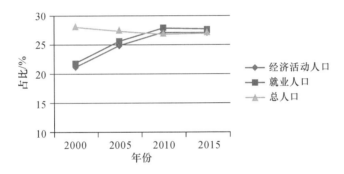

图 4.2 西部地区不同类别人口占全国不同类别总人口的百分比

数据来源:2001 年、2006 年、2011 年、2016 年《中国统计年鉴》,2001 年、2006 年、2011年、2016 年《中国人口和就业统计年鉴》,中国统计出版社。

(二)人才资源数量

人才强国战略已经成为我国经济社会发展的一项基本战略,改革开放以来我国的人才发展取得了显著的成就,各类人才队伍在不断壮大,其中包括党政人才、企业经营管理人才、专业技术人才、高技能人才,以及农村实用人才在内的五类人才的队伍建设不断加强。鉴于资料的情况,本部分主要利用中共中央组织部《中国人才资源统计报告 2010》发布的数据资料对全国、西部地区五类人才的总体发展情况进行分析。

2010 年,全国五类人才总量 12165.4 万,西部地区为 2231.3 万,占全国人才总量的 18.34%,低于同期西部地区人口占全国总人口的比例(26.92%)。

全国每万人口拥有人才 907 人,西部地区为 619 人,也显著低于全国总体水平。从五类人才情况看:2010 年全国党政人才 701.0 万,西部地区 197.2 万,占 28.13%;全国企业经营管理人才 2979.8 万,西部地区 393.8 万,占 13.22%;全国专业技术人才 5550.4 万,西部地区 1041.4 万,占 18.76%;全国高技能人才 2863.3 万,西部地区 401.6 万,占 14.03%;全国农村实用人才 1048.6 万,西部地区 325.3 万,占 31.02%。西部地区党政人才、农村实用人才拥有量相对丰富,占比均显著高于西部地区人才在全国人才中的比例 (18.34%),而企业经营管理人才、高技能人才拥有量显著不足,占比均显著低于 18.34%。与全国总体水平比较,西部地区拥有人才规模相对偏小,人才构成不合理,存在明显的"短板"现象,见图 4.3。

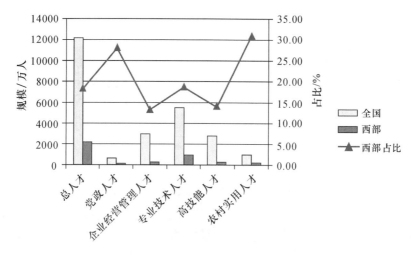

图 4.3　全国、西部地区人才构成比较

数据来源:中共中央组织部.中国人才资源统计报告 2010[M].北京:中国统计出版社,2012.

（三）劳动参与率

劳动参与率是衡量人们参与经济活动状况的指标,反映潜在劳动者个人对于工作收入与闲暇的选择偏好,一方面受个人保留工资、家庭收入规模,以及性别、年龄等个人人口学特征的影响,另一方面受社会保障的覆盖率和水平、劳动力市场状况等社会宏观经济环境的影响。据国家统计局资料,2000—2015 年,全国就业人口保持稳定缓慢的增长态势,从 2000

年的 72085 万稳步增加到 2015 年的 774513 万,15～64 岁人口总量从
88910 万增长到 100387 万,相应劳动参与率从 2000 年的 81.08％下降至
2010 年的 76.15％,2015 年稳定在 77.15％。事实上,自 20 世纪 90 年代
以来,我国劳动参与率就一直处于缓慢下降的趋势中(郭琳、车士义,
2011)。尽管从总体数量上看,中国劳动力供给仍然比较充裕,但随着人
口老龄化的加速和经济社会快速发展、收入水平提高、社会保障增强等因
素,促使劳动参与率呈现逐步下降趋势,全国劳动力供给格局出现转变。
同期,西部地区就业人口从 2000 年的 15734 万增加到 2010 年的 21288
万,2015 年稳定在 21447 万;15～64 岁人口总量从 2000 年的 24339 万增
加到 2015 年的 26682 万,相应劳动参与率从 2000 年的 64.65％提高到
2010 年的 81.96％,2015 年维持在 80.38％。一方面,西部地区青壮年人
口大量外流,劳动年龄人口增长速度低于全国总体水平;另一方面,西部
地区经济发展、社会文明水平提高带动全社会参与经济活动的期望不断
增强,就业人口增长显著快于全国,从而保证持续较高的劳动参与率。尽
管西部地区劳动年龄人口大量外流,但较高的劳动参与率仍使西部地区
拥有较高的人口红利,见图 4.4。

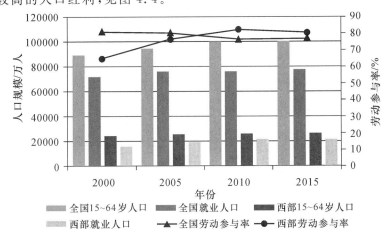

图 4.4　全国、西部地区劳动年龄人口劳动参与率比较

数据来源:2001 年、2006 年、2011 年、2016 年《中国统计年鉴》,2001 年、2006 年、2011
年、2016 年《中国人口和就业统计年鉴》,中国统计出版社。

二、人力资源质量的现状与地位

(一)体质水平

体质水平是人力资源质量的基础,健康的体魄是劳动力参与经济活动的前提。本研究利用人口平均预期寿命反映人力资源的体质水平。据全国第五次、第六次人口普查资料,全国人口平均预期寿命从 2000 年的 71.40 岁逐步提高到 2010 年的 74.83 岁,其中男性从 69.63 岁提高到 72.38 岁,女性从 73.33 岁提高到 77.37 岁。有研究测算出 2015 年全国人口平均预期寿命为 76.20 岁,其中男性为 73.20 岁,女性为 79.90 岁。[①] 近 15 年中,全国人口预期寿命提高 4.8 岁,其中男性提高 3.57 岁,女性提高 6.57 岁。与全国一样,近 15 年西部地区人口平均预期寿命也呈现快速增加、提高的趋势,人力资源的健康水平越来越高。其中甘肃、内蒙古、贵州、陕西预期寿命分别提高了 7.63 岁、7.21 岁、6.43 岁和 5.54 岁,提高幅度显著大于全国总体水平,男、女两性人口预期寿命的增长幅度与总体呈现同样的特点,表明西部地区人力资源参与经济活动的维护成本正在快速下降。总人口预期寿命不断提升,在很大程度上反映着我国人力资源身体质量的不断提高,是国家或地区社会快速发展的综合结果。

但与全国总体水平比较,除四川、重庆、内蒙古 3 省区市平均预期寿命与全国水平比较接近外,其余 10 个省区无论是全体人口,还是男性人口或女性人口的历年平均预期寿命均低于全国总体水平,差距仍然明显。其中西藏是西部地区平均预期寿命最低的自治区,与全国总体水平存在 7～8 岁的差距。对西部人力资源最基本的生存环境改善和脱贫致富仍是西部人力资源开发的重点工作之一,见表 4.2。

① 周脉耕,李镒冲,王海东,等.1990—2015 年中国分省期望寿命和健康期望寿命分析[J].中华流行病学杂志,2016(11):1439-1443.

表 4.2　全国、西部地区人口平均预期寿命

单位:岁

	2000 年			2010 年			2015 年			2000－2015 年增长		
	总体	男	女	总体	男	女	总体	男	女	总体	男	女
全国	71.40	69.63	73.33	74.83	72.38	77.37	76.20	73.20	79.90	4.80	3.57	6.57
内蒙古	69.87	68.29	71.79	74.44	72.04	77.27	76.30	73.10	80.30	6.43	4.81	8.51
广西	71.29	69.07	73.75	75.11	71.77	79.05	73.10	69.00	78.20	1.81	－0.07	4.45
重庆	71.73	69.84	73.89	75.70	73.16	78.60	75.80	72.80	79.40	4.07	2.96	5.51
四川	71.20	69.25	73.39	74.75	72.25	77.59	74.10	71.20	77.50	2.90	1.95	4.11
贵州	65.96	64.54	67.57	71.10	68.43	74.11	71.50	68.30	75.20	5.54	3.76	7.63
云南	65.49	64.24	66.89	69.54	67.06	72.43	72.70	69.20	76.90	7.21	4.96	10.01
西藏	64.37	62.52	66.15	68.17	66.33	70.07	68.10	65.60	70.80	3.73	3.08	4.65
陕西	70.07	68.92	71.30	74.68	72.84	76.74	75.40	73.10	78.00	5.33	4.18	6.70
甘肃	67.47	66.77	68.26	72.23	70.60	74.06	75.10	72.40	78.40	7.63	5.63	10.14
青海	66.03	64.55	67.70	69.96	68.11	72.07	69.40	67.30	71.80	3.37	2.75	4.10
宁夏	70.17	68.71	71.84	74.80	71.31	75.71	74.80	72.10	78.00	4.63	3.39	6.16
新疆	67.41	65.98	69.14	72.35	70.30	74.86	72.00	70.00	74.40	4.59	4.02	5.26
西部地区平均值	68.42	66.89	70.14	72.62	70.35	75.21	73.19	70.34	76.58	4.77	3.45	6.44

数据来源:2000 年、2010 年数据来自 2012 年《中国统计年鉴》,2015 年数据来自:周脉耕,李镒冲,王海东,等.1990—2015 年中国分省期望寿命和健康期望寿命分析[J].中华流行病学杂志,2016(11):1439-1443.

(二)知识水平

1.平均受教育年限及识字率

全国 6 岁及以上人口平均受教育年限从 2000 年的 7.64 年逐步提增到 2015 年的 9.18 年,净增长 1.54 年。按当前教育体系,目前全国 6 岁及以上人口平均受教育程度处于初中毕业到高中一年级水平;同期,西部地区 6 岁及以上人口平均受教育年限从 7.03 提增到 8.67 年,净增长 1.64 年,提高速度稍高于全国总体水平,两者差距也从 2000 年的 0.61 年逐步缩小到 2015 年的 0.51

年。近 15 年发展,西部地区 6 岁及以上人口平均受教育程度已从初中一年级提高到目前的初中三年级,反映出人力资源的基础教育水平已经得到较大提高。

随着国家基础教育的快速普及和越来越多文盲老人的离世,15 岁及以上人口的文盲率也不断下降,识字率不断提高。全国 15 岁及以上人口的识字率从 2000 年的 90.6% 提高到 2010 年的 95.0%、2015 年的 94.58%。同期,西部地区 15 岁及以上人口的识字率也从 87.17% 逐步提高到 92.03%,见图 4.5。

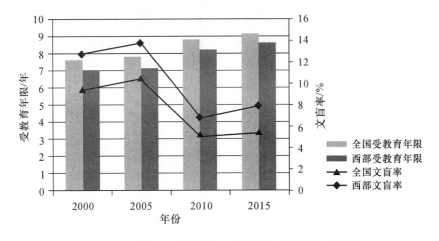

图 4.5　全国、西部地区人口平均受教育年限和文盲率

数据来源:根据 2000 年、2010 年全国人口普查资料,2005 年全国 1% 人口抽样调查,2016 年《中国统计年鉴》相关数据计算而得。

西部地区人口受教育水平的快速提高,为该地区人力资源开发和地区文明建设奠定了重要的基础。但同时应该看到,自 1985 年 5 月《中共中央关于教育体制改革的决定》提出实行"九年制义务教育"以来,30 多年过去,西部地区仍然未达到九年以上的人均受教育程度,15 岁及以上人口文盲率达 8%,西部地区对基础教育仍需重视和加强投入。

2.就业人口受过高等教育的比例

2015 年国家教育部对《国家中长期教育改革和发展规划纲要(2010—2020年)》5 年实施情况进行总体评估,显示中国高等教育毛入学率为 37.5%,已超过中高收入国家平均水平,主要劳动年龄人口受过高等教育的比例已达到

15.83%。① 清华大学国情研究院院长胡鞍钢表示,尽管自2010年起中国劳动年龄人口占总人口的比重开始下降,但大专及以上文化程度人口占的比重在上升,显示出教育红利、人力资源红利大大抵消了人口数量红利下降的影响。主要劳动年龄人口接受高等教育的比重不断提高,体现了我国人力资源竞争力的不断提升,可以大大增强经济发展的后劲,为我国经济的可持续良性发展奠定了坚实的基础。

据《中国人口和就业统计年鉴》,2015年全国就业人口中接受过高等教育(包括高等职业教育、大学专科、大学本科、研究生)的占18.80%,比2010年(10.09%)提高了8.71个百分点。同期,西部地区为16.24%和6.69个百分点,见表4.3。虽然西部地区越来越多的就业人口接受过高等教育,但与全国总体水平尚有差距,而且有差距进一步拉大的趋向。在西部地区12个省区市中,内蒙古、重庆、陕西、青海、宁夏、新疆6省区市接受过高等教育的就业人口占比超过西部地区平均水平,除重庆外,其他5省区均位于西北地区。另外6省区均低于西部地区平均水平,除甘肃外,均位于西南地区,尤其是贵州、云南、西藏一直处于落后状态。近5年中,仅有重庆、陕西、新疆的就业人口接受高等教育比重的提升幅度超过全国总体水平。

表4.3 全国、西部地区就业人口接受高等教育的比例

		2010年/%	2015年/%	2010—2015年提升百分点
全国		10.09	18.80	8.71
西部地区		9.55	16.24	6.69
西部各省区市	内蒙古	12.44	18.90	6.46
	广西	7.38	14.80	7.42
	重庆	10.34	19.80	9.46
	四川	6.91	13.20	6.29

---

① 说明:是指20~59岁人口中接受过大专及以上学历教育的人数所占比例。

续 表

		2010 年/%	2015 年/%	2010－2015 年提升百分点
西部各省区市	贵州	7.12	10.20	3.08
	云南	6.56	10.70	4.14
	西藏	7.09	10.30	3.21
	陕西	10.48	19.40	8.92
	甘肃	8.20	14.40	6.20
	青海	11.52	18.60	7.08
	宁夏	12.73	20.30	7.57
	新疆	13.86	24.30	10.44

数据来源:2016 年、2011 年《中国人口和就业统计年鉴》,中国统计出版社。

(三)技能水平

技能水平是人力资源参与经济活动的关键要素,劳动者的技能水平是反映人力资源质量的重要方面。我国职业教育的目标就是培养具有一定职业能力的生产、建设和服务一线的技术人才和劳动者。据《中国人口和就业统计年鉴》的数据,2015 年全国就业人口中接受过职业教育(包括中等职业教育、高等职业教育)的仅占 6.20%,反映出我国职业教育的落后状态,从业人员中技能型劳动者的严重匮乏。而西部地区更低,仅 4.68%,只有广西、新疆超过全国总体水平。

高技能人才又是技能劳动者中的精英,体现人力资源技能水平的更高层次,是产业升级的人力资源保证。"高技能人才占技能型劳动者的比例"可以从更高层次体现人力资源的技能水平,其含义是,在生产或服务一线从事技能操作的劳动者中拥有高级技师、技师和高级技工的比重。据《中国人才资源统计报告 2010》,2010 年全国高技能人才占技能劳动者比例为 25.60%,该报告并预测,到 2020 年全国高技能人才占技能劳动者比例将达到 28%。与全国比较,2010 年西部地区高技能人才占技能劳动者的比例(20.00%)与全国总体水平(25.60%)存在 5.60 个百分点的差距。12 个省区市中,除重庆(26.50%)、四川(25.00%)、陕西(24.50%)超过或接近全国总体水平外,其余 9 个省区市均低于全国总体水平,存在较大差距,其中青海仅为 13.50%,见表 4.4。

表 4.4　全国、西部地区劳动者技能水平

		2015 年接受职业教育占比/%	2010 年高技能人才占技能劳动者比例/%
全国		6.20	25.60
西部地区		4.68	20.00
西部各省区市	内蒙古	4.20	20.90
	广西	6.40	16.00
	重庆	5.70	26.50
	四川	4.90	25.00
	贵州	3.70	19.40
	云南	4.30	18.60
	西藏	2.10	20.00
	陕西	5.70	24.50
	甘肃	4.70	21.30
	青海	3.50	13.50
	宁夏	4.60	14.10
	新疆	6.40	19.60

数据来源:中国人口和就业统计年鉴[M].北京:中国统计出版社,2016;中共中央组织部.中国人才资源统计报告(2010)[M].北京:中国统计出版社,2012.

三、人力资源价值的现状与地位

人力资源价值是指人力资源为社会组织提供服务、创造价值的能力。本研究通过"人力资本投入"和"人力资源产出"两个维度来评价人力资源价值。

(一)人力资本投入

国家或地区通过对教育、卫生、研发等的投入以增加或提高人力资源的智能、体能和创新能力,最终反映为劳动效能提高和产出增加,即为人力资本投资。

从人力资本投资规模看。全国投资总额(包括教育、卫生、研发)从 2000 年的 9006.49 亿元增加到 2015 年的 85611.47 亿元,以年均 16.20% 速度增长

（见表4.5）。西部地区人力资本投资总额从2005年的3709.13亿元提高到2010年的10650.96亿元、2015年的19550.39亿元，年均增长18.08%，其中2005—2010年间以23.49%的速度增长（见表4.6），增速显著快于全国总体。新经济学已经表明，经济和产业结构越是现代化，人力资本投资在支出法核算的国内生产总值所占的比重就越大。全国和西部地区人力资本的投资规模、增速和发展路径，可以充分反映出国家对经济发展中人力要素的高度重视。加大对西部地区人力资本的投资力度，迅速提高西部地区人力资本存量和创新能力，正成为西部地区经济社会快速崛起的关键和支撑。同时也可以看到，我国的人力资本投资年际增速在2008年达到了22.67%的峰值，这意味着人才资本投资的增速拐点已经出现，未来我国人力资本投资总量虽仍保持增长，但增长势头将逐步放缓。

表4.5　2000—2015年全国人力资本各项构成及人力资本投资

年份	教育支出/亿元	卫生支出/亿元	研发支出/亿元	人力资本投资/亿元	人力资本投资年均增速/%	人力资本投资水平/元
2000	3524.20	4586.63	895.66	9006.49		1217
2005	7672.44	8659.91	2449.97	18782.32	15.83	2411.79
2010	18796.13	19980.39	7062.58	45839.10	19.54	5847.72
2015	36129.19	35312.40*	14169.88	85611.47	13.31	10689.27

数据来源：根据2001年、2006年、2011年《中国教育经费年鉴》（中国统计出版社），2016年《中国统计年鉴》，2001年、2006年、2011年、2016年《中国卫生与计划生育统计年鉴》（中国统计出版社），2001年、2006年、2011年、2016年《中国科技统计年鉴》（中国统计出版社）相关数据计算而得。

注：＊为2014年的数据。

具体到人力资本投资的三项构成。全国/教育经费从2000年的3524.20亿元增加到2015年的36129.19亿元，年均增长16.78%。同期，卫生支出从4586.63亿元增长到2014年的35312.40亿元，年均增长15.70%；研发支出从895.66亿元增加到2015年的14169.88亿元，年均增长20.21%。可以看出，尽管卫生支出在人力资本投资总额中占比最高，2000年达到50.93%，2015年达到41.25%，但其增速在三项投入中最慢，相应地占比也逐步下降。

而研发支出虽然占比最低,2000 年为 9.94％,2015 年为 16.55％,但其增速最快,相应占比也逐步上升。创新是国家兴旺发达的不竭动力,研发支出的不断增加表明我国人力资本投资结构正不断优化,越来越符合知识经济时代的发展要求。西部地区教育支出从 2005 年的 1621.73 亿元增加到 2015 年的9019.49 亿元,年均增长 18.72％。同期,卫生支出从 2005 年的 1775.28 亿元增长到 2015 年的 8799.30 亿元,年均增长 19.47％;研发支出从 2005 年的312.12 亿元增加到 2015 年的 1731.60 亿元,年均增长 18.69％。可以看出,西部地区的教育、卫生投入增长速度超过全国总体水平,教育、卫生的投入规模在全国投入总规模中的比重也呈逐步提升的趋势,但研发投入的增长速度低于全国,投入规模的比重一直停留在 12％左右,且远低于教育、卫生的比重,研发投入亟待加大,见表 4.6。

表 4.6　2005—2015 年西部地区人力资本投资规模

项目	投资和占比	2005 年	2010 年	2015 年
投资 总额	全国/亿元	18782.32	45839.10	85611.47
	西部地区/亿元	3709.13	10650.96	19550.39
	西部占比/％	19.75	23.24	22.84
教育	全国/亿元	7672.44	18796.13	36129.19
	西部地区/亿元	1621.73	4788.57	9019.49
	西部占比/％	21.14	25.48	24.96
卫生	全国/亿元	8659.91	19980.39	35312.40
	西部地区/亿元	1775.28	4988.12	8799.30
	西部占比/％	20.50	24.97	24.92
研发	全国/亿元	2449.97	7062.58	14169.88
	西部地区/亿元	312.12	874.27	1731.60
	西部占比/％	12.74	12.38	12.22

数据来源:根据 2001 年、2006 年、2011 年《中国教育经费年鉴》(中国统计出版社),2016 年《中国统计年鉴》,2001 年、2006 年、2011 年、2016 年《中国卫生与计划生育统计年鉴》(中国统计出版社),2001 年、2006 年、2011 年、2016 年《中国科技统计年鉴》(中国统计出版社)相关数据计算而得。

从人力资本投资水平看。以经济活动人口人均投入水平变化看：全国从2000年的1217元增加到2005年的2412元、2010年的5848元、2015年的10689元，以年均15.59%的速度增加；西部地区则从2005年的1905元增加到2010年的4999元、2015年的9031元，以年均16.84%的速度增加。尽管西部地区人均投入规模增速快于全国，但投入水平与全国总体水平尚有差距，2005年为全国总体水平的78.98%，到2015年已提高到84.49%。

（二）人力资源产出

研究通过劳动GDP、专利产出量和人才贡献率三个指标来反映人力资源产出。

1. 劳动GDP

进入21世纪，全国经济总量保持快速增长，国内生产总值（GDP）从2000年的99214.6亿元逐步增加到2005年的184937.4亿元、2010年的401512.8亿元、2015年的685505.8亿元，年均增速13.75%，经济发展呈现良好势头。同期，西部地区生产总值从2000年的16655.0亿元逐步增加到2005年的33493.0亿元、2010年的81408.0亿元、2015年的145018.9亿元，年均增速15.52%，增速快于全国总体水平。

从劳动GDP（地区生产总值／经济活动人口）即经济活动人口人均财富创造量的变动情况看：全国劳动GDP从2000年的1.34万元增长到2005年的2.37万元、2010年的5.12万元、2015年的8.56万元，年均增长13.16%；同期，西部地区劳动GDP从2000年的1.10万元增加到2005年的1.75万元、2010年的3.82万元、2015年的6.70万元，年均增长12.80%。劳动GDP的快速攀升，在一定程度上表明我国人力资源的产出效能得到大幅提升，人力资源对经济的贡献率越来越显著。西部地区人均财富创造量呈现出与全国同步上升的态势，说明西部地区经济实力快速增强，人力资源的产出效能也快速提升。但与全国总体水平比较，西部地区人力资源的产出效能尚存在距离，且差距有不断拉大的趋势，从2000年的0.24万元逐步扩大到2015年的1.86万元，见图4.6。

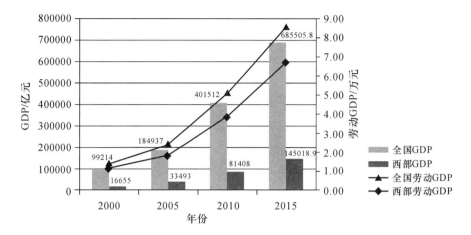

图 4.6　全国、西部地区 GDP 和劳动 GDP

数据来源：根据 2001 年、2006 年、2011 年、2016 年《中国统计年鉴》（中国统计出版社）相关数据计算而得。

2.专利产出量

一个国家或地区的专利产出量体现了其创新能力和经济可持续发展能力。全国专利受理量从 2000 年的 170682 项增加到 2005 年的 476264 项、2010 年的 1222286 项、2015 年的 2639446 项，以年均 20.02% 的速度增长。每 10 万人口专利受理量，全国从 2000 年的 13.5 项，增加到 2005 年的 36.4 项、2010 年的 91.2 项、2015 年的 192.01 项。同期，西部地区专利受理量从 2000 年的 16381 项增加到 2005 年的 34053 项、2010 年的 112713 项、2015 年的 391038 项，年均增速 23.55%。相应地，每 10 万人口专利受理量，从 2000 年的 4.6 项，增加到 2005 年的 9.5 项、2010 年的 31.3 项、2015 年的 105.31 项。可以看出，西部地区与全国一样，呈现人力资源的创新活力和创新能力不断增强的良好态势。然而，虽然西部地区专利受理数量的增长速度快于全国总体水平，但每 10 万人口专利受理量低于全国总体水平许多，且差距不断拉大，从 2000 年相差 8.9 项扩大到 2015 年的 86.7 项，见图 4.7。

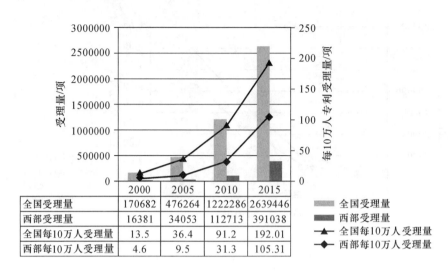

图 4.7　全国、西部地区专利受理量

	2000	2005	2010	2015
全国受理量	170682	476264	1222286	2639446
西部受理量	16381	34053	112713	391038
全国每10万人受理量	13.5	36.4	91.2	192.01
西部每10万人受理量	4.6	9.5	31.3	105.31

数据来源:2001年、2006年、2011年、2016年《中国统计年鉴》,中国统计出版社。

3.人才贡献率

人才贡献率即人才资本增长对经济增长的贡献率,是人才资本作为经济运行中的核心投入要素,通过其自身形成的递增收益和产生的外部溢出效应,从而对经济增长所做出的贡献份额,是衡量人力资源价值的重要指标。我国1978年至2008年人才贡献率的平均值为18.9%,2010年人才对经济增长的贡献率达到26.6%,意味着人才对我国经济增长的促进作用进一步提升。[①]据《中国人才资源统计报告2010》预测,全国人才贡献率在2010年为26.6%的基础上,2015年达到32.0%,2020年将达到35.0%,人才资本对我国经济增长的贡献将越来越重要。相比较,西部地区的人才贡献率尚处于低水平。2010年,12个省区市的人才贡献率从高至低为:重庆19.9%、四川16.0%、内蒙古13.9%、陕西11.2%、宁夏8.9%、广西8.6%、新疆7.9%、贵州7.6%、云南6.7%、甘肃6.5%、青海6.1%、西藏5.8%。西部地区平均9.9%,与全国26.6%的差距达16.7个百分点! 西部地区人才缺乏、人才效能低下,成为西部发展的瓶颈。

---

① 桂昭明.人才贡献率26.6%意味着什么[N].光明日报,2012-05-23.

四、人力资源支撑的现状与地位

从我国人力资源支撑——社会保险参保情况看,2001—2015年我国养老保险、医疗保险、失业保险、工伤保险和生育保险的参保人数均持续增长,参保率不断提高。其中,城镇职工基本养老保险参保人数从2000年的13617.4万增加到2015年的35361.2万,年均增长6.57%;参保率从2000年的18.40%提高到2015年的44.15%,提高25.75个百分点。城镇职工基本医疗保险参保人数从2000年的2862.8万增加到2015年的28893.1万,年均增长16.66%;参保率从2000年的9.79%提高到2015年的36.08%,提高26.29个百分点。失业保险参保人数从2000年的10408.4万增加到2015年的17326万,年均增长3.46%;参保率从2000年的13.91%提高到2015年的21.63%,提高7.72个百分点。工伤保险参保人数从2000年的4350.3万增加到2015年的21432.5万,年均增长11.22%;参保率从2000年的5.84%提高到2015年的26.76%,提高20.92个百分点。生育保险参保人数从2000年的3001.6万增加到2015年的17771万,年均增长12.59%;参保率从2000年的4.64%提高到2015年的22.19%,提高17.55个百分点。从整体看,近15年我国人力资源社会保险参保人数增长较快,尤其是城镇职工基本医疗保险、工伤保险、生育保险参保人数增加更为显著,年均增长速度均在11%以上。从参保率看,城镇职工基本养老保险参保水平是5个险种中最高的,其次是城镇职工基本医疗保险,十多年中参保率的增长幅度也较大。由于工伤、生育险的参保率基数低,虽然也有较大幅度的提高,但参保水平仍然明显低于养老保险和医疗保险。而失业保险则是5个险种中参保人数增长最慢、参保率提升最慢的险种。虽然我国人力资源社会保险参保水平得到明显提高,但总体而言基数相对较低,社会对人力资源的支撑和保障正在加快完善步伐,但尚显不足,人力资源与社会的协同效应偏低。详见表4.7。

表 4.7　全国、西部地区人力资源社会保险参保率

项目	区域	2000 年/%	2005 年/%	2010 年/%	2015 年/%	2000—2015 年提升百分点
城镇职工基本养老保险	全国	18.40	22.46	32.79	44.15	25.75
	西部	12.41	11.57	15.37	30.40	17.99
城镇职工基本医疗保险	全国	9.79	17.70	26.60	36.08	26.29
	西部	10.67	15.17	20.61	25.08	14.41
失业保险	全国	13.91	13.67	17.06	21.63	7.72
	西部	13.72	10.72	11.10	13.85	0.13
工伤保险	全国	5.84	10.89	20.62	26.76	20.92
	西部	3.57	6.75	11.46	16.62	13.05
生育保险	全国	4.64	6.94	15.74	22.19	17.55
	西部	3.45	4.85	9.66	14.14	10.69

数据来源:2001 年、2006 年、2011 年《中国劳动统计年鉴》和 2016 年《中国统计年鉴》,中国统计出版社。

说明:参保率=参保人数/经济活动人口

　　西部地区人力资源社会保险的参保率,无论是哪个险种,还是哪个年代均低于全国总体水平,15 年中各险种参保率的提升幅度也低于全国总体水平,且两者的差距呈现不断拉大的趋势。2000—2015 年,西部地区城镇职工基本养老保险参保率提高了 17.99 个百分点,与全国水平的差距从 2000 年的 5.99 个百分点扩大到 2015 年的 13.75 个百分点;城镇职工基本医疗保险参保率提高 14.41 个百分点,与全国水平的差距从 2000 年的 -0.88 个百分点扩大到 2015 年的 11.00 个百分点;失业保险参保率基本保持不变,与全国总水平的差距从 2000 年的 0.19 个百分点扩大到 2015 年的 7.78 个百分点;工伤保险参保率提高 13.05 个百分点,与全国总水平的差距从 2000 年的 2.27 个百分点扩大到 2015 年的 10.14 个百分点;生育保险参保率提高 10.69 个百分点,与全国总水平的差距从 2000 年的 1.19 个百分点扩大到 2015 年的 8.05 个百分点。从整体看来,西部地区的人力资源支撑水平正由低水平逐步向高水平迈进,社会发展与人力资源的协同效应正不断增强。但与全国比较,西部地区人

力资源与社会的协同效应更低,差距进一步拉大,人力资源的社会保障和支撑亟待增强。

五、西部地区人力资源的优势与劣势

(一)优 势

与全国人力资源总体水平比较,西部地区人力资源的优势主要集中在人力资源的数量增长方面。尽管西部地区人口长期、快速、大规模地向东部地区迁移流动导致西部地区人口规模增长缓慢甚至萎缩,但随着西部大开发的不断深入,城市化和工业化进程的加速,加之近年"一带一路"倡议的强有力推进,一方面,大大激发了西部地区劳动年龄人口参与经济社会建设的热情和积极性,在全国劳动参与率逐年下降的大背景下,西部地区 2000—2010 年间劳动参与率反而逐步上升,目前仍维持在 80% 的较高水平。经济活动人口、就业人口规模稳步增长,占全国经济活动人口和就业人口的比重逐年提高,与总人口占全国的比重逐步下降形成鲜明的对比。另一方面,随着东部地区产业结构转型升级,大量劳动密集型企业向西部地区转移,使大量西部劳动力回乡创业就业成为新的趋势。事实上,自 2008 年以来,西部地区吸纳劳动力的能力得到快速增强,包括劳动力流出最大的省市,如重庆、四川等地,出现大量劳动力的回流,流出人口增长势头有所减缓,如 2010 年四川流出人口规模低于 2000 年。可以预计,西部地区人口向西部地区回流现象将有进一步增强的趋势,庞大的人口规模对人力资源的支撑作用仍将长期存在。西部地区丰富的劳动力资源不仅为东部地区输送了大量劳动力,也为西部地区经济社会建设奠定了比较丰富的人力资源数量红利。

同时应该看到,自 2000 年以来,西部地区人力资源的质量、价值、支撑均取得了长足发展。西部地区加大对人力资本的投入,特别是对教育和卫生的投入,增长速度明显快于全国,投入规模占全国总投入的比重不断提高,极大地提高和改善了西部地区人力资源的受教育程度和健康水平。2000—2015 年间,西部地区 6 岁及以上人口平均受教育年限的提高幅度大于全国总体水平,与全国 6 岁及以上总人口的差距进一步缩小。各省区市人口平均预期寿命持续提高,部分省市提高幅度大于全国总体,人力资源健康状况得到有效改善。

人力资源价值与效能也得到明显改善,劳动 GDP 与全国同步增长,专利申请受理量增加迅速,增速快于全国总体。高智力产出不断增多,创新能力不断增强。人力资源的养老保险、医疗保险、失业保险、工伤保险、生育保险的参保率不断提升,社会发展与人力资源的协同效应正在不断增强,人力资源水平格局得以较大改善。

（二）劣　势

虽然自 2000 年以来,西部地区人力资源的质量、价值、支撑得到长足发展,人力资源水平格局得以较大改善,但与全国总体水平比较,仍存在较大差距和多条"短腿",主要表现为:

其一,西部地区人力资源质量不高,人才缺乏。西部地区人力资源的体质水平(平均预期寿命)、知识水平(平均受教育年限、主要劳动年龄人口受过高等教育比例)、技能水平(高技能人才占技能劳动者比例)均低于全国总体水平,差距仍然明显。西部地区拥有人才规模偏小,人才构成不合理,企业经营管理人才、高技能人才拥有量显著不足,存在明显的"短板"现象。

其二,西部地区人力资本投入结构不够合理,人力资源产出效能较低。虽然西部地区人力资本投入规模的增长速度快于全国总体,但人均投入水平与全国总体尚有差距,而且研发投入长期徘徊于 12% 左右的低水平,对增强创新能力和推动创新发展极为不利。虽然西部地区人均财富创造量、人均专利受理量、人才贡献率呈现出与全国同步上升的态势,人力资源产出效能快速提升,但由于基础差、起点低,与全国总体仍存在距离,且有不断拉大的趋势。西部地区人力资源效能、人才资源效能低下,已成为西部经济社会快速发展的瓶颈。

其三,西部地区人力资源社会保障水平较低。从整体来看,虽然西部地区人力资源的社会维护保障支撑水平正由低水平逐步向高水平迈进,但从人力资源社会保险的覆盖水平看,西部地区人力资源的社会保障水平低下,与社会发展的协同效应较差,且与全国总体的差距在进一步拉大,人力资源的社会保障和支撑水平亟待提高。

第五章 西部人力资源在四大区域中的地位

四大区域是指我国的东部地区(包括北京、天津、河北、上海、江苏、浙江、福建、山东、广东、海南)、中部地区(包括山西、安徽、江西、河南、湖北、湖南)、西部地区(包括内蒙古、广西、重庆、四川、贵州、云南、西藏、陕西、甘肃、青海、宁夏、新疆)、东北地区(包括辽宁、吉林、黑龙江)。通过对四大区域 2015 年统计数据的描述,识别各大区域人力资源的基本状况。运用因子分析、聚类分析方法,找出相对于东部、中部和东北地区,西部地区人力资源的优势和劣势。

一、四大区域人力资源的现状与差异

(一)人力资源数量

1. 人力资源绝对量

从人口总量及人口密度看。2015 年,东部地区总人口 52519 万,人口密度为 571 人/km²;中部地区总人口 36489 万,人口密度为 351 人/km²;西部地区总人口 37133 万,人口密度为 54 人/km²;东北地区总人口 10947 万,人口密度为 137 人/km²。东部地区是人口最多、人口最为密集的地区。中部地区人口总量稍低于西部地区,但人口密度远高于西部地区。西部地区人口总量虽居第二位,但人口密度要低于人口总量最低的东北地区而呈现地广人稀的特征。中国人口空间分布呈东、中、西"三大平台"分布的特点非常明显,人口密度自西向东逐级加大,三个阶梯层次分明。长期受自然地理条件、经济社会发展等因素制约,中国人口东、中、西分布格局百年依旧,经久不变。

从经济活动和就业人口看。2015 年,东部地区拥有经济活动人口、就业人口规模在四大区域中最多,其次是中部地区、西部地区,最少为东北地区,与总人口规模相对应,见图 5.1。

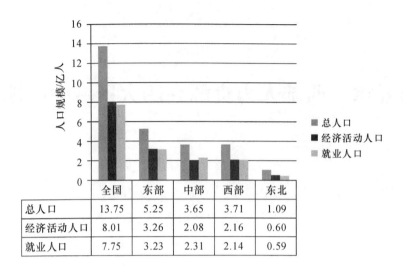

	全国	东部	中部	西部	东北
总人口	13.75	5.25	3.65	3.71	1.09
经济活动人口	8.01	3.26	2.08	2.16	0.60
就业人口	7.75	3.23	2.31	2.14	0.59

图 5.1 2015 年各区域总人口、经济活动人口、就业人口规模

数据来源:2016 年《中国统计年鉴》以及各省区市统计年鉴,中国统计出版社。

2.人力资源相对量

以每百万人口中拥有经济活动人口数来反映区域拥有的人力资源相对量。2015 年,东部地区每百万人口中拥有经济活动人口 62.00 万人,中部地区为 56.94 万人,西部地区为 58.30 万人,东北地区为 55.14 万人。东部地区人力资源相对量最高,超过全国总体水平(58.26 万人),其次是西部地区,与全国总体水平持平,其后是中部地区,东北地区最低。西部地区虽然超过中部、东北地区,但与东部地区的差距较大,见图 5.2。

3.人才资源数量

据中共中央组织部 2012 年发布的《中国人才资源统计报告 2010》,东部地区拥有五类人才资源数量最多,有 5138.6 万人,占全国人才资源总量将近一半,超过中部地区(2298.1 万人)和西部地区(2231.3 万人)之和,东北地区人才数量最低(798.8 万人)。从每万人口中拥有人才数量看,东部地区最高(1014.3 人),超过全国总体水平(907.2 人),其后依次是东北地区(729.4 人)、中部地区(643.8 人)和西部地区(619.4 人),均低于全国总水平。虽然西部地区人才总量稍低于中部地区、高于东北地区,但仅是东部地区人才总量的43.42%。人才占总人口的比重仅为 6.19%,在四大区域中居于末位,与东部地区差距近 4.0 个百分点,与全国总水平相差 2.9 个百分点。

总的来说,西部地区人才绝对数量和相对数量水平均较低,人才资源的供

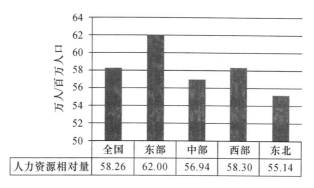

	全国	东部	中部	西部	东北
人力资源相对量	58.26	62.00	56.94	58.30	55.14

图 5.2　2015 年全国各大区域每百万人口中拥有经济活动人口

数据来源:2016 年《中国统计年鉴》以及各省区市统计年鉴,中国统计出版社。

给不足以满足区域经济发展的需求,区域竞争归根到底是人才的竞争,人才的供需不平衡是当前西部地区相对落后的症结所在,是西部人力资源开发的桎梏,吸引人才和留住人才是西部未来人才工作的关键,见图 5.3。

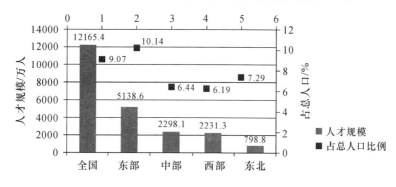

图 5.3　2010 年全国各大区域的人才规模

数据来源:根据《中国人才资源统计报告 2010》(中国统计出版社)中的相关数据计算求得。

4.劳动参与率

从拥有 15～64 岁劳动年龄人口规模看,2015 年,四大区域拥有规模由高到低依次为:东部地区(39158 万)、西部地区(26682 万)、中部地区(26048 万)和东北地区(8498 万)。西部地区虽位列第二,略超中部地区,但仅为东部地区规模的 68.14%,与东部地区有较大差距。

从劳动参与率来看,四大区域由高到低排序依次为中部地区(88.70%)、东部地区(82.47%)、西部地区(80.38%)和东北地区(69.72%)。尽管自 2000

年以来西部地区劳动参与率呈逐步上升的趋势,目前超过全国总体水平,但与其他地区作横向比较,西部地区的劳动参与率仅超过东北地区列第三位,与劳动参与率最高的中部地区相差 8.32 个百分点。虽然西部地区人力资源相对量超过中部地区,但劳动参与率与中部地区仍有较大差距,充分开发西部地区人力资源,提高劳动年龄人口经济活动参与程度仍有较大的空间,见图 5.4。

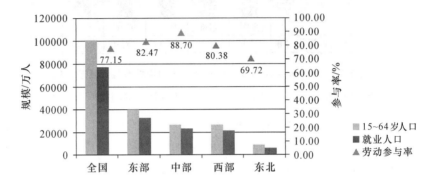

图 5.4　2015 年全国各大区域劳动年龄人口劳动参与率

数据来源:2016 年《中国统计年鉴》以及各省区市统计年鉴,中国统计出版社。

(二)人力资源质量

1.预期寿命

从四大区域的人口平均预期寿命来看,东部地区人口平均预期寿命最高,其次是东北地区、中部地区和西部地区。四大区域间差距明显,东部地区预期寿命的平均值(79.4 岁)超过全国总体水平(76.2 岁)3.2 岁,东北地区与全国比较接近,中部地区、西部地区均低于全国总水平,西部地区预期寿命的平均值(73.2 岁)低于全国总体 3.0 岁,低于东部地区 6.2 岁,差距极为显著。人口平均预期寿命既是衡量人口健康水平的一个重要指标,也是反映地区经济、社会、环境发展水平和质量的综合性指标。西部地区人口平均预期寿命与其他区域的明显差距,反映出西部地区人力资源的体质水平较低,自然环境差、经济发展水平低、医疗卫生水平低等仍然是制约西部人力资源质量的重要因素,见表 5.1。

表 5.1   2015 年中国各省区市人口平均预期寿命

东部地区		中部地区		西部地区		东北地区	
省份	平均预期寿命/岁	省份	平均预期寿命/岁	省份	平均预期寿命/岁	省份	平均预期寿命/岁
北京	83.5	山西	76.1	内蒙古	76.3	辽宁	78.1
天津	79.9	安徽	75.2	广西	73.1	吉林	76.1
河北	75.0	江西	75.7	重庆	75.8	黑龙江	75.5
上海	84.2	河南	74.8	四川	74.1		
江苏	80.1	湖北	75.7	贵州	71.5		
浙江	80.5	湖南	75.8	云南	72.7		
福建	78.1			西藏	68.1		
山东	76.6			陕西	75.4		
广东	79.6			甘肃	75.1		
海南	76.0			青海	69.4		
				宁夏	74.8		
				新疆	72.0		
东部地区平均值	79.4	中部地区平均值	75.6	西部地区平均值	73.2	东北地区平均值	76.6

数据来源:周脉耕,李镒冲,王海东,等.1990—2015 年中国分省期望寿命和健康期望寿命分析[J].中华流行病学杂志,2016(11).

2. 平均受教育年限

对比四大区域的人均受教育年限,2015 年东北地区 6 岁及以上人口平均受教育年限最长(9.59 年),之后依次是东部地区(9.50 年)、中部地区(9.13年)和西部地区(8.67 年),仅西部地区平均受教育年限在 9 年以下,与东北地区存在 0.92 年之差。男性受教育年限普遍高于女性,其中东部地区男性平均受教育年限 9.85 年,东北地区为 9.73 年,中部地区为 9.48 年,西部地区为8.97 年,西部地区与东部地区存在 0.88 年的差距;东北地区女性平均受教育年限为 9.45 年,东部地区为 9.13 年,中部地区为 8.77 年,西部地区为 8.35年,西部地区与东北地区存在 1.10 年的差距。西部地区 6 岁及以上人口总体、男性和女性的平均受教育年限均处于四大地区最末位,低于全国平均水平,与第一位地区差距明显,其中女性差距较男性更大。与之相对应的是,

2015年西部地区15岁及以上人口的文盲率达到7.97％,远远高于东部地区的4.67％、中部地区的4.93％和东北地区的2.38％。虽然自2000年以来西部地区的教育投入规模增长迅速,人均投入强度逐步提高,学龄人口的基础教育条件和环境得到极大改善,平均受教育年限从2000年的7.03年提增到2015年的8.67年,与全国总体水平的差距得到缩小。但在四大区域之中,西部地区人口受教育水平仍然处于最低,西部地区人力资源的知识水平与其他地区相比仍有较大差距,在区域人力资源开发中仍应当重点把握,见图5.5。

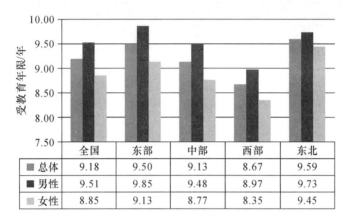

	全国	东部	中部	西部	东北
总体	9.18	9.50	9.13	8.67	9.59
男性	9.51	9.85	9.48	8.97	9.73
女性	8.85	9.13	8.77	8.35	9.45

图5.5　2015年全国及四大区域人口平均受教育年限

数据来源:根据2016年《中国统计年鉴》(中国统计出版社)的人口受教育水平数据计算而得。

(三)人力资源价值

1.人力资本投资

从人力资本投资总额来看,东部地区投入最高,其次是西部地区、中部地区和东北地区。总的来说,西部地区人力资本投资总额较大,高于中部地区和东北地区;西部地区投入总额为东部地区投入总额的48.43％,西部地区和东部地区仍有较大差距,见表5.2。

从人均人力资本投资来看,从高到低排序依次为东部地区、东北地区、西部地区和中部地区。东部地区优势明显,西部地区介于东北地区和中部地区之间,但三者均低于全国平均水平,且远远落后于东部地区。西部地区人均人力资本投资强度仅为东部地区的72.84％,见表5.2。

表 5.2　2015 年全国及四大区域人力资本投入情况

	投入规模/亿元	经济活动人口/万人	人均投入/元
全国	85611.47	80091.01	10689.27
东部	40371.20	32563.35	12397.74
中部	16932.81	20776.56	8149.96
西部	19550.39	21647.42	9031.28
东北	5936.75	6036.10	9835.41

数据来源:根据 2016 年《中国教育经费年鉴》、2016 年《中国卫生与计划生育统计年鉴》、2016 年《中国科技统计年鉴》中相关数据计算求得。

2. 劳动 GDP

从四大区域的地区生产总值总量来看,2015 年东部地区生产总值 372983 亿元,居四大区域之首,中部与西部基本持平,分别为 146951 亿元和 145019 亿元,东北地区总量最低,为 57816 亿元。值得注意的是,中部、西部和东北三大区域生产总值之和(349786 亿元)仍低于东部地区,其中西部地区生产总值仅为东部地区的 38.88%,占全国总量(685993 亿元)的 21.14%,而东部地区达到 54.37%。在当前经济分布格局下,我国地区经济差异仍然十分巨大。

进一步观察四大区域的劳动 GDP,东部地区最高(11.45 万元),其次是东北地区(9.58 万元)、西部地区(6.70 万元),中部地区排名最末(6.30 万元);中部地区、西部地区的劳动 GDP 均低于全国总体水平(8.56 万元),其中西部地区劳动 GDP 仅为东部地区的 58.52%。表明西部地区人力资源的产出效能低下,人力资源对经济的贡献没有得到充分体现,见图 5.6。

3. 专利受理数

专利受理数量是衡量地区科技创新能力的重要指标,也是反映人才水平的重要指标。比较四大区域的专利受理数量可以发现,该项指标在区域间差异巨大。2015 年,东部地区专利受理数明显高于其他三个地区,分别是西部、中部、东北地区专利受理数的 4.48 倍、4.58 倍和 19.13 倍;其他三大地区之和也仅为东部地区专利的 49.41%,东部地区在专利受理总量上拥有绝对优势。从每 10 万人专利受理数来看,东部地区仍高居榜首,其次是西部地区和中部地区,再其后是东北地区,虽然西部地区位居第二,但仅为东部地区的

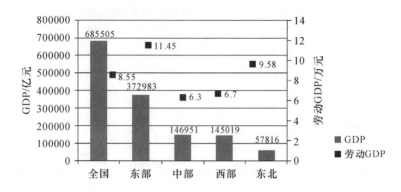

图 5.6 2015 年全国及四大区域 GDP 和劳动 GDP

数据来源:2016 年《中国统计年鉴》,中国统计出版社。

31.44%,见图 5.7。总的来说,西部地区专利受理数和每 10 万人专利受理数均处于很低水平,与东部地区差距巨大,人力资源的高智力产出过低。

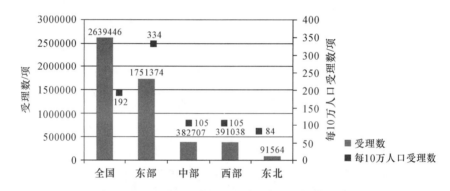

图 5.7 2015 年全国及四大区域专利受理数

数据来源:2016 年《中国统计年鉴》,中国统计出版社。

(四)四大地区人力资源支撑

从四大区域人力资源社会保险参保率看,东部地区和东北地区,五种社会保险的参保率均高于全国总体水平,其中东北地区的城镇职工养老保险、城镇职工医疗保险参保率均超过东部地区,居全国前列。工伤、失业、生育参保率则低于东部地区,居全国第二位。中部地区和西部地区五种社会保险参保率均低于全国总体水平而处于低水平。西部地区 5 种保险参保率与东部地区、东北地区存在极明显的差距。社会对人力资源的支撑明显不足,西部人力资源与社会发展协同水平较低,见图 5.8。

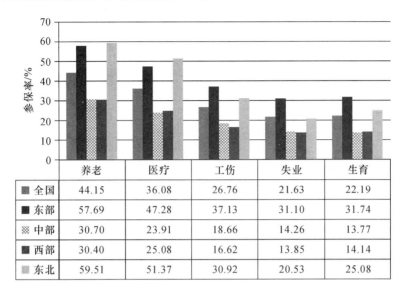

	养老	医疗	工伤	失业	生育
全国	44.15	36.08	26.76	21.63	22.19
东部	57.69	47.28	37.13	31.10	31.74
中部	30.70	23.91	18.66	14.26	13.77
西部	30.40	25.08	16.62	13.85	14.14
东北	59.51	51.37	30.92	20.53	25.08

图 5.8　2015 年全国及四大区域人力资源社会保险参保率

数据来源:根据 **2016** 年《中国统计年鉴》相关数据计算求得。

说明:参保率＝参保人数/经济活动人口

二、基于省域尺度人力资源水平的因子分析

进一步从省域截面尺度上,基于宏观人力资源水平评价指标体系,利用
2015 年统计数据,采用主成分因子分析方法,在对指标体系进行深化归类的同
时,从省域尺度上对我国 31 个省区市的人力资源水平进行定量评价,进一步
识别西部人力资源水平在四大区域中的基本格局和定位。

(一)基础数据、标准化处理及显著性检验

根据第三章指标体系的指标设定,从各相关资料中收集 2015 年 31 个省
区市用于评价的基础资料,具体见表 5.3、表 5.4。

表 5.3　2015 年全国 31 个省级行政区人力资源水平指标值

	经济活动人口规模X1/万人	每万人口中经济活动人口数X2/人	五类人才总量X3/万人	劳动参与率X4/%	平均预期寿命X5/岁	识字率X6/%	平均受教育年限X7/年	就业人口中受过高等教育比例X8/%	高技能人才占技能劳动力的比例X9/%
北京	1164.50	5363.89	290.80	67.40	83.50	98.28	12.10	54.60	26.30
天津	921.90	5959.28	171.10	72.98	79.90	97.91	10.59	35.70	25.60
河北	4251.90	5726.46	462.10	78.92	75.00	96.14	9.08	16.80	25.00
山西	1898.36	5181.11	261.70	67.28	76.10	97.02	9.67	21.70	25.30
内蒙古	1489.60	5932.30	185.20	75.14	76.30	94.53	9.42	18.90	20.90
辽宁	2456.10	5604.97	362.20	71.69	78.10	98.09	9.86	21.40	19.30
吉林	1504.50	5464.95	191.30	69.46	76.10	97.39	9.42	17.20	26.30
黑龙江	2075.50	5444.65	245.30	67.70	75.50	97.26	9.41	19.30	25.00
上海	1386.31	5740.41	425.20	72.50	84.20	96.88	10.98	45.50	20.00
江苏	4794.50	6011.16	797.60	80.77	80.10	94.6	9.55	25.00	16.70
浙江	3767.35	6801.50	752.10	88.78	80.50	94.13	9.04	26.00	16.10
安徽	4373.00	7117.51	343.00	99.11	75.20	93.49	8.86	14.10	23.80
福建	2783.81	7251.39	356.80	98.02	78.10	93.35	8.94	19.00	21.50
江西	2645.70	5794.35	292.20	82.14	75.70	95.32	8.92	13.80	20.30
山东	6676.20	6779.93	818.90	93.29	76.60	93.35	9.10	16.20	26.70
河南	6678.50	7044.83	551.50	100.75	74.80	94.75	8.88	14.10	24.50
湖北	3691.40	6307.93	417.10	84.74	75.70	94.04	9.39	17.80	26.00
湖南	4025.40	5934.54	432.60	83.02	75.80	96.63	9.34	15.90	25.30
广东	6256.31	5766.72	1018.10	74.82	79.60	97.1	9.53	19.60	19.20
广西	2838.10	5917.64	275.80	86.53	73.10	95.34	8.73	14.80	16.00
海南	560.57	6153.35	45.90	84.80	76.00	94.69	9.25	15.20	12.30
重庆	1721.67	5706.56	242.40	79.43	75.80	94.41	9.00	19.80	26.30
四川	4901.61	5974.66	437.60	82.63	74.10	91.86	8.53	13.20	25.00
贵州	1961.15	5555.67	148.00	80.56	71.50	86.99	7.90	10.20	19.40

续　表

	经济活动人口规模X1/万人	每万人口中经济活动人口数X2/人	五类人才总量X3/万人	劳动参与率X4/%	平均预期寿命X5/岁	识字率X6/%	平均受教育年限X7/年	就业人口中受过高等教育比例X8/%	高技能人才占技能劳动力的比例X9/%
云南	2962.00	6246.31	264.00	85.20	72.70	90.47	8.14	10.70	18.60
西藏	236.53	7300.31	22.30	101.59	68.10	62.67	5.69	10.30	20.00
陕西	2093.30	5518.85	275.60	73.01	75.40	95.13	9.60	19.40	24.50
甘肃	1545.19	5943.04	151.40	79.95	75.10	88.69	8.55	14.40	21.30
青海	325.81	5540.99	33.00	74.66	69.40	83.37	7.68	18.60	13.50
宁夏	367.10	5495.51	45.50	74.54	74.80	90.83	8.98	20.80	14.10
新疆	1205.36	5107.46	150.50	70.91	72.00	95.54	9.14	24.30	19.60

表 5.4　2015 年全国 31 个省级行政区人力资源水平指标值

	人才资本投入水平X10/(元/人)	劳动GDPX11/万元	每10万人口专利受理数X12/项	人才贡献率X13/%	城镇职工养老参保率X14/%	城镇职工医疗参保率X15/%	工伤参保率X16/%	失业参保率X17/%	生育参保率X18/%
北京	35172.09	19.76	720.00	35.80	122.30	126.72	87.60	92.94	80.86
天津	18675.13	17.94	516.89	27.60	61.31	56.62	41.83	32.03	29.25
河北	7720.85	7.01	59.34	20.00	31.06	22.51	19.04	12.02	16.77
山西	9351.55	6.73	40.80	11.40	37.63	34.27	30.19	21.67	24.05
内蒙古	10440.86	11.97	35.35	13.90	38.87	32.05	19.94	16.25	20.31
辽宁	10469.73	11.67	96.20	19.50	72.48	67.24	37.40	27.09	32.14
吉林	10046.26	9.35	53.76	16.40	46.10	38.28	28.95	17.36	24.43
黑龙江	8931.92	7.27	90.79	15.00	53.87	42.10	24.67	15.07	17.21
上海	23766.40	18.12	414.10	36.70	107.75	104.33	67.29	46.30	53.05
江苏	13958.20	14.62	537.03	31.30	57.98	50.66	33.25	31.10	30.70
浙江	12595.03	11.38	554.73	29.90	66.47	52.89	51.23	33.45	34.11
安徽	19543.77	5.03	207.86	10.90	57.57	51.24	35.51	29.31	33.52

续 表

	人才资本投入水平 X10/(元/人)	劳动GDPX11/万元	每10万人口专利受理数 X12/项	人才贡献率 X13/%	城镇职工养老参保率 X14/%	城镇职工医疗参保率 X15/%	工伤参保率 X16/%	失业参保率 X17/%	生育参保率 X18/%
福建	8505.21	9.33	216.58	25.70	31.74	27.28	24.82	19.62	21.49
江西	4565.74	6.32	80.89	15.50	18.82	13.38	11.45	6.44	5.75
山东	8949.07	9.44	196.22	20.90	37.11	28.53	22.07	18.03	16.65
河南	15326.49	5.54	78.45	11.20	57.02	45.38	32.38	29.61	23.04
湖北	4640.49	8.01	126.86	16.40	19.70	14.22	9.58	7.91	7.49
湖南	8386.06	7.18	80.35	14.10	31.43	22.18	21.08	14.12	14.74
广东	12272.39	11.64	328.08	30.20	81.30	59.33	49.91	46.83	49.26
广西	7135.51	5.92	91.11	8.60	20.32	17.81	12.70	9.63	10.85
海南	9252.19	6.61	34.32	11.90	44.56	35.02	23.46	29.40	22.67
重庆	10836.16	9.13	274.41	19.90	49.33	34.18	24.89	25.53	20.58
四川	8203.04	6.13	134.99	16.00	39.56	28.13	15.37	13.49	13.68
贵州	8351.73	5.36	51.83	7.60	19.99	19.00	14.80	10.47	13.44
云南	7029.71	4.60	37.12	6.70	13.94	15.81	12.43	8.21	9.78
西藏	11710.57	4.34	9.54	5.80	6.85	14.50	11.37	4.82	10.06
陕西	11855.11	8.61	197.48	11.20	35.91	27.72	20.41	16.61	12.67
甘肃	8192.65	4.39	56.09	6.50	19.82	19.93	11.82	10.54	9.97
青海	12100.30	7.42	44.05	6.10	30.72	29.34	17.80	12.31	14.73
宁夏	11674.48	7.93	65.78	8.90	42.90	31.27	22.01	20.87	20.08
新疆	12577.99	7.74	51.91	7.90	41.43	41.97	26.91	24.47	25.54

数据来源:2016年《中国统计年鉴》,2016年各省区市统计年鉴,2016年《中国教育经费年鉴》,2016年《中国卫生与计划生育统计年鉴》,2016年《中国科技统计年鉴》,《中国人才资源统计报告2010》;周脉耕,李镒冲,王海东,等.1990—2015年中国分省期望寿命和健康期望寿命分析[J].中华流行病学杂志,2016(11):1439-1443.

说明:五类人才规模、高技能人才与技能劳动力的比例、人才贡献率均为2010年数据。

因子分析首先需要对基础数据进行标准化处理。由表5.3数据构成31个样本(n)、18项指标(m)的数据库,经过 $z = \dfrac{x - \bar{x}}{\sigma_x}$($\bar{x}$ 为 x 的均值,σ_x 为 x 的标准差)的标准化处理,成为标准化数据,再对标准化数据进行显著性检验。运用 SPSS 22.0 软件对标准化数据进行 KMO 检验和 Bartlett 的球形度检验,得到 KMO 系数=0.730,Bartlett 的球形度检验近似卡方=856.263,显著性水平 $P = 0.000$。故因子分析具有可行性。

（二）公因子提取及命名

本部分公因子提取一方面是对指标体系的检验和优化分类,另一方面主要为获得定量人力资源综合水平指标奠定基础。

运用主成分（principal components）分析法,采用具有 Kaiser 标准化的正交旋转法进行旋转并根据特征值准则提取公因子。经过 4 次迭代后实现收敛,公因子载荷量在 3 个主成分中得以明显分化,特征值累积总方差贡献率达到84.01%,具有较高的载荷量,故可将前 3 个公因子代替 18 个宏观人力资源水平评价指标。前 3 个公因子分别以 F1、F2、F3 进行衡量,具体见表 5.5 和表 5.6。

表 5.5　人力资源水平方差分解与因子载荷贡献

公因子	初始特征值			提取平方和载入			旋转平方和载入		
	合计	方差%	累积%	合计	方差%	累积%	合计	方差%	累积%
F1	10.138	56.321	56.321	10.138	56.321	56.321	8.921	49.563	49.563
F2	3.221	17.896	74.217	3.221	17.896	74.217	3.226	17.920	67.483
F3	1.763	9.797	84.014	1.763	9.797	84.014	2.976	16.531	84.014

表 5.6　人力资源水平旋转后公因子载荷矩阵

	公因子		
	F1	F2	F3
X10 人才资本投入水平(元/人)	0.844	−0.441	−0.034
X11 劳动 GDP(万元)	0.868	−0.107	0.272
X12 每 10 万人口专利受理数(项)	0.856	0.305	0.128
X13 人才贡献率(%)	0.824	0.328	0.351
X14 城镇职工养老参保率(%)	0.898	−0.134	0.325

续　表

	公因子		
	F1	F2	F3
X15 城镇职工医疗参保率(%)	0.810	−0.236	0.196
X16 工伤参保率(%)	0.947	−0.077	0.213
X17 失业参保率(%)	0.917	−0.137	0.212
X18 生育参保率(%)	0.940	−0.124	0.181
X1 经济活动人口规模(万人)	−0.174	0.790	0.484
X2 每万人口中经济活动人口数(人)	0.047	0.844	−0.361
X3 五类人才总量(万人)	0.226	0.759	0.471
X4 劳动参与率(%)	−0.313	0.798	−0.340
X5 平均预期寿命(岁)	0.488	0.203	0.778
X6 识字率(%)	0.168	−0.086	0.887
X7 平均受教育年限(年)	0.601	−0.161	0.708
X8 就业人口中受过高等教育的比例(%)	0.135	−0.285	0.885
X9 高技能人才占技能劳动力的比例(%)	−0.021	0.032	0.498

公因子 F1 在"X14:城镇职工养老保险参保率""X15:城镇职工医疗保险参保率""X16:工伤参保率""X17:失业参保率""X18:生育参保率""X10:人才资本投入水平""X11:劳动 GDP""X12:每 10 万人口专利受理数""X13:人才贡献率"9 个指标上具有较高的载荷量。这 9 个指标主要反映人力资源的社会保障支持水平和人力资源的社会价值。因此将 F1 定义为"支持与价值因子"。

公因子 F2 在"X1:经济活动人口规模""X2:每万人口中经济活动人口数""X3:五类人才总量""X4:劳动参与率"4 项指标上具有较高的载荷量。这 4 项指标从不同层面上反映了人力资源的规模,因此将 F2 定义为"数量因子"。

公因子 F3 在"X5:平均预期寿命""X6:识字率""X7:平均受教育年限""X8:就业人口中受过高等教育的比例""X9:高技能人才占技能劳动力比例"5项指标上具有较高的载荷量。这 5 项指标分别反映了人力资源的健康素质、知识水平和技能水平,因此将 F3 定义为"质量因子"。

(三)因子值与综合得分

因子值是各个因子在评价对象时的得分值,用于最后的综合评价。用线性回归方法将 m 个评测指标数据转化为 p 个标准化因子值。任何因子 f_p 对 m 个变量的线性回归方程可以表示为:

$$f_p = w_{p1}x_1 + w_{p2}x_2 + \cdots + w_{pm}x_m \qquad \text{(式 5.1)}$$

第 p 个因子在第 n 个样本上的因子值计算公式为:

$$f_{pn} = \sum w_{pm}x_{mn} \qquad \text{(式 5.2)}$$

式中 f_{pn} 是第 p 个因子在第 n 个样本上的因子值,x_{mn} 是第 m 个变量在第 n 个样本上的值,w_{pm} 是第 p 个因子和第 m 个变量之间的因子值系数。

根据因子得分系数矩阵(见表 5.7),计算各省区市 3 个公因子得分,再以每个因子的方差贡献率为权重系数(见表 5.4),计算各省区市宏观人力资源水平的综合得分(F):

$$F = 0.49563 \times F1 + 0.17920 \times F2 + 0.16531 \times F3 \qquad \text{(式 5.3)}$$

结果见表 5.8。

表 5.7　因子得分系数矩阵

指标	分因子		
	F1	F2	F3
X1 经济活动人口规模(万人)	−0.065	0.223	0.221
X2 每万人口中经济活动人口数(人)	0.107	0.295	−0.225
X3 五类人才总量(万人)	0.002	0.234	0.154
X4 劳动参与率(%)	0.041	0.261	−0.156
X5 平均预期寿命(岁)	0.063	0.080	0.104
X6 识字率(%)	−0.116	−0.065	0.408
X7 平均受教育年限(年)	−0.019	−0.058	0.256
X8 就业人口中受过高等教育的比例(%)	0.112	−0.055	−0.059
X9 高技能人才占技能劳动力的比例(%)	−0.080	−0.016	0.243
X10 人才资本投入水平(元/人)	0.124	−0.099	−0.127
X11 劳动 GDP(万元)	0.097	−0.005	0.001

中国西部人力资源区域差异与协调发展

续 表

指标	分因子		
	F1	F2	F3
X12 每 10 万人口专利受理数（项）	0.138	0.136	−0.088
X13 人才贡献率（%）	0.099	0.130	0.024
X14 城镇职工养老参保率（%）	0.092	−0.015	0.023
X15 城镇职工医疗参保率（%）	0.092	−0.046	−0.020
X16 工伤参保率（%）	0.121	0.012	−0.042
X17 失业参保率（%）	0.113	−0.009	−0.035
X18 生育参保率（%）	0.122	−0.002	−0.054

表 5.8　2015 年各省区市人力资源水平因子得分与综合得分

（次序按 F 得分降序排列）

	F1 支持与价值因子	F2 数量因子	F3 质量因子	F 人力资源综合水平
北京	3.59429	−1.00377	0.12129	1.62151
上海	2.27988	−0.33111	0.19765	1.10324
浙江	1.41930	2.09261	−0.69498	0.96352
广东	0.86114	1.27054	1.02296	0.82356
江苏	0.95071	1.32787	0.27362	0.75436
天津	1.13116	−0.38977	0.28544	0.53794
山东	−0.26123	1.82174	0.80289	0.32971
福建	0.12861	1.12010	−0.34403	0.20759
辽宁	0.25270	−0.02337	0.42751	0.19172
重庆	−0.03951	−0.24257	0.21307	−0.02783
湖北	−0.48835	0.60366	0.42436	−0.06370
吉林	−0.03380	−1.03915	0.64312	−0.09666
安徽	−0.58748	1.32739	−0.27310	−0.09843
河南	−0.95965	1.22231	0.78261	−0.12720
四川	−0.59836	0.58063	0.35216	−0.13429

80

续　表

	F1 支持与价值因子	F2 数量因子	F3 质量因子	F 人力资源综合水平
河北	−0.73485	0.25809	0.91756	−0.16627
湖南	−0.80145	0.27610	0.86300	−0.20507
内蒙古	−0.14319	−1.04233	0.20781	−0.22340
陕西	−0.35131	−0.61343	0.30638	−0.23339
海南	−0.02437	−0.51498	−0.79917	−0.23646
山西	−0.52030	−0.98446	0.87241	−0.29007
黑龙江	−0.38277	−1.70636	1.22550	−0.29291
江西	−0.70898	−0.01082	0.31457	−0.30131
新疆	−0.19800	−1.48768	0.05616	−0.35544
宁夏	−0.09243	−1.07374	−0.85360	−0.37932
广西	−0.80790	0.03082	−0.15762	−0.42093
云南	−0.85103	0.27606	−0.62459	−0.47555
甘肃	−0.75700	−0.43379	−0.35181	−0.51106
贵州	−0.80798	−0.52604	−0.56993	−0.58891
青海	−0.34103	−1.19274	−1.43385	−0.61977
西藏	−0.12511	0.40234	−4.17807	−0.68054

（四）结果分析

1. 综合水平评价

综合得分值越高，表明该省（自治区、市）人力资源综合水平越高。根据因子分析计算出的综合得分，得分值为正值，表明该省（自治区、市）的人力资源综合水平处在所有被评测省份的平均水平之上。得分值为负值，则该省（自治区、市）处于平均水平之下。全国 31 个省区市中，仅 9 个的综合得分高于全国平均水平，22 个的综合得分为 0 分及以下，人力资源综合水平低于全国平均水平。为更加直观，以综合得分最低的西藏为基准（设定为 0），其他各省区市在其综合得分的基础上均加上 0.68054，可得到 31 个省区市人力资源综合水平得分的排序，见图 5.9。再根据各省区市的综合得分以及得分的分布情况，本研究设定 5 个评价等级，具体见表 5.9。

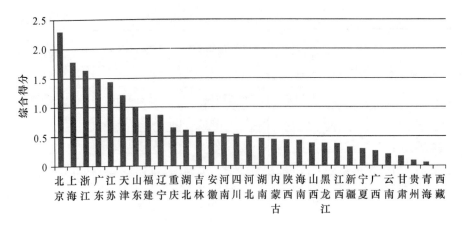

图 5.9　2015 年各省区市人力资源水平综合得分

表 5.9　人力资源综合水平等级划分标准

综合得分	1.50≤	1.50~0.80	0.80~0.50	0.50~0.35	＜0.35
水平等级	高	较高	一般	较低	低

从全国范围看,北京、上海、浙江、广东得分都在 1.50 以上,人力资源综合水平等级为"高级",处在全国前列,占全国 31 个省区市的 12.90％;江苏、天津、山东、福建、辽宁得分处于 0.80~1.50 之间,人力资源综合水平等级为"较高",占 16.13％;重庆、湖北、吉林、安徽、河南、四川、河北得分处于 0.50~0.80 之间,人力资源综合水平等级为"一般",占 22.58％;湖南、内蒙古、陕西、海南、山西、黑龙江、江西得分处于 0.35~0.50 之间,人力资源综合水平等级为"较低",占 22.58％;新疆、宁夏、广西、云南、甘肃、贵州、青海、西藏处于 0.35 以下,人力资源综合水平等级为"低级",占 25.81％。从整体看,我国人力资源综合水平尚处于中等偏下水平。

从四大区域来看,东部地区 10 个省市人力资源综合得分的平均值为 1.27441,处在"较高"水平。其中,北京、上海、浙江、广东处于"高级"水平,江苏、天津、山东、福建处于"较高"水平,河北处于"一般"水平,海南处于"较低"水平。全国人力资源综合得分高于全国平均水平的 10 个省市中,8 个地处东部地区。东部地区不仅在经济社会发展中处于全国前列,也是人力资源富集的高地,会聚了全国最优秀的人才,其中北京处于遥遥领先的位置;东北地区 3

个省的人力资源综合得分的平均值为 0.61459,处于"一般"水平,其中辽宁处于"较高"、吉林处于"一般"、黑龙江处于"较低",总体而言,东北地区人力资源综合水平在全国处于中等地位,次于东部地区,高于中部地区和西部地区;中部地区 6 个省的人力资源综合得分的平均值为 0.49958,介于"一般"和"较低"之间,其中湖北、安徽、河南处于"一般"水平,山西、江西、湖南处于"较低"水平,从总体上看,中部地区人力资源综合水平在全国处于中等偏下的位置;西部地区 12 个省区市人力资源综合得分的平均值为 0.29300,处于"低级"水平,其中,重庆市人力资源综合得分是西部地区最高的省份,与全国平均水平接近,其次是四川省,与重庆市同处于"一般"水平,内蒙古、陕西则处于"较低"水平,其余 8 个省区综合得分均位于全国的最末 8 位,人力资源综合水平处于"低级",总体而言,西部地区人力资源综合水平在全国处于最低位。

2.分因子评价

从 F1 人力资源"社会支持与价值因子"看。东部地区得分在四大区域中遥遥领先,反映出东部地区人力资源不仅享有良好的社会保障、社会支撑和人力资本投资,同时高效产出也体现出东部地区人力资源较高的创造能力和社会价值,东部地区人力资源与社会发展的高度协调和相互促进所产生的社会效益是其他三个区域无法比拟的。西部地区的 F1 因子得分平均值为 -0.42607,远远落后于东部地区(0.93447)和东北地区(-0.05462),略超中部地区(-0.67770),见表 5.10。西部地区人力资源社会保障水平远低于东部地区,产出效能低下,人力资源的社会支撑和社会价值水平不高。进一步分析西部地区 12 个省区市人力资源的 F1 得分,均低于全国平均水平。其中,重庆、宁夏、西藏、内蒙古、新疆、青海、陕西 7 个省区市得分排名在

表 5.10　四大区域人力资源综合得分及因子得分平均值

	F	F1	F2	F3
东部	1.27441	0.93447	0.56513	0.17832
中部	0.49958	-0.67770	0.40570	0.49731
西部	0.29300	-0.42607	-0.44354	-0.58616
东北	0.61459	-0.05462	-0.92296	0.76538

全国的第 10~20 名之间,人力资源社会支持和人力资源价值基本处于全国的中等水平位置,重庆处于西部地区前列。但四川、甘肃、广西、云南、贵州 5 个省区得分排名均在第二十名之后而处于全国比较落后的位置。但 12 个省区市 F1 得分方差为 0.10,西部地区各省域之间在人力资源的社会支持力度、人力资源的价值方面的水平差距不大,整个西部地区处于比较落后的位置,见表 5.11。

表 5.11 西部地区各省域 F1 得分及在全国排名

地区	F1 得分	全国排位
重庆	−0.03951	11
宁夏	−0.09243	12
西藏	−0.12511	13
内蒙古	−0.14319	14
新疆	−0.19800	15
青海	−0.34103	17
陕西	−0.35131	18
四川	−0.59836	23
甘肃	−0.75700	26
广西	−0.80790	28
贵州	−0.80798	29
云南	−0.85103	30

从 F2 人力资源"数量因子"看。东部地区平均得分 0.56513,处四大区域之首,其次为中部地区(0.40570),西部地区平均得分为 −0.44354,高于东北地区(−0.92296)而居第三位。东部地区经济、社会快速发展吸引了中、西、东北地区人口的快速流入而成为人力资源富集地和人才集聚高地。在本章的第一部分四大区域比较中可以看到,尽管西部地区人力资源相对量(每万人口中经济活动人口数)是四大地区中最高的,四川、云南、广西、西藏的得分在全国均处于比较靠前的位置,但无论是人力资源规模、劳动年龄人口劳动参与率,还是人才总量,西部地区均落后于东部地区和中部地区,从而使西部地区

整体上人力资源数量因子得分较低。总体而言,西部地区人力资源数量在全国处于中等偏下的水平。西部 12 个省区市中,四川、西藏、云南、广西的 F2 得分均高于全国平均水平,其他 8 个省区市均低于全国平均水平。其中四川、西藏、云南、广西、重庆得分在全国排名在 9～20 名之间,处于中等水平。虽然西藏的经济活动人口规模、人才规模的绝对量不高,但因拥有较高的人力资源相对量和劳动参与率而表现出在人力资源规模上的相对优势。贵州、陕西、内蒙古、宁夏、青海、新疆得分在 20 名之后,处于比较落后的位置。12 个省区市的 F2 得分方差为 0.45,各省区市在拥有人力资源数量方面存在较大差异,见表 5.12。

表 5.12　西部地区各省域 F2 得分及在全国排名

地区	F2 得分	全国序列
四川	0.58063	9
西藏	0.40234	10
云南	0.27606	12
广西	0.03082	14
重庆	−0.24257	17
甘肃	−0.43379	20
贵州	−0.52604	22
陕西	−0.61343	23
内蒙古	−1.04233	27
宁夏	−1.07374	28
青海	−1.19274	29
新疆	−1.48768	30

从 F3 人力资源的"素质因子"看。东北地区得分 0.76538,人力资源素质主要以其拥有较高知识水平(识字率、平均受教育年限、就业人口中受过高等教育的比例)和较高健康水平(平均预期寿命)而居四大区域之首;中部地区得分 0.49731,人力资源素质主要以其拥有较高劳动技能(高技能人才占技能劳动力的比例)和较高知识水平(识字率、平均受教育年限)而居第二位;东部地

区得分 0.17832,尽管东部 10 个省市人力资源的健康水平(平均预期寿命)在全国整体处于较高水平,但人力资源的知识水平、技能水平在各省市之间参差不齐,虽然北京、上海、天津三大直辖市的各项指标均位于全国前列,但也有河北、浙江、江苏、福建、广东、山东等省的某项指标明显落后,从而使东部地区人力资源素质的整体水平落后于东北和中部地区;西部地区得分一0.58616,与东北地区、中部地区、东部地区差距明显(见表 5.10),西部地区 12 个省区市人力资源的健康水平(平均预期寿命)、知识水平(识字率、平均受教育年限)、技能水平(高技能人才占技能劳动力的比例)整体都处在比较落后的位置,虽然新疆、重庆、陕西、内蒙古、四川的"就业人口受过高等教育的比例""高技能人才占技能劳动力的比例"较高,但难以从根本上影响西部地区人力资源的整体素质水平,西部地区人力资源素质是影响西部人力资源综合水平的一块最短的"短板",而且 12 个省区市的 F3 得分方差达到 1.57,各省区市之间在人力资源的质量方面存在很大差异,见表 5.13。

表 5.13 西部地区各省域 F2 得分及在全国排名

地区	F2 得分	全国序列
四川	0.35216	11
陕西	0.30638	13
重庆	0.21307	16
内蒙古	0.20781	17
新疆	0.05616	20
广西	−0.15762	21
甘肃	−0.35181	24
贵州	−0.56993	25
云南	−0.62459	26
宁夏	−0.85360	29
青海	−1.43385	30
西藏	−4.17807	31

三、基于省域尺度人力资源水平聚类分析

将上述运用因子分析法得到的各省区市宏观人力资源水平综合得分(表5.8 的 F 值)作为聚类分析的基础数据。利用 SPSS 22.0 进行聚类分析,聚类方法选取系统聚类分析的 WARD 法,测量区间为 Euclidean 距离。聚类结果树状图见图 5.10。

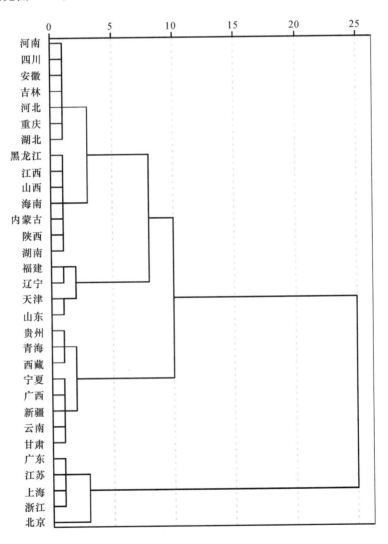

图 5.10　全国宏观人力资源综合水平省域聚类图

以聚类图中"3"距离为界,可将 31 个省级行政区人力资源水平聚为四类。其中,一类地区为北京、上海、浙江、广东、江苏 5 个省市,占 31 个省区市的 16.13%;二类地区为天津、山东、福建、辽宁 4 个省市,占 12.90%;三类地区为重庆、湖北、吉林、安徽、河南、四川、河北、湖南、内蒙古、陕西、海南、山西、黑龙江、江西 14 个省区市,占 45.16%;四类地区为新疆、宁夏、广西、云南、甘肃、贵州、青海、西藏 8 个省区,占 25.81%。全国人力资源水平也呈现出东、中、西"三大台阶"的分布格局。根据聚类情况,又可以将三类地区划分为两个亚类,三类 I 包括重庆、湖北、吉林、安徽、河南、四川、河北 7 个省市,三类 II 包括湖南、内蒙古、陕西、海南、山西、黑龙江、江西 7 个省区。

根据聚类结果并结合因子分析的综合得分情况,可以看到我国人力资源水平的空间分布格局以及西部地区人力资源在四大区域中的地位特征。

其一,一类、二类地区基本分布于我国东部地区,三类地区主要分布于中部地区、东北地区、部分西部(内蒙古、四川、重庆、陕西)和东部地区(河北、海南),四类地区全部分布于西部地区。综合因子分析结果,我国人力资源水平最高的是东部地区,其次是东北地区,再次是中部地区,最低是西部地区。全国人力资源的水平也呈现出明显的东、中、西"三大台阶"的分布格局。

其二,区别一类地区和二类地区的最主要因素是两类地区在人力资源社会支持和社会价值(F1)上的显著差距(见表 5.14),虽然所属省份均位于我国的东部经济社会比较发达的地区,但在人力资源的社会保障、社会支撑以及人力资源社会价值体现上也存在显著差距,河北、海南更是属于三类地区。而区别三类 I 和三类 II 的主要因素是两个亚类地区在人力资源数量(F2)上的差距,在人力资源社会支持和价值(F1)及人力资源素质(F3)基本一致的情况下,三类 I 的所属省份在人力资源数量上更具优势。

表 5.14 四类地区各因子和综合得分平均值

	F	F1	F2	F3
一类地区	1.73378	1.82107	0.67123	0.18411
二类地区	0.99728	0.31281	0.63217	0.29295
三类Ⅰ	0.57849	−0.49171	0.38720	0.43711
三类Ⅱ	0.42588	−0.41891	−0.65661	0.42721
四类地区	0.17660	−0.49756	−0.50060	−1.01416

其三,虽然自 2000 年以来,西部地区经济活动人口、就业人口规模稳定增长,占全国比重逐年提高,经济活动人口的劳动参与率逐步提升,人力资源数量增长在全国呈现出相对的优势,但是从四大区域横向比较看,西部地区人力资源的数量优势并不突出,仅与三类Ⅱ比较接近。无论是经济活动人口规模、劳动参与率,还是人才规模,西部地区均落后于东部地区和中部地区。

其四,西部地区人力资源的质量、价值和支撑在与全国总体水平比较中已显示出较大差距和多条"短腿",区域横向比较更揭示了西部地区人力资源在四大区域中的落后状态。四类地区所属 8 个省份全部地处西部地区,人力资源社会支持和价值(F1)、人力资源素质(F3)得分均处于四大区域之末,尤其是西部地区人力资源素质与其他区域存在显著的差距。

综合来看,西部地区人力资源综合水平为四大区域中最低,这就是西部人力资源水平的基本格局。

第六章 西部各省域人力资源水平与差异

将研究视野从全国疆域收拢聚焦于西部内部各省域,利用国家统计局 2000 年、2005 年、2010 年和 2015 年面板数据,对西部 12 个省区市在四个时点上的人力资源状况和综合水平进行描述、评价并聚类,从中观察西部各省域人力资源自 2000 年以来的变化情况、省域差异及其空间演变特点。

一、西部各省域人力资源差异

因受限于人才连续数据的可得性,本研究构建的宏观人力资源水平评价指标在本章应用中需要作适当调整,即剔除人才资源数量、高技能人才占技能劳动者比例、就业人口受过高等教育的比例和人才贡献率这四个指标,重新编码评价指标,具体见表 6.1。有关西部地区人才情况将在第九章"西部地区人才建设与创新能力"中进行专题分析。

表 6.1 西部地区宏观人力资源水平评价指标体系

维度指标	层级指标	评价指标
人力资源数量	人力资源绝对量	经济活动人口规模(Y1)
	人力资源相对量	经济活动人口占总人口的比重(Y2)
	劳动参与率	就业人口占 15~64 岁劳动年龄人口比重(Y3)
人力资源质量	体质水平	平均预期寿命(Y4)
	知识水平	平均受教育年限(Y5) 成人识字率(Y6)

续　表

维度指标	层级指标	评价指标
人力资源价值	人力资本投资水平	教育、卫生、研发支出总和/经济活动人口（Y7）
	人均财富创造量	劳动 GDP（Y8）
	高智力产出量	每 10 万人口专利受理数（Y9）
人力资源支撑	养老保险参保率	养老保险参保人数/经济活动人口（Y10）
	医疗保险参保率	医疗保险参保人数/经济活动人口（Y11）
	失业保险参保率	失业保险参保人数/经济活动人口（Y12）
	工伤保险参保率	工伤保险参保人数/经济活动人口（Y13）
	生育保险参保率	生育保险参保人数/经济活动人口（Y14）

（一）人力资源的数量差异

作为西部地区人口大省的四川、广西、云南、贵州、陕西,其经济活动人口规模在西部地区经济活动人口总规模中也占据重要份额(见表 6.2)。自 2000 年以来,西部地区经济活动人口 70% 左右分布在上述 5 省区,2015 年四川达到 23%,同期西藏仅为 1%,青海、宁夏均不到 2%,地区差距悬殊。但各省域经济活动人口增长速度对西部地区的贡献则呈现另一番情形:四川是西部经济活动人口最多的省份,2000 年 4467.61 万,2005 年 4637.79 万,2010 年 5032.19 万,2015 年 4901.61 万。2000—2005 年间以年均 1.20% 的速度增长,但在 2010—2015 年间却以年均 -0.52% 的速度递减。广西、贵州、重庆也呈现与四川相同的变化趋势。2000—2010 年间,3 省区市经济活动人口分别以年均 1.55%、1.62%、1.57% 的速度增长,2010—2015 年间,则分别以年均 -0.87%、-4.07%、-2.21% 的速度递减。陕西经济活动人口从 2000 年的 1823.81 万增加到 2015 年的 2089.30 万,增长速度是西部地区 12 个省区市中最为缓慢的。四川、广西、贵州自 2000 年以来一直保持西部地区人口流出大省的三强,2010 年重庆、陕西、云南流出人口也突破百万而进入六强,6 省区市流出人口总规模达到 2027.97 万,占西部地区全部流出人口的 90.35%。大量人口外流缩减了该 6 省区市经济活动人口规模,四川、广西、贵州、重庆自 2005 年之后在西部地区的占比开始呈现逐步下降的趋势,从而影响到了整个西部地区的人力资源规模。与此同时,其他省区经济活动人口均以年均1.8%以上的速度增长,相应地对西部地区人力资源规模的贡献也呈不同程度的提升。其中西藏达4.40%,占比从2000年的0.67%提高到2015年的1.09%;新疆达3.86%,占比从2000年的3.72%提高到2015年的5.57%。但由于规模太小,不能从总体上改变西部地区经济活动人口增速"先快速后减缓"(分别是2000—2005年年均4.33%,2005—2010年年均1.82%,2010—2015年年均0.43%)的变化趋势。

表6.2 西部地区各省域经济活动人口规模与占比

	2000年		2005年		2010年		2015年	
	规模/万	占比/%	规模/万	占比/%	规模/万	占比/%	规模/万	占比/%
内蒙古	1029.01	5.60	1058.90	5.40	1205.52	5.62	1489.60	6.88
广西	2541.51	13.83	2721.61	13.88	2964.380	13.82	2838.10	13.11
重庆	1647.30	8.96	1737.69	8.86	1925.21	8.97	1721.67	7.95
四川	4466.61	24.30	4637.79	23.65	5032.19	23.45	4901.61	22.64
贵州	2056.18	11.19	2228.01	11.36	2414.28	11.25	1961.15	9.06
云南	2302.06	12.52	2474.33	12.62	2829.82	13.19	2962.00	13.68
西藏	124.33	0.67	141.57	0.72	177.11	0.83	236.53	1.09
陕西	1823.81	9.92	1904.41	9.71	1973.39	9.20	2093.30	9.67
甘肃	1189.22	6.47	1356.79	6.92	1442.58	6.72	1545.19	7.14
青海	240.34	1.31	271.20	1.38	298.32	1.39	325.81	1.51
宁夏	277.80	1.51	304.11	1.55	330.71	1.54	367.10	1.70
新疆	682.59	3.72	775.29	3.95	863.59	4.02	1205.36	5.57
合计	18380.76	100.00	19611.70	100.00	21457.10	100.00	21647.42	100.00

数据来源:根据2001年、2006年、2011年、2016年西部地区各省区市统计年鉴的相关数据计算而得。

从人力资源相对规模看,2000—2010年间,12个省区市每百万人口中经济活动人口规模均呈现不同程度的递增过程。其中,广西、重庆、四川、贵州、云南5省区市的人力资源相对规模始终保持在西部地区的前5位,2010年最高的贵州

(69.41 万)与最低的新疆(39.52 万)存在 29.89 万之差。到 2015 年,广西、重庆、四川、贵州由于经济活动人口绝对规模缩减而使相对规模也出现明显下降,其中贵州降低至 55.56 万,比 2010 年减少 13.85 万,重庆比 2010 年减少 9.65 万,但广西、云南、四川仍保持在全国平均水平(58.26 万)之上。其他省区仍保持增长趋势,从而在整体上奠定了西部地区人力资源相对规模在全国四大区域中处于领先的地位。其中西藏从 2000 年的 48.20 万迅速增加到 2015 的 73.00 万而成为西部地区最高水平,新疆也具有较快的增长势头,2010—2015 年间新疆增加了11.55 万,但由于起点较低而始终处于最末位置(见表 6.3)。

表 6.3　西部各省域人力资源相对量

	每百万人口中经济活动人口规模/万人			
	2000 年	2005 年	2010 年	2015 年
贵州	54.68	59.71	69.41	55.56
重庆	57.82	62.11	66.72	57.07
广西	53.51	58.38	64.29	59.18
四川	53.61	56.54	62.57	59.75
云南	54.28	55.58	61.52	62.46
西藏	48.20	50.60	59.02	73.00
甘肃	47.32	53.28	56.42	59.43
青海	46.48	50.01	53.03	55.41
陕西	50.13	51.59	52.79	55.19
宁夏	50.17	51.00	52.29	54.96
内蒙古	43.41	44.13	48.81	51.81
新疆	37.09	38.57	39.52	51.07

数据来源:根据 2001 年、2006 年、2011 年、2016 年西部地区各省区市统计年鉴相关数据计算而得。

说明:省域前后次序以 2010 年数据按降序排列。

西部各省域的劳动参与率变化呈现出与人力资源相对规模相似的变化趋势。2000—2010 年,各省区市劳动参与率基本呈现不同程度的上升过程,广西、重庆、四川、贵州、云南 5 省区市的劳动参与率始终保持西部地区前 5 位,

2010 年贵州高达 95.22%、重庆达 93.63%、广西达 93.34%。到 2015 年,西藏劳动参与率一跃成为西部地区第一,而广西、重庆、四川、贵州、云南虽然仍处于前 6 位,但都有较大幅度的降低,其中贵州下跌了 14.66 个百分点,重庆下跌 14.20 个百分点,广西下跌 6.81 个百分点,从而带动整个西部地区劳动参与率从 2010 年的 81.96% 下降到 2015 年的 80.38% 而处于中部地区、东部地区之后。新疆则始终处于最后位置,见表 6.4。

表 6.4　西部地区各省域劳动参与率

	劳动参与率/%			
	2000 年	2005 年	2010 年	2015 年
贵州	59.81	91.31	95.22	80.56
重庆	62.22	76.04	93.63	79.43
广西	58.49	85.02	93.34	86.53
四川	56.48	76.71	86.82	82.63
云南	55.72	79.02	85.91	85.20
西藏	51.21	74.03	83.64	98.59
甘肃	52.43	68.31	76.62	79.95
青海	50.01	67.12	72.90	74.66
宁夏	51.11	73.81	72.70	74.54
陕西	51.19	73.33	68.92	73.01
内蒙古	44.42	59.04	62.33	75.14
新疆	38.68	52.13	54.23	70.91

数据来源:根据 2001 年、2006 年、2011 年、2016 年西部地区各省区市统计年鉴相关数据计算而得。

说明:省域前后次序以 2010 年数据按降序排列。

(二)人力资源的素质差异

从反映人力资源体质水平的平均预期寿命看,根据 2000 年、2010 年两次普查数据,重庆、广西、四川人口平均预期寿命保持前 3 位。据 2015 年相关研究提供的数据,重庆仍然保持前列,但广西、四川排名有所下降,陕西、内蒙古的排名则从 2000 年开始持续稳定上升,到 2015 年位居于第一位和第三位。

西藏、青海、贵州则始终徘徊于末几位。从 2000—2015 年间各省区市预期寿命递增的幅度看,均有不同幅度的提升:其中甘肃提升幅度最大,达到 7.63 岁;其次是云南,达到 7.21 岁;第三是内蒙古,达到 6.43 岁;陕西、贵州增幅均在 5 岁以上;而广西的提升幅度最小,仅 1.81 岁。12 个省区市中最高寿命与最低寿命的差距从 2000 年的 7.36 岁(重庆 71.73 岁、西藏 64.37 岁)扩大到 2015 年的 8.20 岁(内蒙古 76.30 岁、西藏 68.10 岁),见表 6.5。

表 6.5　西部各省域人口平均预期寿命变化

	平均预期寿命/岁			
	2000 年	2010 年	2015 年	2000—2015 年增幅
重庆	71.73	75.70	75.80	4.07
广西	71.29	75.11	73.10	1.81
四川	71.20	74.75	74.10	2.90
陕西	70.07	74.68	75.40	5.33
内蒙古	69.87	74.44	76.30	6.43
宁夏	70.17	73.38	74.80	4.63
新疆	67.41	72.35	72.00	4.59
甘肃	67.47	72.23	75.10	7.63
贵州	65.96	71.10	71.50	5.54
青海	66.03	69.96	69.40	3.37
云南	65.49	69.54	72.70	7.21
西藏	64.37	68.17	68.10	3.73

数据来源:2000 年、2010 年数据来自 2012 年《中国统计年鉴》,2015 年数据来自:周脉耕,李镒冲,王海东,等.1990—2015 年中国分省期望寿命和健康期望寿命分析[J].中华流行病学杂志,2016(11).

说明:省域前后次序以 2010 年数据按降序排列。

从反映人力资源知识水平的受教育程度看,2000—2015 年,陕西、内蒙古、新疆、重庆、宁夏、广西的人口平均受教育年限一直位于西部地区的前 6 位,其中陕西、内蒙古、新疆则一直稳居前 3 位。到 2015 年,陕西、内蒙古、新疆、重庆 6 岁及以上人口平均受教育年限在 9 年以上,达到了初中毕业水平,而其他省区均未达到这一水平。2000—2015年间，贵州、青海、云南、西藏人口受教育水平一直处于末几位，特别是西藏，2015年才只有5.69年，相当于小学六年级水平，与其他省区市的差距显著。从2000—2015年平均受教育年限提升的幅度看，各省区市均有不同幅度的提升，其中西藏最高达到2.28年，其次为甘肃2.06年，第三为宁夏1.98年，见表6.6。随着人口受教育程度的提高，与之相对应的成人识字率也呈提升趋势，新疆、广西、陕西、内蒙古的识字率一直处于前列，而西藏、青海、贵州、甘肃的识字率一直处于最末位置。

表6.6　西部地区各省域人口平均受教育年限

	平均受教育年限/年				
	2000年	2005年	2010年	2015年	2000—2015年提升幅度
陕西	7.71	8.13	9.10	9.60	1.89
内蒙古	7.82	8.22	9.00	9.42	1.60
新疆	7.70	8.20	8.91	9.14	1.44
重庆	7.32	7.42	8.49	9.00	1.68
宁夏	7.00	7.39	8.48	8.98	1.98
广西	7.59	7.70	8.41	8.73	1.14
甘肃	6.49	6.90	8.03	8.55	2.06
四川	7.12	6.81	8.22	8.53	1.41
云南	6.34	6.44	7.61	8.14	1.80
贵州	6.13	6.42	7.43	7.90	1.77
青海	6.20	6.81	7.60	7.68	1.48
西藏	3.41	3.70	5.31	5.69	2.28

数据来源：根据2000年、2010年人口普查资料，2005年1%人口抽样调查，2016年《中国统计年鉴》相关数据计算而得。

说明：省域前后次序以2015年数据按降序排列。

（三）人力资源的价值差异

从反映人力资源价值的人力资本投入看，2000—2015年间，西部地区12个省区市人力资本包括教育、卫生、研发的投入规模增长迅速，在全国总投资中所占的份额,特别是教育、卫生的投入所占的份额得到明显提升,人力资本投资水平不断提高。西部 12 个省区市中,人力资本投资水平提高速度最快的是贵州,达到年均 23.37%,青海、重庆均以超过 20% 的速度递增。除新疆、陕西的增长速度低于全国总体水平(15.59%)外,其余 10 个省区市的增长速度均快于全国,见表 6.7。在人力资本投入水平上,新疆、陕西、内蒙古、西藏在西部地区一直位于前列,其中陕西在 2005—2010 年间投入水平有所回落,且增速也不快,但 2015 年又重返前 3 位,这一方面与该省原来的投资基础较好有关,2000 年投入水平为西部地区最高(1718 元/人),另一方面也反映出西部地区整体投入水平基础较低的现实。如贵州由于起点低,2000 年投入水平为最低,虽然增长速度领先,但到 2015 年其投入水平仍处于后位。甘肃、四川的情况也相似。广西则一直处于末位,云南呈现一路下滑的状态,从 2000 年的第七位下跌到 2015 年的第十二位。

表 6.7　西部各省域人力资本投资水平

单位:元/人

	经济活动人口人均投入/元				2000—2015 年年均增长速度/%
	2000 年	2005 年	2010 年	2015 年	
新疆	1556	3087	6871	12578	14.95
青海	775	1379	4425	12100	20.11
陕西	1718	1645	4130	11855	13.74
西藏	1032	2076	4732	11711	17.58
宁夏	842	1737	4430	11674	19.16
重庆	621	1323	3256	10836	21.00
内蒙古	1132	1700	4485	10441	15.96
贵州	358	808	2166	8352	23.37
四川	628	1179	3103	8203	18.69

续　表

	经济活动人口人均投入/元				2000－2015年年均增长速度/%
	2000年	2005年	2010年	2015年	
甘肃	649	1189	3533	8193	18.42
广西	585	1060	2425	7136	18.15
云南	654	1180	2738	7030	17.15

　　数据来源:根据2001年、2006年、2011年《中国教育经费年鉴》(中国统计出版社)、2016年《中国统计年鉴》(中国统计出版社),2001年、2006年、2011年、2016年《中国卫生与计划生育统计年鉴》(中国统计出版社),2001年、2006年、2011年、2016年《中国科技统计年鉴》(中国统计出版社)相关数据计算而得。

　　说明:省域前后次序以2015年数据按降序排列。

　　从反映人力资源产出效能的劳动GDP看,2000—2015年间,西部各省区市经济活动人口的劳动GDP均呈现不同程度的递增,其中贵州、内蒙古、重庆、陕西、宁夏、广西的经济活动人口产出效能增加较快,以年均14%以上的速度递增。内蒙古、新疆、陕西、宁夏人力资源的劳动GDP一直处于前列,其中内蒙古自2005年之后逐步处于明显的领先地位。重庆的劳动GDP呈现其处于持续上升过程中,到2015年挤入前3位。而甘肃、云南、贵州一直处于落后地位,西藏则处于一路下滑的状态,从2000年的第七位跌到2015年的最末位,见表6.8。

表 6.8　西部各省域的劳动GDP

单位:万元

	2000年	2005年	2010年	2015年	2000－2015年年均增长速度/%
内蒙古	1.50	3.69	9.68	11.97	14.85
重庆	1.09	2.00	4.12	9.13	15.22
陕西	0.99	2.07	5.13	8.61	15.51
宁夏	1.06	2.02	5.11	7.93	14.36
新疆	2.00	3.36	6.30	7.74	9.44
青海	1.10	2.00	4.53	7.42	13.57

续　表

	2000 年	2005 年	2010 年	2015 年	2000—2015年年均增长速度/%
四川	0.88	1.59	3.42	6.13	13.81
广西	0.82	1.46	3.23	5.92	14.09
贵州	0.50	0.90	1.91	5.36	17.13
云南	0.87	1.40	2.55	4.60	11.74
甘肃	0.89	1.43	2.86	4.39	11.23
西藏	0.95	1.76	2.87	4.34	10.66

数据来源:根据 2001 年、2006 年、2011 年、2016 年《中国统计年鉴》(中国统计出版社)相关数据计算而得。

说明:省域前后次序以 2015 年数据按降序排列。

从衡量人力资源创新能力的专利受理数看,2000—2015 年间,各省区市每 10 万人口专利受理量增加迅速,尤其是自 2005 年以来的近十年中,各省区市的专利受理量突飞猛进,以十几倍到几十倍的速度增加。2015 年,重庆、陕西、四川分别达到 274.41、197.48 和 134.99 项,在西部地区遥遥领先。2000—2010 年甘肃、青海、西藏一直处于落后地位,但 2010—2015 年甘肃、青海有显著提高,而贵州则处于不断提升的状态,从 2000 年的第十一位逐步提升到 2015 年的第八位,见表 6.9。

表 6.9　西部各省域每 10 万人口专利受理量

	每 10 万人口专利受理量/项			
	2000 年	2005 年	2010 年	2015 年
重庆	4.10	12.80	41.88	274.41
陕西	4.02	5.11	26.89	197.48
四川	3.91	5.62	40.02	134.99
广西	2.48	2.60	7.92	91.11
宁夏	4.01	3.59	17.11	65.78
甘肃	2.04	2.11	7.33	56.09
新疆	3.90	4.59	11.69	51.91

续 表

	每10万人口专利受理量/项			
	2000年	2005年	2010年	2015年
贵州	1.92	2.51	8.89	51.83
青海	2.32	1.50	4.71	44.05
云南	2.88	3.11	8.31	37.12
内蒙古	3.31	3.49	8.52	35.35
西藏	0.70	1.61	4.10	9.54

数据来源:2001年、2006年、2011年、2016年《中国统计年鉴》,中国统计出版社。
说明:省域前后次序以2015年数据按降序排列。

(四)人力资源的支撑差异

表6.10给出了2000年和2015年西部地区各省区市人力资源五类社会保险的参保情况。

从人力资源的养老保障参保率看,2000—2015年,西部各省区市经济活动人口城镇职工养老保障参保率均获得不同程度的提高。其中新疆、内蒙古参保率一直保持前列,重庆、宁夏则处于不断提升状态,分别由2000年的第七位、第五位逐步上升到2015年的第一位和第二位,越来越多的经济活动人口获得基本养老保障。而云南、广西、贵州、西藏则一直处于末几位。2015年重庆参保率为49.33%,西藏仅为6.85%,两者相差达42.48个百分点。

从人力资源的医疗保险参保率看,2000—2015年西部各省区市经济活动人口城镇职工医疗保险参保率均获得不同程度的提高。其中内蒙古参保率一直保持前列,新疆、重庆分别从2000年的第七位、第九位逐步上升到2015年的第一位、第二位。与养老保障情况一致,云南、广西、贵州、西藏则一直处于末几位。2015年新疆参保率为41.97%,西藏为14.50%,两者相差达27.47个百分点。

从人力资源的失业保险参保率看,2000—2015年,西部各省区市经济活动人口失业保险参保率均获得不同程度的提高,但提高幅度不如养老保险和医疗保险显著。2000年,新疆、内蒙古参保率处于前列,到2015年新疆继续保持前列,但内蒙古下降明显。而重庆、宁夏有大幅提高,分别从2000年的第六位、第七位进入2015

年的第一位和第三位。云南、广西、贵州、西藏同样处于末几位。2015年重庆参保率为25.53%,西藏仅为4.82%,两者相差达20.71个百分点。

从人力资源的工伤保险参保率看,2000—2015年西部各省区市经济活动人口工伤保险参保率均获得不同程度的提高。新疆、宁夏参保率保持较前的位置,2015年新疆居第一位。四川、云南的参保率则呈逐步下降的状态,从2000年的第二位、第三位一路下降至2015年的第七位和第十位,而贵州、西藏、甘肃则一直徘徊于末几位。2015年新疆参保率为26.91%,西藏为11.37%,两者相差达15.54个百分点。

从人力资源的生育保险参保率看,2000—2015年西部各省区市经济活动人口生育保险参保率均获得不同程度的提高。新疆、宁夏一直保持前列,重庆则一路上升,从2000年的第九位上升到2015年的第二位,云南则从2000年的第三位下降到2015年的第十二位。2015年新疆参保率为25.54%,云南为9.78%,两者相差达15.76个百分点。

表6.10 西部各省域人力资源社会保险参保率

	养老/%		医疗/%		失业/%		工伤/%		生育/%	
	2000年	2015年	2000年	2015年	2000年	2015年	2000年	2015年	2000年	2015年
内蒙古	25.81	38.87	10.08	32.05	21.40	16.25	2.21	19.94	2.62	20.31
广西	8.10	20.32	0.4	17.81	8.81	9.63	5.00	12.70	4.41	10.85
重庆	10.72	49.33	0.59	34.18	12.79	25.53	1.70	24.89	1.59	20.58
四川	9.01	39.56	5.85	28.13	9.79	13.49	4.51	15.37	4.18	13.68
贵州	6.10	19.99	1.51	19.00	6.22	10.47	0.11	14.80	0.10	13.44
云南	8.81	13.94	3.02	15.81	8.51	8.21	4.32	12.43	4.11	9.78
西藏	2.81	6.85	—	14.50	5.09	4.82	0.33	11.37	3.01	10.06
陕西	10.79	35.91	7.15	27.72	16.89	16.61	1.42	20.41	0.32	12.67
甘肃	11.78	19.82	0.42	19.93	14.52	10.54	0.73	11.82	0.51	9.97
青海	19.18	30.72	5.29	29.34	18.21	12.31	3.89	17.80	3.52	14.73
宁夏	11.71	42.90	1.94	31.27	12.31	20.87	4.51	22.01	3.39	20.08
新疆	21.50	41.43	1.74	41.97	26.10	24.47	3.88	26.91	3.69	25.54

数据来源:根据2001年、2016年《中国统计年鉴》相关数据计算而得。

说明:参保率=参保人数/经济活动人口×100%

二、西部各省域人力资源水平综合评价

综合评价就是将多个指标的信息加以综合得到一个综合数值,然后对综合数值进行比较分析,对被评价事物进行整体性评价。在对西部各省域人力资源数量、质量、价值、支撑四大维度水平进行描述和差异分析的基础上,对各省域人力资源水平进行综合评价。

(一)综合评价方法及权数

运用西部地区宏观人力资源水平评价指标体系的 14 个评价指标(见表 6.1)对西部各省域人力资源水平进行综合评价。由于这些评价指标是非同质性指标不具可比性,事先需要作同质化转换才可用于综合评价。使用极值标准化方法将西部地区 12 个省区市的 2000 年、2005 年、2010 年、2015 年的 14 项指标数据作归一化无量纲处理(详见附表 3、附表 4、附表 5、附表 6)。

确定评价指标的权数。将人力资源数量、质量、价值和支撑看作 4 个地位平行的范畴,同时设定每个范畴下各指标地位平行。将每个范畴赋以权重 1,范畴内的各指标权重平均等分。即:数量范畴的 3 项指标 Y1、Y2、Y3 的权重均为 1/3,质量范畴的 3 项指标 Y4、Y5 和 Y6 权重均为 1/3,价值范畴的 3 项指标 Y7、Y8、Y9 权重均为 1/3,支撑范畴的 5 项指标 Y10、Y11、Y12、Y13 和 Y14 权重均为 1/5。

各省域 2000 年、2005 年、2010 年、2015 年人力资源水平的综合得分运用式 6.1 计算获得。

$$F = \sum \sum W_{ij} Y_{ij} \qquad (式 6.1)$$

式中,F 为综合得分,W 表示权重,Y 为极值标准化后的无量纲指标值,$i = 1,2,3,4$ 分别代表人力资源的数量、质量、价值和支撑范畴,j 为各范畴下的指标序号;当范畴 i 固定时,该范畴下的指标权重之和满足 $\sum W_j = 1$。

(二)各省域人力资源水平综合评价

从人力资源的数量维度看(见图 6.1),2015 年四川、贵州、广西、重庆、云南 5 省区市的人力资源数量维度综合得分在西部地区列前 5 位,明显高于其他省域。尽管规模巨大、旷日持久的人口外流,使四川、贵州、广西、重庆、云南经济活动人口绝对规模、相对规模近几年出现明显缩减,但人口大省的地位和

较高的劳动参与率,使该 5 省区市在人力资源规模方面在西部地区仍拥有绝对的优势,这 5 省域均地处中国的西南地区。虽然内蒙古经济活动人口在 2010 年超过千万,新疆在 2015 年也超过千万,远远高于青海、宁夏、西藏,但其人力资源相对规模和劳动参与率却始终处于西部地区最末位而失去人力资源数量方面的优势,但也反映出它们具有人力资源的开发空间。

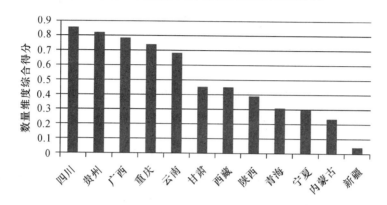

图 6.1 2015 年西部各省域人力资源数量维度综合得分

从人力资源的质量维度看(见图 6.2),2015 年陕西、重庆、内蒙古、广西 4 省域人力资源质量维度综合得分在西部地区处于前 4 位,四川、新疆、宁夏也有较高的得分。综合体质水平和知识水平维度,陕西、重庆、内蒙古、广西、四川、新疆、宁夏的人力资源素质在西部地区拥有相对优势,该 7 省区市分别地处中国西北和西南地区,这与拥有数量优势的省域集中在西南地区的特点呈现出明显区别。如果说西北地区在人力资源数量方面弱于西南地区的话,那么在人力资源素质方面,尤其是知识水平方面要优于西南地区,地处西北地区的新疆、内蒙古、陕西 3 省区的人口平均受教育年限超过 9 年,而西南地区仅重庆超过 9 年。受教育年限长期处于后 4 位的西藏、云南、青海、贵州中,3 个省区地处西南地区,虽然贵州、云南拥有人力资源的规模优势,但质量却处于劣势。2015 年成人识字率低于 90% 的西藏、青海、贵州中,2 个省区也地处西南地区。

从人力资源的价值维度看(见图 6.3),2015 年陕西、重庆、内蒙古、新疆 4 省域人力资源价值维度的综合得分在西部地区位列前 4 位,明显高于其他省

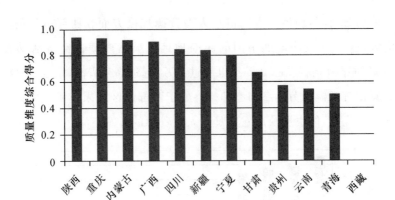

图 6.2　2015 年西部各省域人力资源质量维度综合得分

域的综合得分。综合人力资本投资水平、劳动 GDP、专利受理量三项指标,陕西、重庆、内蒙古、新疆 4 省域人力资源价值在西部地区拥有相对优势,其中陕西的三项指标均处于前 3 位,是西部地区人力资源价值综合水平最高的省份,新疆、内蒙古在人力资本投入、经济创造能力上具有优势,但在高智能人力资源创新能力上有所欠缺。重庆在人力资源财富创造、高智能人力资源创新能力上表现出色,人力资本投入也以较快的速度增长,表现出比较强劲的后发潜能。但地处西南的贵州、云南、西藏和西北的甘肃,无论是人力资本投入规模,还是产出规模均处于劣势。相比较,西北地区人力资源价值水平要明显高于西南地区。

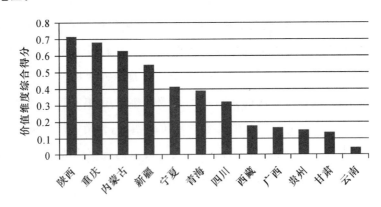

图 6.3　2015 年西部各省域人力资源价值维度综合得分

从人力资源的支撑维度看(见图 6.4),2015 年新疆、重庆、宁夏、内蒙古 4

省域人力资源支撑维度的综合得分在西部地区列前 4 位,明显高出其他 8 个省域。综合 5 类社会保险的覆盖率可以看出,新疆、重庆、宁夏、内蒙古人力资源社会保障参保率较高,社会支撑水平较高,而贵州、云南、广西、西藏、甘肃则处于比较落后的位置。相比较,西北地区人力资源的社会支撑条件要明显好于西南地区。

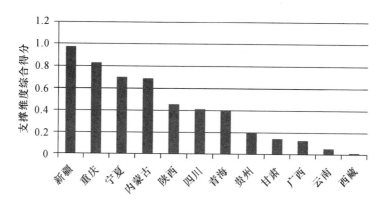

图 6.4　2015 年西部各省域人力资源支撑维度综合得分

在对各省域 2015 年人力资源数量、质量、价值、支撑四大维度进行综合评价的基础上,进一步对 2000—2015 年间各省域人力资源水平进行综合评价,以观察西部各省区市近 15 年来人力资源水平的变迁,比较 12 个省域之间的差距。结果见表 6.11 和表 6.12。

综合人力资源四大维度评价得分可以看出,2000—2015 年间,内蒙古、重庆、四川、陕西、新疆 5 个省区市的人力资源水平综合得分一直保持在 2.0 以上,在西部地区处于前 5 位,具有比较明显的优势。其中重庆、内蒙古的位次持续上升,尽管内蒙古在拥有人力资源数量方面不具优势,但以其质量、价值、支撑维度的较高得分而进入前 5 位。新疆、四川的位次都有所下降,虽然四川在人力资源价值、支撑维度评价中得分并不高,但以其数量、质量的相对优势进入前 5 位,这也提示了虽然四川是人口大省,拥有丰富的劳动力资源,但在加强人力资本投入、提升人力资本效率、改善人力资源的社会保障支撑方面尚需努力,尚有更大的提升空间。陕西则保持比较稳定的位次,该省不具有人力资源的数量优势,社会保障支撑也不太理想,但以其高质量和高价值跻身前 5

位。广西人力资源水平综合得分在近 15 年中呈持续下降趋势,虽然 2000 年、2005 年得分在 2.0 以上,但 2010 年、2015 年降到 2.0 以下,位次也从 2000 年的前 5 位跌落到 2015 年的第七位。宁夏人力资源水平综合得分则处于 2.0 的上下波动状态,位次也呈现缓慢上升的过程。贵州、甘肃、青海 3 省域人力资源水平综合得分始终在 1.0～2.0 之间徘徊,位次也始终在末几位徘徊。西藏的人力资源水平综合得分一直在 1.0 以下,始终处于西部地区的最末位。

表 6.11　西部各省域四个时点年人力资源水平综合评价得分

省域	2000 年	2005 年	2010 年	2015 年
内蒙古	2.3753	2.3385	2.3392	2.4384
广西	2.5123	2.0244	1.9598	1.6891
重庆	2.3737	2.4552	2.6126	2.8381
四川	2.6666	2.1609	2.4514	2.2707
贵州	1.4748	1.4333	1.5191	1.3554
云南	2.0441	1.5280	1.4594	1.4739
西藏	0.8000	0.6995	0.7263	0.8525
陕西	2.4579	2.1743	2.2360	2.4099
甘肃	1.5503	1.5363	1.5117	1.5095
青海	1.7000	1.3679	1.4039	1.4973
宁夏	2.2176	1.7737	1.9802	2.1211
新疆	2.6810	2.5320	2.4715	2.4118

备注:得分数值在各年份之间无可比性。

表 6.12　西部各省域四个时点年人力资源水平综合得分排序变动

排序	2000 年	2005 年	2010 年	2015 年
1	新疆	新疆	重庆	重庆
2	四川	重庆	新疆	内蒙古
3	广西	内蒙古	四川	新疆
4	陕西	陕西	内蒙古	陕西
5	内蒙古	四川	陕西	四川

续　表

排序	2000 年	2005 年	2010 年	2015 年
6	重庆	广西	宁夏	宁夏
7	宁夏	宁夏	广西	广西
8	云南	甘肃	贵州	甘肃
9	青海	云南	甘肃	青海
10	甘肃	贵州	云南	云南
11	贵州	青海	青海	贵州
12	西藏	西藏	西藏	西藏

三、西部人力资源水平空间格局演变

(一)聚类分析

在综合评分的基础上,运用 SPSS 系统聚类方法对不同年份各省区市人力资源水平进行聚类,以识别人力资源水平与省域地理空间之间的联系。聚类分析选取 WARD 法,度量标准为 Euclidean 平方距离,得到 2000 年、2005 年、2010 年、2015 年聚类分析树状图,见图 6.5。以聚类树状图中"2"距离为界,可分别将 2000 年、2005 年、2010 年、2015 年西部 12 个省区市人力资源水平聚为5 类。再结合表 6.12 各省域各年份人力资源水平综合得分排序情况,可得到表 6.13 所示的西部地区人力资源水平分类分级结果。

表 6.13　四个时点年西部各省域人力资源水平分类

年份	一类地区	二类地区	三类地区	四类地区	五类地区
2000	新疆、四川	广西、陕西、内蒙古、重庆	宁夏、云南	青海、甘肃、贵州	西藏
2005	新疆、重庆、内蒙古	陕西、四川、广西	宁夏	甘肃、云南、贵州、青海	西藏
2010	重庆、新疆、四川	内蒙古、陕西	宁夏、广西	贵州、甘肃、云南、青海	西藏
2015	重庆	内蒙古、新疆、陕西	四川、宁夏	广西、甘肃、青海、云南、贵州	西藏

根据综合得分排序,一类地区是人力资源水平最高的地区,二类较高,三类一般,四类较低,五类最低。2000—2015 年间,西部 12 个省区市中,有 6 个

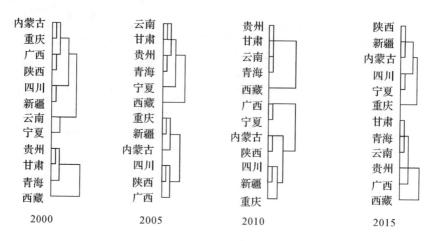

图 6.5　四个时点年西部各省域人力资源水平聚类树状图

省区市的所属类别发生上升或下降的变动,分别是重庆、新疆、内蒙古、四川、广西、云南。另外 6 个省区市保持稳定不变,具有稳定的比较优势和劣势,其中陕西保持在二类,宁夏保持在三类,青海、甘肃、贵州保持在四类,西藏保持在五类。

重庆在 2000 年属二类,自 2005 年开始进入一类。虽然重庆在人力资源的数量规模方面不具相对优势,但以其较高和递增较快的预期寿命、较高的受教育水平、较快的人力资本投入增长速度、快速增强的劳动创造力和创新能力,尤其以其快速提升的人力资源社会保险覆盖率而使人力资源综合水平得以快速提高,2015 年在 12 个省区市中处于遥遥领先的位置而独居一类地区,将同样具有较高人力资源综合水平的新疆、内蒙古挤入二类地区。

新疆在 2010 年及以前一直属于一类地区,内蒙古则在一类和二类之间变动,两个自治区同样在人力资源规模上不具绝对和相对优势,尤其是劳动参与率在西部地区处于最低,但仍以其较高的人力资源素质、较高的人力资源价值和人力资源支撑水平而拥有相对较高的综合水平,与重庆、陕西一起在西部地区处于相对领先的位置。

四川省在 2010 年及以前在一类、二类地区之间变动,但 2015 年却降到了三类地区。一方面是由于经济活动人口的长期流出,四川省 2015 年人口规模比 2010 年减少 145 万,虽然经济活动人口的绝对规模在西部地区仍然最高,但相对优势开始减弱。另一方面,人力资源素质、人力资源支撑水平的相对优势均呈现不同程度的减弱。其中变化比较大的有:预期寿命从 2000 年的第三位下降到 2015 年的第六位,医疗参保率从 2000 年的第三位下降到 2015 年的第七位,工伤保险参保率从第二位下降到第七位,生育保险参保率从 2000 年的第二位下降到 2015 年的第五位,而人力资源价值(投入水平、劳动 GDP、专利受理量)基本保持原来位置或稍有提升但并不显著,从而使人力资源综合水平的相对优势减弱而退到三类地区。

广西所属类别从 2000 年、2005 年的二类下降到 2010 年的三类、2015 年的四类,人力资源相对优势不断减弱。广西是西部地区经济活动人口拥有量第二大的省,但与四川一样,大量持续的人口外流而逐渐失去人力资源规模的相对优势,2015 年规模比 2010 年减少 151 万。与此同时,虽然人口受教育程度较高,人力资源产出能力包括劳动 GDP 和专利量有了较大幅度的提高,但人口平均预期寿命排位从 2000 年的第二位下降到 2015 年的第六位,工伤保险、生育保险参保率从第一位分别下降到第九位和第十位,加之比较低下的人力资本投入水平和养老、医疗、失业保险参保率,难以扭转逐渐失去相对优势而呈现出越来越明显的相对劣势的局面。

云南从 2000 年的三类降到 2005 年的四类以后一直处于四类。不同于广西、重庆、四川、贵州,云南虽然也是西部地区的人口流出大省之一,但经济活动人口规模并没有出现像前 4 省的明显减少,是经济活动人口规模第三大的省,经济活动人口规模占西部地区总规模的比例逐步上升,相对量和劳动参与率也持续上升,拥有人力资源规模的绝对和相对优势。虽然预期寿命从 2000 年的第十一位上升到 2015 年的第八位,但受教育水平始终维持在第九位或第十位。人力资本投入水平和社会保障水平也出现明显的相对滞后,人力资本投入水平从第七位下降到第十一位,医疗保险参保率从第五位下降到第十一位,工伤保险从第四位下降到第十位,生育保险从第三位下降到第十二位。人力资源的产出能力出现相对的滞后状态。从而决定了云南人力资源综合水平低下,在四类地区的排位也发生后退,从 2005 年第二位、仅落后于甘肃,到 2015 年后退到第四位、落后于广西、甘肃和青海。

（二）空间格局的演变

以空间视角观察西部地区，可以分为西南与西北两壁，西南包括重庆、四川、广西、贵州、云南、西藏6省区市，西北包括内蒙古、陕西、甘肃、青海、宁夏、新疆6省区。

从表6.12综合得分看，历年排在前6位的省域变动情况是：2000年前6位是新疆、四川、广西、陕西、内蒙古、重庆，其中西北地区省域占3席；2005年前6位是新疆、重庆、内蒙古、陕西、四川、广西，西北、西南省域各占一半；2010年前6位是重庆、新疆、四川、内蒙古、陕西、宁夏，西北地区占4席；2015年前6位是重庆、内蒙古、新疆、陕西、四川、宁夏，西北地区占据4席。2000—2015年，重庆从2000年的第六位上升到2015年的第一位，四川则从2000年的第二位下降到2015年的第五位，西南的广西自2010年开始被挤出前6位，而西北的宁夏则进入前6位。

从表6.13的聚类结果看：2010年及以前，新疆稳居一类地区，内蒙古、重庆、四川在一、二类之间变动，到2015年，在重庆脱颖而出独居一类地区的同时，新疆、内蒙古仍坚守二类地区，但四川已下降到三类地区；2000年、2005年，陕西、广西同属二类地区，但到2010年、2015年，陕西仍稳居二类地区，而广西却连续下跌到三类、四类地区；宁夏稳居三类地区不动摇，而云南、广西、四川只是下跌过程中该类地区的"过客"；四类地区省份增加，从2000年的3个（青海、甘肃、贵州）增加到2015年的5个（广西、甘肃、青海、云南、贵州），增加的省份都来自西南地区；西藏则一直居于五类地区，是西部地区最为落后的地区。

2000—2015年间，虽然西部地区12个省区市人力资源综合水平都呈不同程度的提升，但从整体维度看，区域之间的相对优势（或相对劣势）也较明显。西北地区的相对优势，尤其在人力资源的素质维度、价值维度、支撑维度的优势得以不断扩大，相对地，西南地区的相对劣势也越发明显。作为中央直辖市，重庆市在西部地区经济社会发展中起到龙头的作用，近年自身人力资源建设迅速，水平提升很快，但对于西南地区，乃至整个西部地区的带动辐射作用仍未显现出来。

第七章　中国人口跨区域流动的基本态势

中国人口众多,东、中、西各大区域分布不平衡经久未变。1978年改革开放以来,国内流动人口激增,成千上万的人口从中西部地区向东南沿海涌去,青壮年劳动力形成一发不可收的"孔雀东南飞"态势。世纪之交,我国开始实施西部大开发战略,2006年开始实施"中部崛起"战略,2013年开始实施"一带一路"倡议。这三大举措会不会扭转人口流向而吸引大量人口进入中西部地区? 对西部人力资源的积累会产生怎样的影响? 本部分利用人口普查资料,回顾我国人口跨区域大流动对西部人力资源积累的影响。

一、新中国成立以来的全国人口流动

本节将我国人口空间移动分为人口迁移和人口流动,前者是指按我国户籍管理的规定,办理了户口迁移手续的国内省际人口移动,后者是指未办理户口迁移手续的国内省际人口移动。因受不同时期人口移动资料可得性及数据资料可比性的限制,本节分三个时期分析我国人口流动的基本格局。

(一)新中国成立至1978年改革开放前的人口流动

据不完全统计,20世纪80年代前30年,全国累计省际净迁移人口2500万～3000万[1],也有研究估计约3687万[2]。因受不同时期我国经济建设状况、政策制度因素以及自然条件的综合作用,这一时期全国省际人口净迁移呈现明显的阶段性。王桂新等将这一时期中国人口迁移划分为三个阶段:第一阶段,1949—1957年,人口可自由迁移,以农村人口迁移为主。这是新中国

---

① 田方,林发棠.中国人口迁移[M].北京:知识出版社,1986:289.
② 刘岳,沈益民,奚国金.中国人口分析与区域特征[M].北京:海洋出版社,1991:57.

成立以来以东部沿海地区人口向黑龙江、内蒙古、新疆等东北、西北边疆省区迁移为主的比较稳定、活跃的人口迁移。从表7.1和图7.1中可以看出,1955年东部地区人口净迁入省份的占比要低于全国平均水平,而西部地区则显著高于全国平均水平。第二阶段,1958—1965年,人口迁移潮起、潮落,"U形"迁移和被动迁移为其重要特色。这一阶段主要由于"大跃进"运动及经济活动的大起大落,人口迁移也随之涨落,从而形成大量农村人口先由农村涌入城市后又被"挤"出城市、回归农村的"U形"迁移和被动迁移,大量人口离城返乡,无论是东部、中部还是西部地区,净迁入省份数量普遍减少,1960年全国有一半以上省份人口为净迁出。第三阶段,1966—1977年,经济迁移相对较弱,政治迁移构成人口迁移主流。其间虽有以发展经济为目的的人口迁移,但强度很弱,而以思想改造为目的的城市"知识青年上山下乡"和"干部下放劳动、接受工农再教育"的政治性迁移成为这一时期中国人口迁移的主流。[①] 1970年全国净迁入省份的比例又上升到72%的高水平。

表7.1 中国各省域部分年份省际人口净迁移率

		省际人口净迁移率/‰				
		1955年	1960年	1970年	1980年	1987年
东部	北京	2.5	43.5	−9.1	8.1	6.6
	天津	−31.2		−22.4	6.0	2.1
	河北	53.8	−8.0	3.0	−0.1	−0.1
	辽宁	98.4	−0.3	−8.0	2.5	0.7
	上海	−95.7	0.6	−29.2	6.4	6.8
	江苏	−0.1	−10.1	1.8	−0.4	0.1
	浙江	3.9	−1.2	−1.0	0.2	−1.1
	福建	−12.0	8.3	8.9	−0.2	−0.2
	山东	5.7	−30.3	1.1	0.2	0.4
	广东	56.2	2.5	−0.8	2.0	0.8

① 王桂新,等.迁移与发展——中国改革开放以来的实证[M].北京:科学出版社,2005:7-34.

		省际人口净迁移率/‰				
		1955 年	1960 年	1970 年	1980 年	1987 年
中部	山西	5.6	8.3	6.8	1.1	0.6
	吉林	0.5	39.5	1.7	0.2	−0.7
	黑龙江	16.2	50.2	5.1	−5.3	−1.5
	安徽	−1.3	−71.3	15.5	7.7	−0.6
	江西	7.2	6.1	7.6	2.0	−0.6
	河南	−1.7	−13.9	0.0	1.2	−0.2
	湖北	6.4	−20.1	4.2	1.7	0.5
	湖南	−5.1	−23.7	0.8	1.7	0.0
西部	内蒙古	213.5	93.2	−12.3	0.2	0.1
	广西	−95.9	−8.5	1.5	2.5	−1.1
	四川	45.3	−42.6	−9.7	−0.5	−0.2
	陕西	7.6	17.9	12.6	−0.3	−0.2
	贵州	2.7	−22.1	1.3	2.6	−0.4
	云南	−11.3	−5.3	14.5	1.8	−0.5
	西藏			9.1	−1.1	−3.5
	甘肃	−2.5	30.4	2.4	1.9	−0.5
	青海	12.8	−16.5	7.2	−3.2	−2.2
	宁夏		−208.4	1.8	4.3	1.4
	新疆	0.4	48.2	4.9	7.3	−0.3

数据来源:袁永熙.中国人口(总论)[M].北京:中国财政经济出版社,1991:191,201.

　　纵观新中国成立后 30 年省际人口流向的基本格局,是东部地区人口向东北、华北、西北、西南部地区迁移,主要形式是国家有组织的迁移和农村人口自发迁移并存。30 多年来,国家有组织地从东部地区动员大批人员支援内地与边疆建设,主要有三种情况。

　　一是工业移民,支援东北、华北、西北、西南等地区工业基地建设和"三线

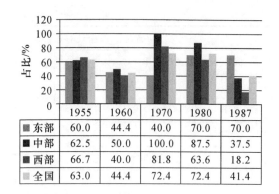

	1955	1960	1970	1980	1987
■ 东部	60.0	44.4	40.0	70.0	70.0
■ 中部	62.5	50.0	100.0	87.5	37.5
■ 西部	66.7	40.0	81.8	63.6	18.2
全国	63.0	44.4	72.4	72.4	41.4

图 7.1　全国及三大区域部分年份人口净迁入的省份占比

数据来源:根据表 7.1 数据计算而成。

建设"①。新中国成立后,为了改变旧中国工业偏集中于东部沿海地区的不合理布局,国家在发展沿海工业的同时,也发展内地工业,国家有计划地组织东部沿海城市的工厂企业及其技术职工、干部、科技人员和随迁家属按"建制"整体迁往内地和边疆地区。第一个五年计划的 156 项重点建设项目,就有计划地分布在东北、西北、内蒙古、湖北、河南、安徽等地区和省、自治区的新建工业基地。如以鞍山钢铁公司为中心的东北工业基地,以内蒙古包头钢铁公司为中心的华北工业基地,以陕西省为重点的西北工业基地等。据统计,1949—1960 年的 12 年间,辽宁省各类人员及随迁家属累计净迁入 227.4 万人,黑龙江省累计迁入 230 万人。始于 1964 年的"三线"工业建设,使我国工业布局进一步深入到内地山区。20 世纪 60 年代中期起,在陕西、四川、贵州、湖北等省建成了一批国防工厂,建成了以四川省攀枝花钢铁公司为中心的新兴的工业基地,在黄河干流上建成了几个大型水力发电站和一批有色金属基地,随之几十万工人、科技人员调入"三线"地区,1969 年、1970 年达到高潮。据统计,上海市在 1958—1965 年间就有 23.86 万职工和家属迁出,支援"三线"建设,其

---

① 说明:"三线建设"是指自 1964 年起我国政府在西部地区 13 个省区进行的一场以战备为指导思想的大规模国际、科技、工业和交通基本设施建设,是中共中央和毛泽东主席在当时国际局势日趋紧张的情况下,为加强战备,逐步改变我国生产力布局的一次由东向西转移的战略大调整。建设的重点在西南、西北,涉及的 13 个省区分别是四川(含重庆)、贵州、云南、陕西、甘肃、宁夏、青海、广西、山西、河北、河南、湖南、湖北。

中 1958—1962 年迁出的 20.22 万,目的地主要为陕西、甘肃、青海 3 省和华东
地区的江西省。1963—1965 年迁出的 3.64 万,目的地除上述西北 3 省外,还
有西南的云南、贵州和四川省。①

　　二是垦荒移民。国家组织东部沿海人口稠密地区向地广人稀的东北和西
北地区的黑龙江、新疆、内蒙古等省区进行计划性的集体移民,主要包括城镇
青年、复员转业军人等,前往开垦荒地,建设新的农业基地,发展农业。1950 年
在黑龙江、新疆、内蒙古及宁夏等地建立了一批国有农场,1954 年建立新疆军
区生产建设兵团。人口移出地主要是人口稠密的山东、江苏、河北等省和一些
大城市。1955—1960 年的 6 年间,山东省组织移民多达 110 万。上海市在
1963—1965 年间,组织青年学生支边到新疆建设兵团屯垦戍边的有 9 万多人。

　　三是知识青年"上山下乡"引发的人口迁移。1966—1976 年十年"文化大
革命"期间兴起的遍及全国各地的知识青年上山下乡,其性质与方向已完全不
同于 20 世纪 50 年代以农村合作化运动和城市解决失业问题为背景下的国家
号召城镇知识青年上山下乡参加农业生产。这次人口迁移成为城镇青年"接
受再教育""改革世界观"的途径,更具有政治意义。② 知识青年跨省"上山下
乡"的主要迁出地为东部经济比较发达的省市(北京、上海、天津、山东、江苏、
浙江、河北等),而东北、华北、西北、西南等地(黑龙江、安徽、云南、内蒙古、陕
西、宁夏、贵州、山西等)则成为"上山下乡"和"劳动再教育"的主要迁入地。在
1967—1976 年的"文化大革命"期间,全国参与"上山下乡"的知识青年估计达
1500 万。③ 其中,黑龙江、安徽、云南、内蒙古等是接纳"上山下乡"知识青年最
多的省区,10 年间,黑龙江共迁入知识青年 40.30 万,安徽 15.0 万,云南
10.66 万,内蒙古 9.86 万。④

　　构成中国人口自东向北、向中西部地区迁移主流的除了国家有计划地组
织迁移外,还有农村人口自发性的垦荒迁移。农村人口自发移民大多原因是
人多地少无法谋生或遇到自然灾害而向地广人稀地区迁移,主要发生在新中

---

①　胡焕庸.中国人口(上海分册)[M].北京:中国财政经济出版社,1987:142.
②　王桂新,等.迁移与发展——中国改革开放以来的实证[M].北京:科学出版社,2005:29.
③　杨云彦.中国人口迁移与发展的长期战略[M].武汉:武汉出版社,1994:112.
④　严蓓.新时期中国人口迁移[M].长沙:湖南教育出版社,1999:93.

国成立初期、三年严重困难期间,以及十年"文化大革命"期间。我国东部人多地少,劳动力富裕,而西部、北部地广人稀,劳动力不足,沿海人口稠密地区的农村人口主要流向黑龙江、新疆、内蒙古等省区。黑龙江、新疆、内蒙古成为中国自发垦荒移民选择迁入的三大省区。据估计,黑龙江从外省自发性迁入的人口约占全省净迁入人口的 2/3,新疆约占 60%。[1] 在"文化大革命"的十年间,内蒙古的自发人口迁入又形成一个高峰,十年间自发净迁入人口约 24.6万。新中国成立 30 年来,其间尽管有户籍制度的限制,"大跃进"运动、"文化大革命"运动等对人口迁移产生干扰和影响,但自发性的人口迁移,特别是长期以来主要迁向东北、西北土地资源比较丰富的边疆地区的垦荒移民,一直持续进行着,而且规模可能达到百万,相当可观。[2]

30 多年来,我国省际人口流向基本格局是东部人口向北部、西部迁移,反映了新中国成立以来党和政府对这些省区市的经济开发、新工业基地和农林牧业基地的建设情况。但在一个当时拥有 10 亿人口、960 万平方公里土地的大国,3000 万的人口省际净迁移还是很微小的,更不能与改革开放以后中国人口流动大潮相比,新中国成立后的一段较长时期,人口基本上处于一种静止、半静止的状态。

(二)1978 年至 2000 年的人口流动

到 20 世纪 70 年代尤其是中后期,"文化大革命"渐近尾声,知识青年"上山下乡"政策开始松动,特别是 1976 年粉碎"四人帮",1977 年恢复高考制度,大批知识青年、下放干部开始通过顶职招工、高考、落实政策等途径陆续返城。如北京市 1976—1982 年,因下乡知识青年返城及高校、中专招生等共迁入 105.3 万人。上海在 1968—1976 年跨省区迁出的 60.16 万知识青年,到 1982年年底已有近一半按政策返回上海。而当年迁入黑龙江省的 40 多万知青在 1979 年就已有 32 万返城,约占 80%。与此同时,随着改革开放以及对"三线建设"的重新认识,原迁入的这些工厂企业、科研单位和大专院校及其职工、家属相当一部分开始陆续迁返,不仅使全国净迁入省份的比例一直保持在 70%

① 田方,林发棠.中国人口迁移[M].北京:知识出版社,1986:290.
② 王桂新,等.迁移与发展——中国改革开放以来的实证[M].北京:科学出版社,2005:28.

以上的高位,东部地区的净迁入省份也大幅增加,占比从 1970 年的 40％一下提升到 1980 年的 70％而超过西部地区(见图 7.1)。在这一时期的头几年,由于大批"上山下乡"知青回城和"三线建设"移民回归性迁返,使我国人口由西、北地区向东部地区的迁移变得活跃起来,人口迁移量大致保持在 1400 万～2300 万,省际年间迁移人数约在 100 万。①

如果说知青、建设移民的返城和回迁只是对东部地区在改革开放前人口流失的一种补偿或回归,延续之前的平稳发展态势的话,那么 1978 年以后,启动于中国农村的改革开放以及市场经济的萌动发芽和户籍制度藩篱的逐步松动,才真正拉开了中国人口长达 30 多年的波澜壮阔的由西向东、由乡到城,大规模、大跨度迁移流动的序幕。1978 年,我国改革开放最早启动于农村地区。农业生产开始实行家庭联产承包责任制,给农民以生产经营自主权,彻底改变了人民公社制度下生产效率低下的各种弊病,把农村大量隐性过剩的劳动力从土地上解放了出来,形成了似乎可以无限供给的劳动力"蓄水池"。1984 年《国务院关于农民进入集镇落户问题的通知》出台,规定"凡申请到集镇务工、经商、办服务业的农民和家属,在集镇有固定住所,有经营能力,或在乡镇企事业单位长期务工的,公安部门应准予落常住户口,及时办理入户手续,发给《自理口粮户口簿》,统计为非农业人口"。除县城外的各类县镇、乡镇、集镇,包括建制镇和非建制镇,全部对农民开放。这项政策降低了农民进城的门槛,是新中国成立以来对户籍制度及农民就业政策的首次重大改革和突破,为打开农民进城的通道创造了条件。1992 年以邓小平"南方谈话"为标志,中国进一步加大了改革开放力度,带动了东部沿海地区城市开发及经济建设,创造了极为丰富的劳动就业机会。而且随着改革开放的深入和城市建设的加快,一方面,城市的住房、粮食、生活日用品等的供应能力增强,逐步解除了没有户口的外来人口在城市就业、生活的后顾之忧;另一方面,阻隔于城乡人口之间的户籍藩篱也随着各大城市对户籍制度的改革而逐步松动和被拆除。一旦森严的城乡壁垒随着改革开放春风拂动而土崩瓦解,农村剩余劳动力人口便借着因长期受计划

---

　　① 《跨世纪的中国人口(综合卷)》编委会.跨世纪的中国人口(综合卷)[M].北京:中国统计出版社,1994:240;王桂新,等.迁移与发展——中国改革开放以来的实证[M].北京:科学出版社,2005:37.

经济体制和城乡分割制约所蓄积起来的巨大"势能"而迅速涌进城门,出现了流动人口、民工潮一浪高过一浪的景象,实现了农村剩余劳动力由原来的"离土不离乡""进厂不进城"的模式向"离土又离乡""进厂又进城"的模式的转变,实现了主要向小城镇迁移流动逐步向各级甚至特大城市迁移流动的转变。

与前30年比较,这一时期中国人口迁移流动呈现历史性的四大转折。

其一,迁移流动人口规模迅速扩大。自20世纪80年代以来,随着工业化、城镇化的推进,大量人口离开户籍地流向城市和发达地区,形成了规模庞大的流动人口,由1982年的1000多万迅速增加到2000年的12107万[①],18年间净增1.1亿。省际迁移人口由1982年的95万迅速增加到2000年的1088万,18年间净增993万。[②] 两者均增加12倍左右,分别以年均14.86%、14.51%的速度增长。

其二,迁移流动方向发生历史性逆转:从由东向西转向由西向东。新中国成立后的30多年,人口流向的基本格局是由东部地区向西北部地区、由城市向农村、由经济比较发达地区向经济不发达地区迁移流动。改革开放以后,人口流向发生重大历史性的逆转,由中西部地区向东部沿海地区、由农村向城市、由经济不发达地区向经济发达地区迁移流动,并一直持续至今。

其三,迁移流动原因和机制发生重大转变。在改革开放之前,受计划经济体制、生产力平衡布局、政治意识形态等多种因素的制约,我国人口迁移流动,特别是省际人口迁移流动主要是由制度安排的有计划、有组织的流动,社会经济自然条件只是在一定的范围内显现自身的作用。但改革开放之后,传统计划经济逐步被商品经济、市场经济取代,"经济特区—沿海开放城市—沿海经济开发区—内地"逐步推进的开放格局促使包括人力资源在内的诸多生产要素以前所未有的速度、程度、范围开始流动和重新组合,从而形成与经济社会发展状况和自然条件基本一致的人口省际迁移优势由东部经中部向西部梯度递降的新格局。人口流动机制由之前的计划组织为主向以市场自发为主转变,随着改革开放的不断深入和市场经济的不断成熟,由于"工作调动""分配录用"等组织计划性原因引起的迁移流动的比例逐步下降,由于"务工经商"等

① 国家人口计生委流动人口司.中国流动人口发展报告2010年[R].北京:中国人口出版社,2010:16.
② 王桂新,等.迁移与发展——中国改革开放以来的实证[M].北京:科学出版社,2005:35.

市场自发性原因引起的迁移流动的比例快速上升。

其四,对迁移流动者人口特征的选择性明显增强。对迁移流动者的性别选择,这一时期表现为男性优势,特别是省际长距离、大跨度的迁移流动的选择中,男性比女性具有更大的优势,以从事建筑、务工、经商等活动占主体。对迁移流动者的年龄选择,与常住人口相比较,迁移流动人口一般为年轻型的劳动适龄人口。如 1982—1987 年北京市省际迁入人口中 15～29 岁占 67.6%。[①] 2000 年东部、中部、西部迁入人口年龄集中在 15～34 岁年龄段,其中峰值年龄组均为 20～24 岁,平均年龄分别为 24.88 岁、24.56 岁和 25.34 岁。对迁移流动者的受教育程度选择,对于迁(流)出地而言,迁移流动者的受教育程度高于非迁移流动者,而且随着迁移流动距离延长,两者的差距也随之拉大,这是迁移选择性中最为确定的结论,中国也不例外,尤其是改革开放以后省际长距离迁移流动增加,市场自由竞争机制作用增强,使这种选择性趋势显得更为明确。

(三)2000 年以来的人口流动

进入 21 世纪,我国经济社会发展和城市化进程进一步加快,人口迁移流动已成为非常普遍的现象。2010 年第六次全国人口普查资料显示,我国流动人口[②]达 22103 万,比 2000 年增加 9996 万人,以年均 6.20% 的速度增长。2015 年全国 1‰ 人口抽样调查,流动人口达 24666 万[③],比 2010 年增加 2563 万人,5 年间以年均 2.22% 的速度增长,增长速度已明显低于前 10 年。2000 年以来,全国流动人口规模保持持续增长的态势,呈现"先快后缓"的速度增长,即在 1978 年以来持续 30 年的快速增长之后近 5 年开始出现了逐步放缓的现象。

将空间分析的重心分析技术运用到人口重心移动分析,通过两个重心坐标之间的距离和方向,可以直观地反映人口地域分布的空间相对位置和人口流动特征及变动趋势。人口重心采用式 7.1 计算公式来确定:

① 袁永熙.中国人口(总论)[M].北京:中国财政经济出版社,1991:212.

② 说明:指居住地与户口登记地所在的乡镇街道不一致且离开户口登记地半年以上的人口,其中不含市辖区内人户分离的人口。

③ 说明:2015 年全国 1‰ 人口抽样调查,实际抽样比为 1.55%,本研究以此抽样比推算流动人口总量,以下同,除特殊情况外不再说明。

$$\begin{cases} \overline{x} = \sum_{i=1}^{n} M_i X_i / \sum_{i=1}^{n} M_i \\ \overline{y} = \sum_{i=1}^{n} M_i Y_i / \sum_{i=1}^{n} M_i \end{cases} \quad \text{(式 7.1)}$$

$\overline{x}$、$\overline{y}$ 分别代表人口重心坐标的横坐标和纵坐标，X、Y 分别代表我国各省区市重心坐标的横坐标和纵坐标，M 代表各省区市的人口总数，i 为某个省区市的代码，$i=1,2,3,\cdots\cdots,n$。各省的重心坐标的横坐标和纵坐标可以通过 Arcgis 软件计算得出。

本研究运用上述方法计算我国流动人口、省际流动人口的重心位置。$\overline{x}$、$\overline{y}$ 分别代表流动人口（或省际流动人口）重心坐标的横坐标和纵坐标，M 代表各省区市的流动人口（或省际流动人口）[①]总数，其余变量的含义不变。

首先，从全国人口普查资料和 1‰人口抽样调查资料获得 2000 年、2005 年、2010 年、2015 年我国各省区市流入人口的数据（具体见附表 1），并将我国的行政地图投影到 China_Lambert_Conformal_Conic 投影坐标系中[②]，通过 Arcgis 软件计算得出全国流动人口的重心坐标，见表 7.2。

表 7.2 全国流动人口重心坐标

单位:km

年份	横坐标	纵坐标
2000	839.397	3990.078
2005	898.271	3976.263
2010	855.574	4008.644
2015	825.953	3987.694

数据来源:利用 2000 年、2010 年全国人口普查和 2005 年、2015 年全国 1‰人口抽样调查中各省区市流入人口数据，运用人口重心公式计算得出。

---

① 说明:某区域的流动人口,包括流入该区域的人口(流入人口)和流出该区域的人口(流出人口)。本研究用于计算流动人口(省际流动人口)重心的是各省区市的流入人口(省际流入人口)数据,特此说明,以下不再提示。

② 说明:由德国数学家兰勃特(Lamber)拟定的正轴等角割圆锥投影,以圆锥面为投影面,是使圆锥面与地球面相切,将地球面上的经纬线投影到圆锥面上,然后把圆锥面沿一条母线剪开展为平面而成。正轴圆锥投影是使圆锥轴与地轴重合,纬线是以轴圆锥定点为圆心的同心圆弧,经线是由圆锥顶点向外放射的直线束。

2000 年、2005 年、2010 年、2015 年全国流动人口重心的位置都在河南省界内,位于驻马店与信阳之间,但四个重心位置并不重叠,经历了自西向东又自东向西的变动轨迹:以 2000 年流动人口重心位置为原点,2005 年重心位置相对于 2000 年发生了自西向东偏南方向移动;2010 年重心位置相对于 2005 年发生了由东向西偏北方向移动,但仍位于 2000 年重心位置的东北方向;2015 年重心位置相对于 2010 年继续由东向西南方向移动。在四个重心位置中,2005 年的最靠近东部,2015 年的最靠近西部,几乎又回归到 2000 年的状态。流动人口重心可以形象地反映流动人口在地域空间上的集聚位置,2000—2005 年我国流动人口大量快速向东南沿海地区集聚,东部地区流动人口规模在全国流动人口总量中的比重明显提升,这些地区人口流动非常活跃。但在 2005—2015 年间,流动人口重心开始逐渐由东南向北、向西北,进而向西南方向转移,表明在之后的 10 年中,中西部地区流动人口开始增多,在全国流动人口总量中的比重经 2005 年下滑以后开始逐步上升,人口流动活跃度开始明显增大,见表 7.3。

表 7.3　我国三大区域流动人口(省际流动人口)比重变化

	流动人口占比/%				省际流动人口占比/%			
	2000 年	2005 年	2010 年	2015 年	2000 年	2005 年	2010 年	2015 年
东部地区	56.05	61.53	56.45	54.16	78.17	84.61	81.42	78.22
中部地区	22.62	19.43	21.50	22.48	7.73	5.50	6.45	8.65
西部地区	21.33	19.04	22.05	23.36	14.09	9.89	12.12	13.13
全国	100.00	100.00	100.00	100.00	100.00	100.00	100.00	100.00

　　数据来源:根据 2000 年、2010 年全国人口普查和 2005 年、2015 年全国 1%人口抽样调查各省区市流动人口数据计算得出。

　　再利用 2000 年、2005 年、2010 年、2015 年我国各省区市省际流入人口数据(具体见附表 2),运用上述同样的方法计算全国省际流动人口重心坐标及其在地理空间上的位置,结果见表 7.4。

表7.4　全国省际流动人口重心坐标

单位:km

年份	横坐标	纵坐标
2000	879.859	3756.747
2005	994.066	3780.751
2010	987.574	3872.983
2015	964.326	3860.239

数据来源:利用2000年、2010年全国人口普查和2005年、2015年全国1%人口抽样调查中各省区市省际流入人口数据,运用人口重心公式计算得出。

2000—2015年全国省际流动人口重心全部落在湖北省界内,位于咸宁、黄石、黄冈附近的区域内,与地处河南省界内的流动人口重心位置比较,省际流动人口重心更偏向东南方向,说明人口跨省流动其流入地更多选择我国东南沿海地区。省际流动人口四个重心位置也互不重叠,其变动轨迹是:以2000年省际流动人口重心位置为原点,2005年重心位置相对于2000年发生了自西向东稍偏北方向移动;2010年重心位置相对于2005年发生了由南向北方向移动;2015年重心位置相对于2010年发生由东向西偏南方向移动,但移动幅度不大,而且仍处于2000年重心位置的东北方向。省际流动人口重心位置变化与流动人口重心位置变化不同的是:2010年、2015年省际流动人口的重心位置始终位于2000年重心位置的东北方向,与最东边的2005年重心位置发生向西偏移的幅度并不大,但向北移动的幅度明显。2000—2005年我国省际流动人口长距离、大跨度、快速地向东南沿海地区集聚,东部地区省际流动人口规模在全国省际流动人口总量中的比重从2000年的78.17%提高到2005年的84.61%(见表7.3),集聚了大量来自中西部地区各省区市的流动人口,其中广东、浙江、上海市、江苏、北京5省市集聚了全国60%以上的省际流动人口。在2005—2015年间,省际流动人口重心相对于2005年的重心位置开始向北移动,后5年又开始向西偏移,但幅度不大。表明在之后的10年中,省际流动人口向东部沿海地区集聚的大趋势保持不变,但开始由南向北扩散,之后又向西扩散。2015年,东部地区省际流动人口比重由2005年的84.61%下降到78.22%,而中西部地区的占比分别由2005年的5.50%、9.89%上升到8.

65％、13.13％(见表 7.3)。15 年来,广东、浙江、上海、江苏、北京一直是我国跨省流动人口流入的大省(市),且 5 省市的先后次序保持不变,但流入广东的流动人口规模虽然持续增长,所占比重却呈现持续下降的趋势,从 2000 年的 35.51％下降到 2015 年的 24.79％。流入浙江、上海、江苏、北京的省际流动人口规模占全国的份额在 2000—2010 年间持续上升,但后 5 年除江苏外都稍有下降。流入 5 省的省际流动人口占全国的比重从 2000 年的 63.39％提高到 2010 年的 66.04％,又下降到 2015 年的 63.52％。15 年间,流动人口从内陆向东部沿海地区集中的基本格局保持不变,但省际流动人口在流入地的分布出现由南向北逐步扩散的倾向,2010 年以后开始出现向中西部地区扩散的倾向,表明中西部地区的人口聚集作用开始增强。

再从人口流动的距离变化看,2000 年全国省内流动人口 7865 万人,跨省流动人口 4242 万人,分别占 64.96％和 35.06％。2010 年省内流动人口 13515 万人,跨省流动人口 8588 万人,分别占 61.1％和 38.9％。2015 年省内流动人口 14943 万人,跨省流动人口 9723 万人,分别占 60.6％和 39.4％,跨省占比持续提升;从增长速度看,2000—2010 年间,省内流动人口年均增长 5.56％,跨省流动人口年均增长 7.31％,后者高出前者 1.75 个百分点。2010—2015 年间,省内流动人口年均增长 2.03％,跨省流动人口年均增长 2.51％。尽管跨省流动人口增长速度仍高于省内流动人口,但两者的差距仅 0.48 个百分点。可以看出,2000 年以来的 15 年中,跨省流动人口占比呈持续上升态势,反映了新增流动人口相对来讲更多地选择跨省的长距离流动,但快速增长的势头在近 5 年已有所缓和。在流动人口总量仍保持增长的情况下,跨省流动人口占比与 2010 年基本持平,这存在两种情况,一是部分流动人口开始向中西部地区回流,二是中西部地区选择省内短距离流动的人口增多。

二、东、中、西部地区跨区域的人口流动

中国地域辽阔,东、中、西三大区域的地理位置、自然环境、经济社会文化发展等历经沧桑、差异巨大,与之相适应的人口空间分布也是非常悬殊,且百年不变。而在东、中、西三大区域内部,自然、经济、社会、人文等的同质性又相对较高。这种区域间的巨大差异和区域内部相对较高的同质性,使得跨区人

口流动更具有鲜明的特点。本部分以流入地为研究视角,分析我国 21 世纪以来,东、中、西三大区域人口跨区流动的特点和变化规律,探寻人口跨区流动对西部人力资源集聚的影响。

从上述分析可以看出,在 2000—2015 年的 15 年中,我国人口流动在规模、速度、流向、区域等方面呈现出前 10 年与后 5 年的不同特点和变化,为便于分析,对跨区人口流动变动的描述也以前 10 年、后 5 年分阶段展开。

(一)跨区流入人口规模的变化

2010 年,全国省际流动人口 8587.63 万,比 2000 年的 4241.86 万增长 102.45%。其中流入东部地区 6992.29 万,比 2000 年增长 110.87%;流入中部地区 554.27 万,比 2000 年增长 68.95%;流入西部地区 1041.07 万,比 2000 年增长 74.14%。2000—2010 年的 10 年间,东部地区省际流入人口增速最快 (7.75%),西部次之(5.70%),中部最低(5.38%),见表 7.5。

2015 年,全国省际流动人口 9722.77 万,比 2010 年的 8587.63 万增长 13.22%。其中流入东部地区 7604.95 万,比 2010 年增长 8.76%;流入中部地区 840.95 万,比 2010 年增长 51.72%;流入西部地区 1276.86 万,比 2010 年增长 22.65%。2010—2015 年 5 年间,中部地区省际流入人口增速最快 (8.70%),西部次之(4.17%),东部最低(1.69%),见表 7.5。

表 7.5　我国东、中、西三大区域省际流入人口数量及增速

人口流入区域	2015 年		2010 年		2000 年		年均增长/%	
	人数/万	比重	人数/万	比重	人数/万	比重	2010—2015 年	2000—2010 年
东部	7604.95	78.22	6992.29	81.42	3315.96	78.17	1.69	7.75
中部	840.95	8.65	554.27	6.45	328.06	7.74	8.70	5.38
西部	1276.86	13.13	1041.07	12.13	597.83	14.09	4.17	5.70
合计	9722.77	100.00	8587.63	100.00	4241.86	100.00	2.51	7.31

数据来源:2000 年、2010 年全国人口普查资料,2015 年全国 1%人口抽样调查资料。

2000—2010 年的 10 年间,我国跨省、跨区流动人口增长迅速,人口流动形成了比 1978 年改革开放以来更为鲜明的从中西部地区向东部地区、内陆地区向沿海地区流动的大格局;2010—2015 的 5 年间,随着国家区域协调发展战略

的实施,特大城市人口疏解政策纷纷出台,中小城市落户政策明显放宽,"一带一路"倡议和长江经济带发展战略使依托省会城市的多个中西部城市群逐步崛起成为我国新的经济增长极,在产业集群发展和吸纳人口集聚方面发挥越来越大的作用。多方面因素综合作用,不仅带动了中西部地区农村剩余劳动力在本地就业,而且推动部分流动人口开始向中西部地区回流,前10年人口快速向东部地区流动的势头在后5年有所遏制,人口开始向中西部地区集聚的趋势已初显端倪。

　　跨区人口流动一直是省际人口流动的主体。2015年全国9722.77万省际流动人口中,东、中、西三大区域之间跨区流动的人口有7462.73万,占76.76%。2010年跨三大区域流动的人口占当年省际流动人口的77.24%。2000年为77.04%,1990年为63.36%。[①]表明20世纪90年代以来,随着我国改革开放的进一步深入,特别是1992年邓小平的"南方谈话"后,人口空间大跨度流动的动力和热情空前高涨,跨区流动人口占比迅速上升,进入21世纪后,则保持在比较稳定的状态。

　　东部地区一直是跨区域流动的首选流入地。自20世纪90年代以来,东部地区对流动人口一直表现出强大的吸引力,跨区流入人口占总跨区流动人口的比重,从1990年的56.91%迅速提升到2000年的85.21%,2010年又增加到86.99%,20年间提升30.08个百分点,2015年稍稍回落至83.03%。1990—2010年,与东部地区跨区流入人口规模迅速增长相对应的,是中、西部地区跨区流入人口规模增长缓慢,比重逐渐下降。中部地区由1990年的26.25%下降到2000年的6.30%、2010年的5.04%;西部地区则由1990年的16.84%下降至2000年的8.49%、2010年的7.97%。然而在2010—2015年间,与东部跨区流入人口占比有所回落相对应的,中、西部地区跨区流入人口规模增长加速、比重有所提升。

　　值得注意的是,2000—2010年间,虽然西部地区跨区流入人口比重在下降,但降低的幅度小于中部地区,跨区流入人口的年均增长速度(6.67%)也高

---

　　①　说明:本节中1990年流动人口数据,均来自王桂新等著的《21世纪中国西部地区的人口与开发》第21章,312—325页,以下不再重述。

于中部地区(5.00%)。但2010—2015年间,虽然西部地区跨区流入人口比重开始上升,但上升的幅度低于中部地区,跨区流入人口的年均增长速度(6.21%)也低于中部地区(10.58%)。我国中部地区居于东部与西部地区之间,一直是人口流出的最大区域。随着近年中部地区经济社会的逐步崛起,对接东部地区的产业转移,产业集群发展使得就业机会大大增加,中部地区不仅大大增强了对东部地区人口的吸引(2000—2010年间东部地区流入中部地区的人口年均增速为5.43%,2010—2015年间提高到13.67%),也因为距离更近而吸引了更多的西部地区人口选择其作为流动目的地。

(二)跨区流入人口的来源地

1.东部跨区流入人口的来源地

2015年,东部地区6195.76万跨区流入人口中,来自中部地区的有3942.99万,占63.64%;来自西部地区的有2252.77万,占36.36%。2010年,两项比例分别为63.59%和36.41%。2000年,两项比例分别为62.50%和37.50%。15年间,东部地区来自中、西部地区的流动人口的分布格局基本保持不变,见表7.6、表7.7、表7.8。

表7.6　2000年东、中、西三大区域跨区流入人口规模

		流出地						流入地合计	
		东部		中部		西部			
		规模/万人	比重/%	规模/万人	比重/%	规模/万人	比重/%	规模(万人)	比重(%)
流入地	东部			1740.43	91.33	1043.89	91.76	2784.33	85.21
	中部	112.31	50.03			93.70	8.24	206.01	6.30
	西部	112.15	49.97	165.12	8.67			277.27	8.49
流出地合计		224.46	100.00	1905.55	100.00	1137.60	100.00	3267.61	100.00

数据来源:2000年全国人口普查资料。

表 7.7 2010 年东、中、西三大区域跨区流入人口规模

		流出地						流入地合计	
		东部		中部		西部			
		规模/万人	比重/%	规模/万人	比重/%	规模/万人	比重/%	规模/万人	比重/%
流入地	东部			3669.22	91.81	2100.95	93.60	5770.17	86.99
	中部	190.61	48.61			143.58	6.40	334.18	5.04
	西部	201.50	51.39	327.17	8.19			528.67	7.997
流出地合计		392.10	100.00	3996.38	100.00	2244.53	100.00	6633.02	100.00

数据来源:2010 年全国人口普查资料。

表 7.8 2015 年东、中、西三大区域跨区流入人口规模

		流出地						流入地合计	
		东部		中部		西部			
		规模/万人	比重/%	规模/万人	比重/%	规模/万人	比重/%	规模/万人	比重/%
流入地	东部			3942.99	91.24	2252.77	92.19	6195.76	83.03
	中部	361.67	51.85			190.94	7.81	552.61	7.40
	西部	335.85	48.15	378.50	8.76			714.35	9.57
流出地合计		392.10	100.00	3996.38	100.00	2244.53	100.00	6633.02	100.00

数据来源:2015 年全国 1% 人口抽样调查资料。

2015 年,来自中部地区的流入人口规模在前 5 位的省份分别为安徽、河南、湖南、江西、湖北,5 省流入东部地区的人口占中部地区流入东部地区人口的 88.66%,其中安徽高达 23.69%。与 2010 年、2000 年比较,15 年来前 5 位省份保持不变,但占全部流入人口比重(2000 年为 91.18%)下降 2.5 个百分点。安徽流入东部地区的流动人口规模始终保持在第一位;河南的规模则从 2000 年的第五位跃至 2010 年的第二位且保持至今,年均增长速度(8.54%)远远超过总体水平(5.60%);江西、湖南的规模虽然居前 5 位,但增长速度低于总体水平,增长势头减弱;虽然来自山西、吉

林的人口规模较小,但两省的增长势头却比较强劲,见表 7.9。

表 7.9　东部地区跨区流入人口来自中部的省份分布及增长速度

来源省份	2015 年			2010 年			2000 年			2000—2015 年增速		
	规模/万人	比重/%	位次	规模/万人	比重/%	位次	规模/万人	比重/%	位次	省份	年均增长率/%	位次
安　徽	934.25	23.69	1	901.46	24.57	1	396.02	22.75	1	山　西	12.77	1
河　南	767.38	19.46	2	699.89	19.07	2	224.20	12.88	5	河　南	8.54	2
湖　南	717.14	18.19	3	634.25	17.29	3	383.63	22.04	2	吉　林	6.40	3
江　西	559.41	14.19	4	537.08	14.64	4	350.47	20.14	3	黑龙江	6.27	4
湖　北	517.54	13.13	5	504.50	13.75	5	232.77	13.37	4	安　徽	5.89	5
黑龙江	227.35	5.77	6	214.24	5.84	6	91.27	5.24	6	湖　北	5.47	6
吉　林	112.46	2.85	7	108.79	2.96	7	44.36	2.55	7	湖　南	4.25	7
山　西	107.48	2.73	8	68.99	1.88	8	17.72	1.02	8	江　西	3.17	8
合　计	3942.99	100.00	—	3669.22	100.00	—	1740.43	100.00	—	合　计	5.60	

数据来源:2000 年、2010 年全国人口普查资料,2015 年全国 1% 人口抽样调查资料。

2015 年,来自西部地区的流入人口前 5 位省份分别为四川、广西、贵州、重庆、云南,均位于西南地区,5 省流入东部地区的人口占西部流入东部地区总人口的 84.25%,其中四川最高,达 27.61%。2010 年前 5 位省份为四川、广西、贵州、重庆、陕西,5 省合计占 84.25%,其中四川最高,达 31.84%。2000年,前 5 位省份与 2010 年一致,5 省共占 92.17%,其中四川高达 47.48%。15年间,四川、广西流入东部的人口规模始终保持第一、第二位,但两省流入东部的人口增长速度却显著低于总体水平,尤其是四川的增长势头明显减弱,在西部地区流入东部总人口占比从 2000 年的近 50% 下降至 2015 年的不到 30%,远远领先于第二位的广西的优势已基本消失;而云南、重庆流入东部地区的人口规模则增长迅速,年均增长率显著高于总体水平,保持较强的增长势头,云南流入东部地区的人口总量在 2015 年超过陕西而进入前 5 位;虽然地处西北地区的甘肃、青海、宁夏等流入东部地区的人口规模较小,但 15 年间增长速度高于总体水平,表现出西北地区人口向东部地区流动的趋势有所增强。见表 7.10。

表 7.10　东部地区跨区流入人口来自西部省份分布及增长速度

来源省区市	2015 年			2010 年			2000 年			增长速度		
	规模/万人	比重/%	位次	规模/万人	比重/%	位次	规模/万人	比重/%	位次	省份	年均增长率/%	位次
四川	622.05	27.61	1	668.85	31.84	1	495.64	47.48	1	云南	14.61	1
广西	486.40	21.59	2	398.01	18.94	2	235.68	22.58	2	甘肃	12.19	2
贵州	379.61	16.85	3	347.72	16.55	3	122.49	11.73	3	重庆	9.47	3
重庆	241.83	10.73	4	254.97	12.14	4	62.27	5.97	4	宁夏	9.56	4
云南	168.22	7.47	5	115.65	5.50	5	21.76	2.08	7	西藏	9.06	5
陕西	151.86	6.74	6	134.07	6.38	5	46.08	4.41	5	青海	8.35	6
甘肃	83.10	3.69	7	68.39	3.26	8	14.81	1.42	8	陕西	8.28	7
内蒙古	76.89	3.41	8	77.76	3.70	7	31.09	2.98	6	贵州	7.83	8
新疆	21.63	0.96	9	18.01	0.86	9	8.20	0.79	9	新疆	6.68	9
青海	10.09	0.45	10	8.95	0.43	10	3.03	0.29	10	内蒙古	6.22	10
宁夏	9.28	0.41	11	7.41	0.35	11	2.36	0.23	11	广西	4.95	11
西藏	1.80	0.08	12	1.16	0.05	12	0.49	0.05	12	四川	1.53	12
合计	2252.77	100.0	—	2100.95	100.0	—	1043.89	100.0	—	合计	5.26	

数据来源:2000 年、2010 年全国人口普查资料,2015 年全国 1%人口抽样调查资料。

从上述分析可以看出,东部地区跨区流入人口主要来自中、西部地区的安徽、河南、湖南、江西、湖北、四川、广西、贵州、重庆、云南,2015 年来自该 10 个省区市的流动人口占东部总跨区流入人口的 87.06%。15 年间,各省流入东部地区的人口规模增长速度变化差异显著,表现为江西、湖南、四川、广西人口流入东部的增长势头明显减弱,而河南、重庆、云南、贵州则增长势头强劲,安徽、湖北则保持较高的平稳增长状态。虽然山西、吉林、甘肃、青海、宁夏等省流入东部地区的人口规模较小,但近 15 年显示出不断增强的趋势。

中、西部地区人口流向东部地区,总体表现为:南半壁是人口的主要流出地,但近 15 年流出势头有所减弱;北半壁人口流出规模虽然远低于南半壁,但近 15 年呈现出快速增长的势头。

2.中部地区跨区流入人口的来源地

2015 年,中部 552.61 万跨区流入人口中,来自东部地区的有 361.67 万,占 65.45%;来自西部地区的有 190.94 万,占 34.55%。2010 年,来自东、西部地区的分别占 57.04%和 42.96%。2000 年,分别为 54.52%和 45.48%。15 年间,中部地区的跨区流入人口中,来自东部地区的比重呈现持续上升的态势,尤其是 2010—2015 年间,比重提高 8.41 个百分点,较前 10 年有一个明显的跃升,见表 7.6、表 7.7、表 7.8。

流动人口来自东部地区的主要是浙江、江苏、山东、河北、福建、广东等省。2000 年,来自东部地区的前 5 位省份人口占比为 78.85%,2010 年、2015 年分别为 72.81%和 69.62%,呈现逐步下降的趋势。虽然来自浙江、江苏、山东、河北的流入人口规模 15 年来一直保持前 5 位水平,但增长速度却低于总体水平,增长势头逐步减弱。而广东近年流入中部地区的流动人口规模增长迅速,流动人口规模从 5 年前的第六位跃居 2015 年的第一位。虽然来自北京、天津、海南的流动人口规模较小,但 3 省市 15 年中的增长势头强劲,见表 7.11。

表 7.11 跨区流入中部地区人口的来源分布及增长速度(东部省份)

来源省市	2015 年			2010 年			2000 年			增长速度		
	规模/万人	比重/%	位次	规模/万人	比重/%	位次	规模/万人	比重/%	位次	省份	年均增长率/%	位次
广东	61.84	17.10	1	18.79	9.86	6	9.25	8.23	7	天津	18.20	1
浙江	59.61	16.48	2	28.51	14.96	4	23.18	20.64	1	北京	17.88	3
江苏	52.22	14.44	3	29.6	15.53	3	17.68	15.74	3	海南	15.48	2
山东	41.22	11.40	4	30.41	15.96	1	21.02	18.72	2	广东	13.50	5
河北	36.89	10.20	5	30.24	15.87	2	15.6	13.89	4	福建	7.66	8
福建	33.48	9.26	6	19.99	10.49	5	11.07	9.86	5	上海	7.55	4
上海	24.24	6.70	7	4.64	2.43	8	2.24	2.00	8	江苏	7.49	9
辽宁	23.44	6.48	8	17.46	9.16	7	9.67	8.61	6	浙江	6.50	11
北京	15.44	4.27	9	4.47	2.35	9	1.31	1.16	9	辽宁	6.08	7
天津	7.25	2.00	10	3.15	1.65	11	0.59	0.52	11	河北	5.91	6
海南	6.06	1.68	11	3.34	1.75	10	0.7	0.62	10	山东	4.59	10

续 表

来源省市	2015 年			2010 年			2000 年			增长速度		
	规模/万人	比重/%	位次	规模/万人	比重/%	位次	规模/万人	比重/%	位次	省份	年均增长率/%	位次
合计	361.67	100		190.61	100	—	112.31	100	—	总体	8.11	

数据来源:2000 年、2010 年全国人口普查资料,2015 年全国 1‰人口抽样调查资料。

　　流动人口来自西部地区的主要是四川、重庆、贵州、内蒙古、陕西等省区市。2000 年,来自西部地区的前 5 位省份人口占比为 86.47%,2010 年、2015年分别为 75.87%和 68.48%,也呈现逐步下降的趋势。虽然来自四川、重庆、内蒙古、陕西的流动人口规模一直保持前 5 位,但 15 年中的增长势头均逐步减弱,尤其是四川、内蒙古年均增速仅 0.14%、1.77%,而贵州仍保持较高的增长速度。虽然广西、宁夏、甘肃、新疆、云南流入中部地区的人口规模较小,但15 年间增长速度显著高于总体水平,见表 7.12。

表 7.12 跨区流入中部地区人口的来源分布及增长速度(西部省份)

来源省区市	2015 年			2010 年			2000 年			增长速度		
	规模/万人	比重/%	位次	规模/万人	比重/%	位次	规模/万人	比重/%	位次	省份	年均增长率/%	位次
四川	39.33	20.60	1	34.92	24.32	1	38.52	41.11	1	广西	13.13	1
重庆	25.59	13.40	2	20.88	14.54	2	8.24	8.79	4	宁夏	12.30	2
贵州	24.50	12.83	3	16.41	11.43	5	6.81	7.27	5	甘肃	11.77	3
内蒙古	21.33	11.17	4	20.3	14.14	3	16.38	17.48	2	新疆	11.54	4
陕西	20.02	10.48	5	16.42	11.44	4	11.08	11.82	3	云南	9.27	5
广西	17.69	9.27	6	9.76	6.79	7	2.78	2.96	7	贵州	8.91	6
甘肃	14.39	7.54	7	6.74	4.70	8	2.71	2.90	8	西藏	8.91	7
云南	13.11	6.87	8	10.31	7.18	6	3.47	3.70	6	重庆	7.85	8
新疆	9.11	4.77	9	3.58	2.49	9	1.77	1.89	9	青海	5.36	9
青海	2.91	1.52	10	2.44	1.70	10	1.33	1.42	10	陕西	4.02	10
宁夏	2.05	1.07	11	1.29	0.90	11	0.36	0.38	11	内蒙古	1.77	11

续　表

来源省区市	2015 年			2010 年			2000 年			增长速度		
	规模/万人	比重/%	位次	规模/万人	比重/%	位次	规模/万人	比重/%	位次	省份	年均增长率/%	位次
西藏	0.90	0.47	12	0.53	0.37	12	0.25	0.27	12	四川	0.14	12
合计	190.94	100		143.58	100.00	—	93.7	100.00	—	总体	4.86	

数据来源:2000 年、2010 年全国人口普查资料,2015 年全国 1‰人口抽样调查资料。

从上述分析可以看出,中部地区跨区流入人口主要来自东、西部地区的浙江、江苏、山东、河北、福建、广东、四川、重庆、贵州、内蒙古、陕西等省区市,即流入中部地区的人口主要来自东、西部紧邻中部地区的省份。但 15 年间,主要省份流入中部地区的人口规模增长速度变化差异显著,表现为浙江、山东、江苏、河北、四川、内蒙古、陕西的增长势头明显减弱,而广东、贵州仍保持较强的增长势头。虽然北京、天津、海南、广西、宁夏、甘肃、新疆、云南流入中部地区的人口规模较小,但近 15 年来显示出不断增强的趋势。

3.西部地区跨区流入人口的来源地

2015 年,西部 714.35 万跨区流入人口中,来自东部地区的有 335.85 万,占 47.02%;来自中部地区的有 378.50 万,占 52.98%。2010 年,来自东、中部地区的分别占 38.11%和 61.89%。2000 年,分别为 40.45%和 59.55%。2000—2010 年这 10 年间,流入人口来自东部、中部的分布基本保持稳定,分别占 40%与 60%左右。但 2010—2015 年间,来自东部地区的比重较前 10 年有一个明显的跃升,比 2010 年升高 9 个百分点。见表 7.6、表 7.7、表 7.8。

流动人口来自东部地区的省份主要为浙江、河北、广东、江苏、山东、福建等,2000 年,来自东部地区的前 5 位省份人口占比为 89.06%,2010 年、2015 年分别为 74.58%和 75.08%,呈现前 10 年逐步下降、后 5 年基本稳定的态势。虽然来自浙江、河北、江苏的流入人口规模 15 年来一直保持前 5 位水平,但增长速度却低于总体水平,增长势头逐步减弱。而福建、山东的增速仍保持在总体水平之上,广东近 5 年流入西部地区的流动人口规模增长迅速,流动人口规模从 5 年前的第四位跃居 2015 年的第一位。虽然来自北京、天津、海南

的流动人口规模较小,但 3 省市 15 年中的增长势头强劲。上海近 5 年流入西
部地区的人口增长迅速,2010—2015 年间以年均 27.30% 猛增,与前 10 年的
年均增长 0.81% 形成极为显明的反差,见表 7.13。

表 7.13 跨区流入西部地区人口的来源分布及增长速度(东部省份)

来源省市	2015 年			2010 年			2000 年			增长速度		
	规模/万人	比重/%	位次	规模/万人	比重/%	位次	规模/万人	比重/%	位次	省份	年均增长率/%	位次
广东	72.48	21.58	1	26.5	13.15	4	17.1	15.25	2	北京	13.15	1
浙江	54.86	16.34	2	31.92	15.84	2	28.12	25.08	1	天津	11.87	2
河北	47.65	14.19	3	36.72	18.23	1	15.12	13.48	4	广东	10.11	3
江苏	38.88	11.58	4	25.4	12.60	5	17.09	15.24	3	海南	9.67	4
山东	38.26	11.39	5	29.74	14.76	3	11.63	10.37	5	上海	8.96	5
福建	37.44	11.15	6	24.57	12.20	6	11.26	10.04	6	福建	8.34	6
辽宁	18.68	5.56	7	14.15	7.02	7	5.87	5.24	7	山东	8.26	7
北京	9.25	2.75	8	3.96	1.96	8	1.45	1.29	9	辽宁	8.02	8
上海	9.06	2.70	9	2.71	1.34	11	2.5	2.23	8	河北	7.95	9
天津	4.68	1.39	10	2.84	1.41	10	0.87	0.77	11	江苏	5.63	10
海南	4.59	1.37	11	2.98	1.48	9	1.15	1.02	10	浙江	4.56	11
合计	335.85	100		201.5	100.00	—	112.15	100.00	—	总体	7.59	

数据来源:2000 年、2010 年全国人口普查资料,2015 年全国 1% 人口抽样调查资料。

来自中部地区的省份主要为河南、湖南、湖北、山西、安徽等省,2000 年,前
5 位省流入西部地区的人口占中部总流入西部地区人口的 83.22%,2010、
2015 年分别为 83.47% 和 82.48%,15 年间基本保持稳定状态。虽然来自河
南、湖南的流入人口规模 15 年来一直保持在第一、第二位,但增长速度却低于
总体水平,增长势头逐步减弱。但湖北的增速仍保持在总体水平之上,山西增
长速度在中部地区居首位。虽然来自江西、吉林的流动人口规模较小,但 15
年中的增长势头强劲,见表 7.14。

表 7.14 跨区流入西部地区人口的来源分布及增长速度(中部省份)

来源省份	2015 年			2010 年			2000 年			增长速度		
	万人	比重/%	位次	规模万人	比重/%	位次	规模万人	比重/%	位次	省份	年均增长率/%	位次
河南	108.23	28.59	1	100.58	30.74	1	53.42	32.35	1	山西	10.54	1
湖南	70.08	18.51	2	63.16	19.31	2	34.04	20.62	2	江西	8.11	2
湖北	52.26	13.81	3	47.42	14.50	3	22.43	13.59	3	吉林	7.71	3
山西	41.88	11.07	4	29.77	9.10	5	9.32	5.64	6	湖北	5.80	4
安徽	39.73	10.50	5	32.14	9.82	4	18.2	11.02	4	安徽	5.34	5
江西	26.88	7.10	6	20.35	6.22	7	8.34	5.05	7	湖南	4.93	6
黑龙江	24.25	6.41	7	21.84	6.68	6	14.39	8.71	5	河南	4.82	7
吉林	15.18	4.01	8	11.91	3.64	8	4.98	3.02	8	黑龙江	3.54	8
合计	378.50	100		327.17	100.00	—	165.12	100.00	—	总体	5.69	

数据来源:2000 年、2010 年全国人口普查资料,2015 年全国 1‰人口抽样调查资料。

上述分析可以看出,西部地区跨区流入人口主要来自东、中部地区的河北、浙江、山东、广东、江苏、福建、河南、湖南、湖北、山西、安徽。但 15 年间,主要省份流入西部地区的人口规模增长速度变化差异显著,表现为浙江、河北、江苏、河南、湖南增长势头明显减弱,而广东、山西增长迅速。虽然北京、天津、海南、吉林、江西流入西部地区的人口规模较小,但近 15 年显现出不断增强的趋势,上海在近 5 年显现出迅猛的增长势头。

(三)东、中、西三大区域跨区人口流动的基本特征

1.跨区流动在省际流动中始终居于主导地位

纵观 1990—2015 年中国 25 年人口省际流动趋势的变化,跨区人口流动在省际人口流动中始终居于主导地位,跨区流动人口占省际流动人口的比重,从 1990 年的 63.36%,上升到 2000 年的 77.04%,稳定在 2010 年的 77.24 %、2015 年的 76.76%。如果说 20 世纪最后 10 年是我国人口跨区流动迅速增加的时期,那么 21 世纪以来的 15 年,跨区流动稳定保持在世纪之交的高水平。

2.东部地区始终是跨区流动的首选流入地

东部地区对流动人口始终表现出强大的吸引力,跨区流入人口占总跨区流动人口的比重,从 1990 年的 56.91％迅速提升到 2000 年的 85.21％,2010年又增加到 86.99％,20 年间提升 30.08 个百分点,2015 年稍稍回落至 83.03％。2010—2015 年间,与东部跨区流入人口占比有所回落相对应的是中、西部地区跨区流入人口规模增长加速、比重有所提升,扭转了前 20 年跨区流入人口规模增长缓慢、比重逐步下降的局面。

3.西部地区较中部地区更具吸引力,但近五年发生变化

1990—2010 年,虽然西部地区跨区流入人口比重逐步下降,但下降的幅度小于中部地区,从 1990 年低于中部 9.4 个百分点反转到 2000 年高于中部地区 2.2 个百分点、2010 年高于中部地区 2.9 个百分点。流入人口规模增长速度(年均增长 6.67％)快于中部(年均增长 5.00％),流出人口规模增长速度(年均增长 7.04％)却低于中部地区(年均增长 7.69％),显示出西部地区对人口具有更强的吸引力。但 2010—2015 年间,中部地区的跨区流入人口规模、速度均超过西部地区,中部地区对东部、西部人口的吸引力开始增强。

4.流出地的集中化趋势开始减弱

20 世纪 90 年代末,中部地区的华东部分地区、两湖流域,西部地区的四川、广西等成为中、西部地区的主要人口流出地。到 2015 年,虽然中、西部地区的南半壁地区仍是人口流出的主要区域,但几个主要流出省份的流出人口增长势头有所减缓,四川在 2010 年甚至出现流出人口规模低于 2000 年的现象。北半壁省份人口流出规模虽然远低于南半壁,但呈现出快速增长的势头。东部地区人口流出省份的分布也呈现去集中化的趋势,呈现由珠三角、长三角逐步向环渤海湾地区扩展的趋势,广东、上海近年流向中、西部地区的人口规模增长迅速,值得关注。20 世纪末呈现的流出地的高度集中的现象已经开始减弱,人口流出省份显得更为分散、分布更为广泛。

三、跨区流动对西部人口规模、年龄结构的影响

除了生育、死亡外,迁移流动是直接影响一个区域人口规模、结构变动的重要原因。本部分以流出地的视角,观察人口跨区域流动对西部地区人口规

模、年龄结构的影响。

(一)西部地区跨区流出人口的规模与去向

从西部地区跨区流出人口的规模变化看,2015 年为 2443.71 万,2010 年为 2244.53 万,2000 年为 1137.60 万。15 年间,西部跨区流出人口规模以年均 5.23% 持续增长。其中,2000—2010 年间,年均增长 7.03%;2010—2015 年间,年均增长 1.71%,增速较前 10 年明显放缓。近 15 年来,西部跨区流出人口规模呈现"先快后慢"的增长态势。

从西部跨区流出人口的流向变化看,流向东部地区的人口从 2000 年的 1043.89 万增加到 2010 年的 2100.95 万、2015 年的 2252.77 万。其中,2000—2010 年年均增速为 7.24%,2010—2015 年年均增速为 1.04%。15 年来,尽管流入东部地区的人口规模占流出总人口规模基本稳定在 92% 左右,但近 5 年流入东部地区的速度已明显放缓。与此同时,流向中部地区的人口从 2000 年的 93.70 万增加到 2010 年的 143.58 万、2015 年的 190.94 万。其中,2000—2010 年年均增速为 4.36%,2010—2015 年年均增速为 5.87%。可以看出,21 世纪的头 10 年,西部地区人口流向东部地区有不断增强的趋势,但后 5 年,这种增长势头有所变化,呈现出流向中部地区有所增强的势头。

从西部各省流出人口规模变动看,2000 年,四川、广西、贵州是人口跨区流出大省,流出人口均超过百万,3 省合计规模达 901.92 万,占西部地区全部跨区流出人口的 79.29%;到 2010 年,除四川、广西、贵州仍保持前 3 位外,重庆、陕西、云南流出人口也突破百万而进入前 6 位,6 省流出人口总规模达到 2027.97 万,占西部地区全部流出人口的 90.35%;到 2015 年,仍保持 2010 年的态势,6 省跨区流出人口总规模达到 2190.21 万,占西部地区全部跨区流出人口的 89.62%。除陕西位于西北地区外,其余 5 省均地处西南地区,见表 7.15、图 7.4。

表 7.15　三个时点年西部地区各省区市跨区流出人口规模

西部省区市	2015 年			2010 年			2000 年		
	规模/万人	百分比/%	位次	规模/万人	百分比/%	位次	规模/万人	百分比/%	位次
四川	661.37	27.06	1	703.77	31.35	1	534.16	46.96	1

续　表

西部省区市	2015 年			2010 年			2000 年		
	规模/万人	百分比/%	位次	规模/万人	百分比/%	位次	规模/万人	百分比/%	位次
广西	504.09	20.63	2	407.77	18.17	2	238.46	20.96	2
贵州	404.10	16.54	3	364.13	16.22	3	129.3	11.37	3
重庆	267.43	10.94	4	275.85	12.29	4	70.51	6.20	4
云南	181.34	7.42	5	125.96	5.61	5	57.16	5.02	5
陕西	171.88	7.03	6	150.49	6.70	6	47.47	4.17	6
内蒙古	98.22	4.02	7	98.06	4.37	7	25.23	2.22	7
甘肃	97.50	3.99	8	75.13	3.35	8	17.52	1.54	8
新疆	30.74	1.26	9	21.59	0.96	9	9.97	0.88	9
青海	13.00	0.53	10	11.39	0.51	10	4.36	0.38	10
宁夏	11.34	0.46	11	8.70	0.39	11	2.72	0.24	11
西藏	2.70	0.11	12	1.69	0.08	12	0.74	0.07	12
合计	2443.71	100.00		2244.53	100.00		1137.59	100.00	

数据来源:2000 年、2010 年全国人口普查资料,2015 年全国 1% 人口抽样调查资料。

(二)西部地区人口规模的变化

与东部地区常住人口规模大于户籍人口规模的情形完全相反,西部地区常住人口规模小于户籍人口规模。户籍人口从 2000 年的 35432.43 万增加到 2010 年的 38692.60 万、2015 年的 40032.26 万[①],15 年间以年均 0.82% 的速度增加。常住人口从 2000 年的 34952.13 万增加到 2010 年的 36035.78 万、2015 年的 37289.39 万,15 年间以年均 0.43% 的速度增加。同期全国总人口以年均 0.54% 的速度增加。虽然西部地区户籍人口增长速度快于全国总人口增长速度,但由于人口大规模的净流出,使常住人口增长速度低于全国总人口增长速度,户籍人口与常住人口规模之差从 2000 年的 480.30 万扩大到 2010 年的 2656.82 万、2015 年的 2742.87 万。15 年间,跨区流出人口规模从 2000

---

① 2015 年西部地区户籍人口、常住人口数据均来自《中国人口与就业统计年鉴 2016》,中国统计出版社,2016 年。

年的 1137.60 万增加到 2015 年的 2443.71 万,以年均 5.23% 的速度增加,跨区流出人口占全区域省际流出人口的比重从 2000 年的 78.02% 提升到 2015年的 81.29%,见表 7.16。

表 7.16 三个时点年西部地区人口规模的变动

| 年份 | 户籍人口/万人 | 常住人口/万人 | 户籍人口与常住人口规模之差/万人 | 人口跨省流出规模/万人 | | | 跨区流出占跨省流出的比重/% |
				总计	跨区流出规模/万人	区内跨省流出规模/万人	
2015	40032.26	37289.39	2742.87	3006.21	2443.71	562.50	81.29
2010	38692.60	36035.78	2656.82	2756.94	2244.53	512.41	81.41
2000	35432.43	34952.13	480.30	1458.16	1137.60	320.56	78.02

数据来源:依据 2000 年、2010 年全国人口普查数据和 2015 年全国 1% 人口抽样调查数据计算而成,2015 年户籍人口数据来自《中国人口与就业统计年鉴 2016》。

再从西部地区内部各省区市情况看,在 2000—2010 年的 10 年间,因人口大规模的流出,西部地区除西藏、宁夏、青海、新疆四省区常住人口年均增长速度高于全国总体速度外,其余 8 个省区市的年均增长速度均低于或接近全国总体水平,特别是四川、贵州、重庆甚至出现总人口负增长的状态。

然而在 2010—2015 年间这种态势已发生一些变化,四川、重庆、贵州、广西这 4 个人口流出大省(市)常住人口规模年均增长速度一改前 10 年负增长或低增长的态势而出现明显的正增长,甘肃的增长速度也开始回升,西藏、新疆、宁夏仍保持原来稳定的增长速度,整个西部地区的常住人口增长速度(0.69%)开始超过全国总体水平(0.62%)。从而使西部地区总人口占全国总人口从 2000 年的 28.13% 下降到 2010 年的 27.04%,微升至 2015 年的 27.12%,前 10 年的下降态势被止住并稍有回升。随着西部大开发、"一带一路"倡议、长江经济带发展战略等的推进,西部地区对接东部地区产业转移,人口集聚能力不断增强,不仅促使部分外流的劳动力回流,也因为距离更近而吸引了部分东、中部地区人口的流入,西部地区人口流出的速度和强度有所放缓,见表 7.17。

表 7.17　全国与西部各省区市人口规模变动情况

		2000 年人口规模/万人	2010 年人口规模/万人	2015 年人口规模/万人	2000－2010年年均增长率/%	2010－2015年年均增长率/%
全国		124261.00	133281.09	137498.33	0.70	0.62
西部地区	内蒙古	2332.33	2470.63	2517.56	0.58	0.38
	广西	4385.45	4602.38	4819.95	0.48	0.93
	重庆	3051.28	2884.62	3022.98	－0.56	0.94
	四川	8234.83	8041.75	8240.57	－0.24	0.49
	贵州	3524.77	3474.86	3549.50	－0.14	0.43
	云南	4236.01	4596.68	4765.24	0.82	0.72
	西藏	261.63	300.22	326.67	1.39	1.70
	陕西	3536.51	3732.74	3802.23	0.54	0.37
	甘肃	2512.43	2557.53	2612.02	0.18	0.42
	青海	482.30	562.67	591.04	1.55	0.99
	宁夏	548.64	630.14	669.81	1.39	1.23
	新疆	1845.95	2181.58	2371.81	1.68	1.69
	西部合计	34952.13	36035.8	37289.38	0.38	0.69

数据来源:2000 年、2010 年全国人口普查数据和 2015 年全国 1% 人口抽样调查数据。

(三)西部地区人口年龄结构的变化

劳动年龄人口构成了流动人口的主体。2015 年,全国流动人口中,0~14 岁人口占 9.76%,15~64 岁人口占到 87.20%,65 岁及以上人口占 3.04%。劳动年龄人口中,又以 20~34 岁人口为最大群体,其中 25~29 岁人口居第一位,占 17.2%,20~24 岁人口为第二位,占比为 14.9%,30~34 岁人口列第三位,占 11.12%。如果以全国流动人口中劳动年龄人口比重 87.20% 来推算,2015 年西部地区跨区净流出人口 1729.36 万,其中净流出 15~64 岁的劳动年龄人口就有 1508 万,20~34 岁劳动年龄人口有 747 万,大规模青壮年人口流出,使西部地区人口年龄结构呈现快速老龄化态势。2000—2015 年的 15 年间,65 岁及以上老年人口占总人口的比重,全国提升了 3.37 个百分点,东部、中部、西部地区分别提升了 2.79、3.68 和 3.76 个百分点,见表 7.18。

表 7.18 三个时点年全国及东、中、西三大区域人口年龄构成变化

单位:%

	2015 年				2010 年				2000 年			
	0~14岁	15~64岁	≥65岁	合计	0~14岁	15~64岁	≥65岁	合计	0~14岁	15~64岁	≥65岁	合计
全国	16.52	73.01	10.47	100.00	16.61	74.47	8.92	100.00	22.90	70.00	7.10	100.00
东部	14.80	74.61	10.59	100	14.47	76.56	8.97	100	20.64	71.56	7.80	100.00
中部	17.38	72.16	10.46	100	17.42	73.79	8.79	100	23.71	69.51	6.78	100.00
西部	18.17	71.55	10.28	100	18.92	72.08	9.01	100	25.07	68.41	6.52	100.00

数据来源:根据 2000 年、2010 年全国人口普查数据,2015 年全国 1%人口抽样调查资料计算而得。

2000 年,西部地区 65 岁以上人口占总人口的比重为 6.52%,低于全国总体水平(7.10%)0.58 个百分点,低于东部地区(7.80%)1.28 个百分点。到 2010 年,西部地区上升到 9.01%,比 2000 年提高 2.49 个百分点,超过全国和东部地区而成为全国老龄化水平最高的区域,2015 年进一步提高到 10.28%。与此同时,西部地区 15~64 岁劳动年龄人口占比虽然从 2000 年的 68.41%提高到 2010 年的 72.08%、2015 年的 71.55%,但与全国和东部地区的差距也从 2000 年的 1.59 和 3.15 个百分点分别扩大到 2010 年的 2.39 和 4.48 个百分点,2015 年继续保持 2000 年的差距。

在青壮年人口大量外流的情况下,2000—2010 年西部地区劳动年龄人口占比还能提高 3.67 个百分点,主要得益于具有比较丰富的劳动力潜在人口,即 0~14 岁人口有较高的占比(25.07%)。然而随着西部地区少儿人口占比的快速下降(10 年中西部地区这一比重下降了 6.15 个百分点),潜在的较为丰富的劳动年龄人口"蓄水池"优势逐步消失,2015 年的 71.55%已低于 2010 年水平,与全国(73.01%)一样开始下降,0~14 岁人口比重为 18.17%,也低于 2010 年水平(18.92%)。长达 30 多年横跨我国东、中、西部地区的人口大规模迁移流动,不仅使西部大量青壮年劳动力流失,更有大量人才流失,使西部人力资源无论是数量还是质量都与东部地区存在巨大差距。

第八章　影响西部地区人力资源集聚的因素

中国人口众多,区域分布悬殊,且经久未变。究其原因,既有自然环境客观条件的限制,也有经济与社会、历史与现实发展的影响。西部地区人口发生长距离、大跨度、自西向东大规模的流动,东西部地区人力资源水平空间分布的巨大差异,都是自然环境条件和经济社会发展水平共同长期影响的结果。

一、百年依旧的人口地域分布格局

中国人口地理学家胡焕庸先生早在 1935 年就首次提出著名的瑷珲-腾冲人口分布地理分界线。当年他在《地理学报》第二期发表的《中国人口之分布》一文中写道:"自黑龙江之瑷珲向西南作一直线,至云南之腾冲为止,分全国为东南与西北两部:则此东南部之面积,计四百万平方千米,约占全国总面积之百分之三十六;西北部之面积,计七百万方公里,约占全国总面积之百分之六十四。惟人口之分布,则东南部计四万万四千万,约占总人口之百分之九十六;西北部之人口,仅一千八百万,约占全国总人口之百分之四。"1987 年,胡焕庸先生又根据中国大陆 1982 年的人口普查数据,排除二战后台湾光复和蒙古独立导致中国版图变动的因素,重新修正后得出:"……东半部面积占全国的 42.9%,西半部面积占全国的 57.1%……在这条分界线以东的地区,居住着全国人口的 94.4%;而西半部人口仅占全国人口的 5.6%……"20 世纪 60年代国家为了备战进行"三线建设",六七十年代大批学生"上山下乡"奔赴西南和西北,西部人口有所增加。此后又因"上山下乡"知识青年返回城市,特别是改革开放以来东南沿海经济率先发展起来,吸引了数以千万计的西部流动人口"孔雀东南飞",西部人口所占比例又略有下降。但在总体上,相对于 13亿庞大的总人口,流动人口数量仍是有限的,不能从根本上撼动中国人口的总体空间布局。有学者(陈明星、李扬,等,2016)利用 1953 年、2000 年、2010 年三次全国人口普查数据,通过 ArcGIS 软件绘制和分析中国县级行为区人口密度图,来验证中国城镇化发展和人口迁移之后人口空间分布差异的分界线,研究发现从 1953 年到 2010 年,中国大部分地区的人口密度增长明显,但是人口密度的空间格局并未发生明显变化。中国的总人口从 1953 年的 6.02 亿,到 2000 年的 12.95 亿和 2010 年的 13.40 亿,人口总量增长迅速,全国的平均人口密度也相应增加,由 1953 年的 62.70 人/ km² 增加到 2000 年的 134.93 人/ km² 和 2010 年的 139.55 人/ km²,大部分地区的人口密度明显增长。但人口密度高的地区一直主要集中在黄河中下游地区、长江三角洲地区、四川盆地以及东南沿海地区,东南半壁和西北半壁的人口密度差异非常明显,东南半壁人口密度从 1953 年的 139.51 人/km² 上升到 2010 年的325.84 人/km²,西北半壁人口密度从 5.83 人/km² 上升到 14.68 人/km²。东南半壁的人口比重从 1935 年的 94.80% 下降到 2010 的 94.41%,相应西北半壁的人口比重从 5.20% 上升到 5.59%[①],两部分的人口比重未发生根本性变化。这一研究又一次证明胡焕庸线揭示出的人口分布规律仍然清晰呈现,这一基本的人口分布格局历经沧桑,基本未变。

二、自然地理区位因素的影响

自然地理区位因素通过对人类生存、生产的约束,影响和制约区域的人口容量和人口规模,进而影响和制约区域人力资源集聚和人力资本积累。

(一)自然环境条件的制约

中国人口这种相差悬殊、长期不变的人口地理分布格局,与自然环境、自然资料条件的制约是分不开的。由地形地貌、植被、气候和水文等自然因子构成的人居环境,表征了区域人口发展的自然本底和环境基础。人居环境的自然适宜性不仅直接关系到人的身心健康和生活质量,而且影响人类社会进步与人类发展水平。无论社会进化到何种程度,自然环境和自然资源始终是人

---

① 陈明星,李扬,龚颖华,陆大道,张华.胡焕庸线两侧的人口分布与城镇化格局趋势[J].地理学报,2016(2):179—193.

类繁衍生息的场所和基础,是人口再生产得以进行的空间条件和物质条件,是影响人口地区分布的重要因素,乃至某种意义上的决定性因素。

来自自然环境条件的制约。首先是地质构造和地形因素的影响。世界上海拔最高的喜马拉雅山雄踞中国西南,在它的北面有昆仑山、天山,东面有横断山、横断山北面是巴颜喀拉山、阿尼玛卿山、祁连山,最西面边界处则是世界最高的高原——帕米尔高原。这一系列高山、高原形成人们称之为"世界屋脊"的青藏高原。青藏高原以北由东向西是河西走廊、宁夏和内蒙古西部、新疆全部,多是戈壁、沙漠。研究表明,海拔高度与人口居住数量成反比。中国国土中,山地占 33.3％,高原占 26.0％,两项相加占到 59.3％,主要集中在西部地区,这是造成西部人烟稀少的重要原因。其次,气候因素的影响。一是平均气温。据《中国统计年鉴》的历年数据,华北平原年平均气温在 13℃～16℃之间,属于温暖带季风气候;长江中下游流域及以南地区在 16℃～18℃ 和 18℃以上,属于亚热带季风气候;而青藏高原和黑龙江北部只有 6℃～9℃。年积温过低、无霜期短不利于农作物生长和人类生活活动,人口密度较低。二是降水量。西北内陆年平均降水量只有 100～200 毫米,其中本来可以居住和生存更多人口(按人口分布"等高线"划分)的塔里木、柴达木盆地等,因年降水量在 25 毫米以下,主要靠积雪灌溉,严重限制了人口居住的数量。干旱和半干旱地区占到全部国土面积的 53％,主要分布在西北地区。中国水资源承载力由南向北、由东南向西北逐渐降低,区域差异明显。西北地区,除去黄河上游地区、三江源地区和藏东南-横断山区外,水资源承载密度多在每平方公里 100人以下,是该区域人口密度低的最主要原因。

来自自然资源因素的制约。土地特别是耕地是人类生存的命脉,但中国西部地区平原少,耕地大多为丘陵和山地,或处于高山高寒地带,或者水资源缺乏,土地的人口承载量很低。东部有东北、华北两大平原,以及淮河流域、长江流域、闽江流域、珠江流域等长期形成的冲积平原,雨水充沛,光照充足,利于农作物生长,人口十分集中,形成高人口密度区,同西部形成巨大反差。介于西部和东部之间的中部地区,具有明显的过渡性质:平原和山川河谷地带人口相当集中,丘陵和山地人口则比较稀疏,土地的决定性作用更为突出。虽然西部地区森林、草场资源不少,但是由于缺少雨水,草原畜载量不高。2006 年由国家人口和计划生育委员会组织开展,有中央党校、国家发改委、国务院研究室、中国科学院、中国社会科学院、北京大学等机构研究力量参与的《人口发展功能区研究》基于人粮关系、人水关系系统分析了中国土地资源、水资源的承载力,表明中国土地资源承载力由东南向西北逐渐降低,地域差异明显。西北地区,除去河套平原、河西走廊和天山南北麓等河谷绿洲外,人口承载密度多在每平方公里 25 人以下,存在大面积的无人区。西北干旱区、青藏高原、黄土高原、云贵高原,人地、人粮关系紧张。该研究基于地形起伏度、地被指数、气候适宜度和水文指标的人居环境自然适宜性评价表明,我国人居环境指数(HEI)①由东南向西北、由河谷平原向高原山地逐渐降低,人居环境限制性逐渐增强、适宜性逐渐降低。由此将全国划分为人口限制区、人口疏散区、人口稳定区、人口集聚区 4 类人口发展功能区,其中人口限制区和疏散区均属国家生态屏障区。②

(二)生态保护与经济开发的"两难"困境

西部地区绝大部分地处我国生态屏障区。国家生态屏障区是指西起青藏高原和云贵高原,途经黄土高原和内蒙古高原,东抵大小兴安岭,横跨西藏、青海、四川、重庆、云南、甘肃、宁夏、陕西、内蒙古、黑龙江等省区市,地处地理第一、第二阶梯,位于长江、黄河、珠江等大江大河上中游的广大地区,是保障国家生态安全、负责提供全国性生态产品的区域。西部地区地处中国的"上风上水",不仅是长江、黄河、珠江、澜沧江等大江、大河的发源地,从西北往东南的主导大气环流,也影响和决定着我国大部分的大气环境质量。整个西部又是我国重要的能源安全支撑区、矿产和生物能源战略储备区和水源涵养区,在全国范围内发挥着重要的防风固沙、土壤保持功能,独特的生物多样性维护功能,不可或缺的环境净化与气候调节功能以及突出的水源涵养功能,在全国生态安全与可持续发展格局中居于关键的战略地位。

---

① 说明:人居环境指数(HEI)由地形起伏度、地被指数、气候适宜度和水文指数等自然因素构成,是反映不同地区人居环境自然适宜程度的综合指标。HEI 在 0~20 为不适宜地区,20~40 为临界适宜地区,40~60 为一般适宜地区,60~80 为比较适宜地区,80~100 为高度适宜地区。

② 国家人口和计划生育委员会发展规划与信息司.人口发展功能区研究[M].北京:世界知识出版社,2009:5-9.

然而西部地区也是我国的生态脆弱地区,由于过去长期超负荷开发,生态系统已变得非常脆弱,直接威胁国家生态安全。虽然自西部大开发战略实施以来,大规模的生态建设工程已经基本遏制了西部生态恶化的趋势,但西部生态本底脆弱的状态仍没有明显改变(刘卫东,等,2016)。除了黄土高原生态系统出现显著恢复态势外,西南地区的石漠化和水土流失问题,西北地区的草地退化、沙化和盐渍化问题以及青藏高原的草地退化、雪线上升和湿地萎缩问题等,仍然十分严峻。生态环境问题突出表现在:一是河流环境容量有限,水土流失问题严重。西部内陆河区用水已达极限,众多湖泊大幅萎缩甚至干涸,水源涵养等生态服务能力严重衰退。河西走廊、天山北坡中段和吐哈盆地的水资源利用率超过95%,普遍存在地下水过度使用和超采的问题。长江流域水土流失面积从 20 世纪 50 年代的 36 万平方公里增加到 90 年代的 56 万平方公里,其中 91% 在中上游地区。西部地区 60% 以上的土地已经出现水土流失。处于长江中上游的四川、云南、重庆天然森林大幅度减少,森林生态功能明显下降,更加加剧了水土的流失。二是土地荒漠化、石漠化范围扩大。全国沙漠化土地面积达 169 万平方公里,西部地区约占 95%。全国土地沙化以平均每年 2460 平方公里的速度扩展,大都发生在西部地区。全国已有 1/4 以上土地出现荒漠化,其中 95% 以上集中在西部地区的 7 个省区。三是草地退化迅速。由于过度开发、过度放牧、地下水位下降、草原鼠害等问题,川北、甘南、内蒙古大部的草场退化更加突出,草群变矮、产量下降、劣质杂草及毒草大量滋生,草地承载力下降,抗灾减灾能力降低。黄河源头地区,中度以上退化草场面积占可利用草场面积的 68%,草场退化速率比 20 世纪 70 年代增加 1 倍以上。四是雪线上升,冰川加速融化。冰川融化是全球变暖形势下难以避免的趋势,但青藏高原冰川更为脆弱,其冰川大多处于高海拔低纬度地区,意味着冰川对气候变化尤为敏感,冰川面积已从 20 世纪 70 年代的 53005 平方公里退缩为目前的 45045 平方公里。[①]

　　自实施西部大开发战略以来,西部地区经济发展进入"快车道",地区生产

---

　　① 资料来源:胡新,惠调艳,郑耀群.西部大开发中区域产业转移与产业升级[M].北京:社会科学文献出版社,2015:418-419;姚檀栋,秦大河,沈永平,等.青藏高原冰冻圈变化及其对区域水循环和生态条件的影响[J].自然杂志,2013,35(3):179-186.

总值年均增长速度快于全国总体水平。但从支撑西部地区经济快速增长的产业结构看,大部分产业是属于能源或资源消耗型的传统产业,必须以当地的化石能源、生物资源、矿产资料为其发展基础。然而其粗放型的经济增长方式对资源环境造成极大压力,这些产业又具有高耗水、高耗能、产生高污染物的"三高"特点,面临着水资源、水环境、大气环境、固体废弃物处理等较为严峻的生态限制。2012 年西部地区万元生产总值能耗仍高达 1.27 吨标准煤,分别比全国平均水平和东部地区高 22.1% 和 81.4%,2013 年西部万元生产总值能耗 1.03 吨标准煤,同期东部地区为 0.48 吨标准煤。① 这种以资源及生态环境为代价换取经济增长的方式严重制约着西部地区的长期可持续发展及生态文明的建设。与此同时,西部诸多省区的化石资源及矿产资源富集区又往往是重要的生态保护或生态敏感单元,大规模的矿产资源开发极易引发各类生态问题并加速生态环境恶化,对区域生态功能的安全构成威胁。一方面,西部地区要与全国同步实现全面小康,加快经济发展步伐,尽快缩小与东部地区的差距;另一方面,西部地区自然生态环境条件、长期过度人为开发导致的生态脆弱性,决定了西部生态环境对经济发展的支持能力具有明显的局限性和硬约束性。西部地区面临生态保护和经济增长的"两难"困境。而经济发展水平是影响和引导就业人口集聚和流动的关键因素,西部地区的"两难"困境在很大程度上制约了地区人力资源的集聚和人力资本的积累。

三、西部开发的历史与局限

出于经济、政治、军事等的需要,我国西部历史上经历多次开发,具有悠久的开发历史。中华民族的重要发祥地——黄河流域,历史上自然生态环境良好、经济文化富庶繁荣,是周、秦、汉、唐等 13 个王朝的政治、经济、文化中心。据考古发现和文献记载,渭河流域、成都平原、河西走廊均有上千年的开发历史。著名的架起东西方经贸往来和不同文明交流桥梁的丝绸之路,东起长安,经河西走廊,向西延伸到地中海西岸和小亚细亚,是中国古代经由中亚通往南亚、西亚以及欧洲、北非陆上贸易交往的通道,是我国历史上西部开发的最好

---

① 魏后凯.西部大开发"十三五"总体思路研究[M].北京:经济管理出版社,2016:31.

见证。在唐朝,各民族进一步融合,疆域更广阔开拓,政治制度与思想文化的整合,使得唐王朝凝聚了极大的力量,生产发展、商业繁荣、文化昌盛。然而自唐代中期以后,由于安史之乱、五代十国以及宋末元初、明末清初的几次大战乱,民不聊生,人口开始向东部、南部迁移,丝绸之路受阻而海运迅速发展,东西方经济文化交流的主渠道开始由陆路转向了海路,加之过度垦殖、滥砍滥伐、水利失修等人为因素,西部地区的经济开始衰落。尽管以后几个朝代对西部地区实施过一些开发措施,如开荒屯田、新修水利等,但主要目的在于戍边、守护疆土。如明初开始,为防止边疆地区少数民族叛乱设置边防卫所以及"军户",大规模的边防军进入西北地区,形成了明初的移民大潮。由于几次开发的目的很少着眼于经济发展,西部地区经济发展的基础和活力日益削弱。即使在近代抗日战争时期,我国东部、中部地区迅速沦陷,西部地区成为国民政府抵御侵略的重要支撑,工业、军事、学校等大量西迁,国民政府对西部十分落后的交通进行建设,但这样的西迁和建设,也是为了应对当时战争的需要。一旦战争结束,政治、经济中心马上迁回东部,西部地区的经济社会发展又陷入萎缩状态。

新中国成立后,国家对西部开发进行了积极探索,在全面考虑生产布局、战略资源开发和国防需要的基础上,在西部地区进行了一系列建设,通过"一五"时期、"三线建设"时期的开发,特别是改革开放新时期的经济建设,初步奠定了现代工业和科技基础,为进一步发展提供了一定的物质基础(曾培炎,2010)。

20世纪50年代中期,在广泛调查研究和吸取苏联经验教训的基础上,毛泽东在其《论十大关系》中指出,由于历史原因,我国工业生产力布局70%以上集中于沿海,处理好沿海工业和内地工业生产力布局不平衡的关系、处理好汉族和少数民族的关系,是事关社会主义建设大局的重大问题。事实上,在新中国成立之初,整个国民经济中近代工业的比重只有10%[1],西部地区基本没有现代工业基础。在国民经济发展极度不平衡的背景下,国家开始实施平衡发

---

① 数据来源:陆大道,薛凤旋.2000年中国区域发展报告(西部开发的基础政策与态势分析)[M].北京:商务印书馆,2001:24.

展战略,在"一五""二五"时期将生产力布局大规模向西推进,即开始了新中国成立以来的第一次"西部开发"。"一五""二五"计划的重心都是工业建设,在计划经济体制和平衡发展思路下,国家投资和生产力布局均开始向东北和中西部落后地区推进。全国建立了一批为国家工业化所必需而过去又非常薄弱的基础工业,其中很多就布局于西部地区,如玉门油田成为我国第一个石油工业基础,兰州炼油厂和兰州化工厂被誉为"共和国石油化工的摇篮"。在重点项目建设的基础上,西部地区形成了以西安、兰州、成都等城市为依托的新兴工业基地。随着青藏、川藏、新藏等公路和成渝、宝成等铁路相继修成,钢铁、有色金属、大型水电、机械工业和煤炭开采等基地纷纷建立。新中国成立后的第一次"西部开发",为西部地区打下了现代工业的基础,尤其是电力、机械、电子、航天等重工业在西部地区得到快速发展。

进入 20 世纪 60 年代后,我国面临的国际政治环境发生了变化,特别是中苏关系恶化和美国全面发动对越战争,促使我国经济建设的指导思想从以解决吃、穿、用为中心向以备战为中心转变。国防安全和建立独立工业体系、以国防工业为主的大规模基本建设成为"三五"建设的主要目标,国家投资重点和生产力布局向"三线"地区转移。我国的"三线"地区,包括四川、贵州、云南、陕西、甘肃、青海、宁夏 7 省区的全部以及河南、湖北、湖南、山西 4 省的西部地区,成为我国重要的战略后方基地。动员和集中全国资源,在"三线"地区加快重要铁路干线、工业基地的建设,迁建和续建一批国防军工项目,这就是中国工业建设史上一次空前规模的"西迁",也是新中国成立以后的第二次"西部开发"。以后的事实证明,"三线"建设对于西部地区发展的实际作用已远远超过了当年的备战意义。从 1964 年到 1980 年,国家在"三线"地区累计投资 2000多亿元,工业固定资产原值增加 4 倍,建成国有企业近 3 万家,形成 45 个专业生产科研基地和 30 个各具特色的新兴工业城市[①],西部地区的工业生产能力大大增强,为长远发展打下了重要的物质技术基础。

1978 年,中央提出"两个大局"战略构想,其目的是为了使"一部分地区有条件先发展起来,一部分地区发展慢点,先发展起来的地区带动后发展的地

---

① 曾培炎.西部大开发政策回顾[M].北京:中共党史出版社、新华出版社,2010:33.

区,最终达到共同富裕"。在这一战略思路指导下,国家在东部地区实施一系列优惠政策,部分沿海城市率先对外开放,沿海地区经济得到快速增长。西部地区也进入了新的发展时期,"三线"地区的企业得到调整,一批军转民项目实施,农业得到支持和发展;革命老区、民族地区、边疆地区、贫困地区得到国家专项建设资金扶持;钢铁、有色金属、机械、航空航天、电力、煤炭、石油化工等特色工业基地得到进一步建设;兴建多个边境经济开发区,扩大西部省区与周边国家的经济技术交流,边境贸易得到发展,对外开放程度逐步提高。西部地区按照"两个大局"战略构想,为东部地区发展提供了有力支持。

改革开放后国家实施不平衡的区域发展战略,以效率优先为原则,使东部沿海地区率先进入快速发展时期,尤其是1992年社会主义市场经济体制的确立,东部沿海地区的优势更加突出。尽管国家在这一时期提出了区域协调发展战略,但尚处于启动阶段,并没有实质性的关于开发中西部地区的政策措施,国民经济发展越来越不平衡,东部沿海地区的辐射作用也不明显,对中西部地区经济的带动能力有限(赵昌文、鲍曙明,等,2013),使我国东、中、西三大区域的经济发展差距不可避免地迅速扩大。

四、经济发展水平的影响

经济发展水平是影响人口、人力资源地区分布的关键因素,区域发展战略与投资重心、区域经济总量和居民生活水平等都可能成为推动人力资源迁移流动的本质驱动力。

(一)东西部地区经济发展水平的巨大差距

尽管中国西部历史上经历过多次开发,具有悠久的开发历史,但由于历史动荡、朝代更迭、连年战乱等原因,并没有给西部经济发展打下比较扎实的基础。新中国成立后,特别是西部大开发战略的实施,才使西部经济社会建设呈现崭新的面貌,获得长足的发展。但由于原来基础差,尽管经济增长速度快于全国和东部地区,但与东部地区的差距仍不断拉大。

在经济总量上,西部地区生产总值(GDP)从2000年的16655亿元增加到2015年的145018亿元,年均增速达15.52%,高于同期全国、东部地区的年均增速13.79%和14.18%,位于四大区域之首,除四川、云南、甘肃、新疆的年均增速低于 15％以外,其余 9 个省区市均在 15％以上,贵州、陕西、宁夏、内蒙古在 17％以上。相应地,西部地区 GDP 在全国总量中所占的份额也从 16.79％提高到 21.05％。尽管如此,西部地区与东部地区经济总量差距也明显拉大,从 2000 年的 34366 亿元拉大到 2015 年的 227965 亿元,扩大了 5.6 倍。同样,西部地区人均 GDP 近 15 年的增长速度也明显快于全国和东部地区,西部地区人均 GDP 水平迅速提高,在 2000 年仅为东部地区的 39.61％,到 2015 年提高到 54.99％,但东西差距也从 2000 年的 7106 元拉大到 2015 年的 31965 元,15 年差距扩大了 3.5 倍,见表 8.1。

表 8.1　两个时点年全国、东西部地区经济发展水平比较

	GDP/亿元			人均 GDP/元		
	2000 年	2015 年	年均增长速度/％	2000 年	2015 年	年均增长速度/％
全　国	99215	689052	13.79	7858	50127	13.15
西部地区	16655	145018	15.52	4660	39054	15.23
东部地区	51021	372983	14.18	11766	71019	12.73
东西部地区差距	34366	227965		7106	31965	

数据来源:根据 2001 年、2016 年《中国统计年鉴》资料统计得出。

说明:全国为"国内生产总值",各地区为"地区生产总值"。

改革开放至今,由于东、西部地区经济发展悬殊,居民收入增长也呈明显的两极分化趋势,是引起人力资源大量流动的客观原因。西部地区城镇居民人均可支配收入从 2000 年的 5648 元增加到 2015 年的 26473 元,年均增长 11.01％,农村居民人均纯收入从 1661 元增加到 9093 元,年均增长 12.17％。近 15 年西部地区居民人均收入增长的速度快于或接近同期全国和东部地区的增长速度,生活质量得到明显改善和提高。但从绝对量比较看,东西部地区居民收入差距却在不断扩大。城镇居民人均可支配收入,从 2000 年的 2451 元扩大到 2015 年的 10218 元,农村人均纯收入从 2000 年的 1610 元扩大到 2015 年的 5204 元,15 年间分别扩大了 3.2 倍和 2.2 倍,见表 8.2。加利福尼亚大学的 C. Cindy Fan(2005)曾根据 1990 年和 2000 年中国人口普查数据,

运用数理统计方法对典型省份人口的省际迁移和东、中、西部的人口迁移状况、人口迁移对相关省份的生产总值、人均资本的影响进行对比分析,研究结论是:20世纪90年代,中国区域经济发展不平衡伴有省际人口迁移的增加以及集中性的人口迁移流动剧增,特别是从相对贫穷地区和西部省份向快速发展的东部地区的迁移。东西部区域间经济发展水平、居民生活水平的巨大差距对人口发生迁移流动的推动作用始终存在。

表8.2　两个时点年全国、东西部地区居民收入水平比较

	城镇居民人均可支配收入/元		年均增长速度/%	农村居民人均纯收入/元		年均增长速度/%
	2000年	2015年		2000年	2015年	
全　国	6280	31195	10.40	2253	11422	12.21
西部地区	5648	26473	11.01	1661	9093	12.17
东部地区	8099	36691	10.77	3271	14297	10.45
东西部地区差距	2451	10218		1610	5204	

数据来源:2001年、2016年《中国统计年鉴》。

(二)区域投资重心的变动

　　区域人力资源分布格局变动最关键的影响因素来自经济方面,主要表现为投资重心变动牵引人力资源空间分布格局重构。无论是一个国家还是一个区域,经济发展战略重点的地域转移必然会引起大规模的人力资源迁移,从而改变人力资源的空间分布格局,这在工业化初期表现尤为明显。已有研究表明,区域投资与收入的变化同人力资源规模和人力资源密度等表征人力资源空间变化的指标具有高度的相关性。随着区域的资本集聚与投资行为的增强,必然催生新的就业机会,使产业工人的数量增加,而劳动力在一定地域空间的集聚,不仅为资本的进一步集聚提供了重要的人力资源环境,而且随着集聚企业数量的增加,从事商业、贸易、交通运输、生活服务等活动的第三产业也会相应跟进,服务于第二产业的第三产业从业人员也将逐渐增多。因此,某些投资强度大的区域由于能够吸引更多的劳动力而使其人力资源规模不断膨胀,而另一些投资较少的区域则会由于吸引力不足而成为人力资源净迁出区,

导致区域人力资源规模逐步萎缩。可见,区域间投资强度的差异必然会改变人力资源的空间分布格局。

从日本的情况看,二战后大量投资涌向太平洋沿岸的东南部地区,全国的产业分布格局发生了较大变化,与此相对应的是,人口特别是乡村人口不断向太平洋沿岸的东南部大都市地区聚集,东南部人口所占比重不断上升,极大地改变了日本的人力资源分布格局;而从美国的情况看,20世纪70年代以后美国的经济发展重心逐步转向西南部的"阳光地带",产业布局在国土上也全面地由东向西转移,与此同时,美国人口重心也在由东向西转移。国外的情况表明,产业布局与人力资源分布的空间转移相互依赖、相互促进,中国同样如此。有研究发现,投资倾斜是80年代以来中国劳动力跨区域流动的重要导向因素,1985—1990年各省区劳动力流入量和1985—1989年全社会固定资产投资显著正相关(相关系数达0.7758),1990—1995年两者的相关系数达到0.9454(杨云彦,1999)。美国密歇根大学的Shuming Bao(2007)等运用中国1987年1%人口抽样调查和2000年人口普查数据,从投资和移民协作的角度对中国人口迁移特别是劳动力流动进行研究,研究结果表明,迁移目的地的固定资产投资和外国直接投资都会引起移民现象的增加。

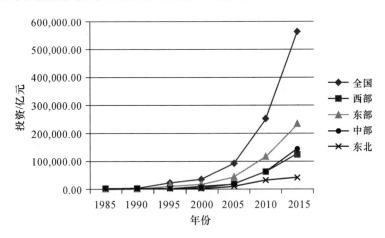

图8.1　全国及各大区域历年全社会固定资产投资情况

1978年改革开放,我国区域经济发展战略转变,非均衡发展战略促使东部地区在区位优势和政策优势的双重作用下率先发展,国家在东部地区的投资迅速增长。2000年以前,东部地区全社会固定资产投资从1985年的1094亿元增加到2000年的17485亿元,以年均4.76%的速度增长(快于全国3.80%的增长速度),占全国总资产投资的比重从1985年的43.01%提升到2000年的53.12%。同期,西部地区全社会固定资产投资增长速度为3.17%(低于全国总体水平),占全国总资产投资的比重从19.24%下降到18.56%。2000年西部地区投资总额6111亿元,是东部地区投资总额的34.95%,比1985年下降了10个百分点(图8.1)。投资必然带动就业,东部沿海地区就业吸引力迅速增强,推动了中西部地区大规模劳动力流向东部沿海地区流动,人力资源空间分布格局发生巨大变化。

2000年西部大开发战略开始实施,国家在规划指导、政策扶持、资金投入、项目布局等方面,加大了对西部地区的支持倾斜力度。在2001—2005年间,中央向西部地区投入财政性建设资金累计约4600亿元,财政转移支付和专项补助累计5000多亿元,长期建设国债1/3以上用于西部地区,国家投入也带动了社会投入,促进了西部地区投资建设和经济发展。[①] 2013年国家提出"一带一路"倡议,更给西部地区带来了前所未有的发展机遇,国家、社会对西部地区的投入力度进一步增强。西部地区全社会固定资产投资从2000年的6111亿元增加到2015年的126064亿元,以年均22.36%的速度增长(快于全国20.82%的增长速度),占全国总资产投资的比重从2000年的18.56%提升到2015年的22.43%。同期,东部地区全社会固定资产投资增长速度为18.81%(低于全国总体水平),占全国总资产投资的比重从53.12%下降到41.30%。2015年西部地区全社会固定资产投资总额是东部地区投资总额的54.31%,比2000年上升了近20个百分点(图8.1)。与此同时,西部地区也逐步呈现出人口集聚能力增强、外出劳动力陆续回流的新态势。

人口迁移流动的"推力-拉力"理论能够很好地解释中国西部地区大量人力资源向东部地区迁移流动的本质原因。该理论认为,每一个地区同时存在某些吸引人的因素和某些排斥人的因素,包括自然环境因素、经济因素、社会

---

① 王金祥,姚中民.西部大开发重大问题与重点项目研究(综合卷)[M].北京:中国统计出版社,2006:3-4.

因素、婚姻家庭因素等,人口迁移正是这些因素综合作用的结果。人口发生从农村向城市迁移流动,从贫困地区向发达地区的迁移流动,是在城市与农村、发达地区与贫困地区之间经济、社会、环境条件的巨大差异所产生的拉力和推力共同作用下发生的。东、西部地区存在经济发展水平的巨大差异,在比较利益的驱动下,西部地区劳动力向东部地区快速流动成为必然的选择。这种空前规模的劳动力大流动,无论对西部地区还是对东部地区的经济发展,已产生并将继续产生深刻的影响。

五、"一带一路"倡议带来的机遇与挑战

"一带一路"倡议把西部地区推到了我国扩大对外开放、融入区域经济一体化和经济全球化的前沿阵地,人力资源开发建设不仅面临着崭新机遇,也面临着巨大挑战。

(一)"一带一路"倡议需要综合外向型人才

"一带一路"贯穿亚、欧、非三个大陆,"丝绸之路经济带"从中国西北经中亚、西亚、俄罗斯至波斯湾、地中海、欧洲,"21世纪海上丝绸之路"从中国沿海港口经过南海到印度洋,延伸至欧洲、南太平洋。"一带一路"所经国家众多,空间辽阔,地理、民族、历史、文化、宗教、政治差异极大,国与国、民族与民族、历史与现实、宗教与宗教及其各派别等,相互纠缠上千年,国情民意极为复杂,使"一带一路"倡议面临诸多风险考验。同时,倡议实施过程中可能涉及安全、市场、工程、宗教、社会、文化等诸多方面的具体问题,要在复杂的环境当中顺利开展工作、实现规划,既需要某一领域的行家里手,也需要不仅了解国内外市场经济运行规律、熟悉国际规则和惯例,还了解各国、各区域的历史、文化、风俗,具有国际视野,并能参与国际竞争的高素质综合外向型人才。

(二)新经济增长极将对人才、人力资源产生集聚效应

"一带一路"倡议使西部地区成为我国向西开放的窗口,具有连接单个或多个区域的地缘优势,能够更有效地聚集与扩散各种经济要素:借助"丝绸之路经济带"平台扩大向西开放,将促进西部地区外向型经济的发展,经济活跃度将大大提升。随着互联互通基础设施条件的改善,西部地区,特别是主要节点城市成为新的经济增长热点区域和增长极;沿线节点城市在"一带一路"建

设中将发挥重要的支点作用。西安、重庆、兰州、乌鲁木齐等重要的节点城市，将着力打造在传统产业优化升级、新兴产业创新发展中推动产业、要素、人才集聚的经济带核心城市，提高和增强在亚欧大陆桥和丝绸之路经济带上的首位度和辐射带动作用；西部地区将承担国家城镇化发展的重任。2014年国家政府工作报告就提出"三个一亿人"问题，其中第三个一亿人是引导约一亿人在中西部地区就近城镇化。可以预见，随着"一带一路"倡议的推进，节点城市的交通、民生保障等基础设施加快建设，将极大改善西部地区的发展条件与生活环境，农业人口就近就地城镇化趋势进一步增强。

（三）承接东部产业转移亟须提升西部人力资源水平

区域间的产业转移既符合产业发展的规律，也是提高资源的配置效率，实现区域协调互动和统筹发展的重要路径。"一带一路"倡议倒逼西部地区产业升级，承接东部产业转移是加快西部工业化进程，推动产业转型升级的重要途径。我国东、中、西部地区产业合作、转移情况虽然已由最初以农业、能源、重工业等资源依赖及劳动力依赖型产业合作为主，逐渐扩大到高新技术领域和利用中西部地区优势资源建立特色产业，但产业转移仍有许多阻碍因素，除了区域经济发展梯度、区域产业发展能力、区域政府合作机制的制约外，更重要的还有西部地区人才短缺、人力资源水平不高，大量劳动力集聚于产值低、效能低、科技依赖性低的行业等人力资本结构性问题。

（四）区域协同增强将推进人才、人力资源的区域共享

相对于以往的区域发展战略（如西部大开发、东北振兴和中部崛起等），"一带一路"倡议更强调区域之间、不同板块之间的互动合作，通过经济纽带将各区域联系在一起，通过市场的力量促进区域之间的互动，达到协调发展、协同发展、共同发展的目的。区域协同的本质是将各区域所拥有的资源要素有效汇聚，突破区域间的行政壁垒，充分释放彼此间人才、资本、信息等要素活力，从而实现区域间的深度合作。人才、人力资源作为经济发展最活跃的资源要素，推动人才、人力资源在区域之间的自由流动、合作共享，是确保区域间深度合作、实现协同发展的关键。我国东、西部区域经济社会发展水平和区域产业布局定位不同，很大程度上导致了区域人才吸引力差距过大和人才、人力资源分布不平衡。随着"一带一路"倡议逐步推进，区域政策不断创新，地区封锁

和利益藩篱将被逐步突破,内外联动、区域协同不断增强,区域间的人力资源合作开发、人才合作共享势在必行。

(五)产能"走出去"将对西部人力资源配置产生影响

国际产能合作、对外投资、跨境产业园建设是"一带一路"倡议的重点内容。2015年5月,国务院发布《关于推进国际产能和装备制造合作的指导意见》,阐述了推进国际产能和装备制造合作对促进当前中国经济和产业发展的重要意义,并在专项财税支持政策、融资支持、中介机构、政府服务等方面都有突破,鼓励企业走出国门寻找新的市场和投资机会,为企业新一轮"走出去"创造条件、保驾护航。产能"走出去"必然伴随装备、技术、管理与标准的输出,中国依靠自己的优势产能和管理模式,不仅可以把生产线迁移至东道国,也可以在东道国就地建设产业园区,进行资源深加工,延长产业链和价值链,并带动双方中小企业和配套产业发展。这样的"走出去"思路,不仅将带动中方人员跨境到东道国务工、经商,更是为东道国创造了大量的就业机会,走出国门的生产线、产业园区、产业链必将集聚当地大量劳动力,吸引当地相应人才的加盟。

第九章　西部地区人才建设与创新能力

"十三五"是西部地区完成全面建成小康社会的重要阶段,依靠科技创新是实现这一目标的必要途径和技术保障。人才与创新是一对不可分割的"孪生兄弟",重视西部地区人才队伍建设,提升创新能力,夯实地区发展潜力与后劲,增强国际竞争力和影响力,将直接关系到西部地区在"一带一路"建设中发挥应有作用,直接关系到西部地区高质量全面建成小康社会。

一、西部地区人才资源现状

《国家中长期人才发展规划纲要(2010—2020年)》对人才的定义是:人才是指具有一定的专业知识或专门技能,进行创造性劳动并对社会做出贡献的人,是人力资源中能力和素质较高的劳动者。自实施西部大开发战略以来,中央和地方政府逐步改革和完善西部地区人才队伍建设和发展的政策、制度,不断加大投入,有效地促进了西部地区的人才建设。由于受数据资料的限制,本研究仅从"受过大专及以上教育的人才""五类人才""三类人才"三个维度说明西部地区人才资源现状与开发成效。

(一)受过大专及以上教育的人才情况

根据全国2000年、2010年人口普查资料和2016年《中国统计年鉴》相关数据,本研究对2000年以来西部地区受大专及以上教育的人才的情况进行分析。

1.人才数量稳步增长

2000年以来,西部地区受过大专及以上教育的人才数量稳步增长,从2000年的1016.21万人增加到2010年的2699.00万人、2015年的4099.84

万人①,15 年间净增 3083.63 万人,年均增长率为 9.75%,快于全国 9.45%的增长速度。西部地区拥有大专及以上教育程度的人才数量占全国的比重也从 2000 年的 23.09%提高到 2015 年的 24.04%。

比较西部地区各省区市的情况。从拥有人才的数量看,2000—2015 年间,四川、陕西、广西、云南、内蒙古 5 省区拥有大专及以上教育程度的人才数量在西部地区一直保持在前 5 位,2000 年 5 省区人才规模之和占西部地区的 65.09%,2010 年占 63.79%,2015 年占 65.43%。宁夏、青海、西藏则一直处于末三位,2000 年、2010 年、2015 年 3 省区人才规模之和仅占西部地区的 3.87%、4.58%和 4.19%。从人才增长的速度看,15 年间各省区市都有较大幅度增长,其中增加最多的是四川省,净增 647.54 万人,其次是陕西省,净增 450.08 万人。净增量最低的是西藏,仅 17.79 万人。内蒙古、重庆、四川、云南、西藏、甘肃、宁夏 7 个省区市的人才数量年均增长率均大于或等于西部地区总体水平,虽然西藏人才总量最低,但其增长速度却是西部地区最快的。广西、贵州、陕西、青海、新疆 5 省区的年均增长率均低于西部地区总体水平,见表 9.1。

表 9.1　三个时点年全国及西部地区受过大专及以上教育的人才数量的增长情况

		2000 年		2010 年		2015 年		2000—2015年净增量/万人	2000—2015年年均增长率/%
		规模/万人	占比/%	规模/万人	占比/%	规模/万人	占比/%		
全国		4402.00		11837.50		17054.80		12652.80	9.45
西部地区		1016.21	100.00	2699.00	100.00	4099.84	100.00	3083.63	9.75
西部各省区市	内蒙古	89.01	8.76	252.28	9.35	384.01	9.37	295.00	10.24
	广西	104.70	10.30	275.10	10.19	401.14	9.78	296.44	9.37
	重庆	86.04	8.47	244.51	9.06	357.78	8.78	271.74	9.97
	四川	203.90	20.06	536.70	19.89	851.44	20.77	647.54	10.00

① 说明:《中国统计年鉴》中 2015 年受过大专及以上教育的人数为 1‰人口抽样调查数据,本研究的总量是根据抽样比推算而得。

续　表

		2000 年		2010 年		2015 年		2000—2015年净增量/万人	2000—2015年年均增长率/%
		规模/万人	占比/%	规模/万人	占比/%	规模/万人	占比/%		
西部各省区市	贵州	67.52	6.64	185.33	6.87	273.35	6.67	205.83	9.77
	云南	85.25	8.39	263.61	9.77	417.33	10.18	332.08	11.16
	西藏	3.35	0.33	16.48	0.61	21.14	0.51	17.79	12.94
	陕西	178.60	17.58	394.00	14.60	628.68	15.33	450.8	8.75
	甘肃	67.19	6.61	192.33	7.13	304.74	7.43	237.55	10.60
	青海	15.61	1.54	48.51	1.80	56.82	1.38	41.21	9.00
	宁夏	20.30	2.00	58.66	2.17	93.76	2.29	73.46	10.74
	新疆	94.74	9.32	231.49	8.58	309.65	7.55	215.00	8.22

数据来源:2000 年和 2010 年根据全国和各省区市 2000 年、2010 年人口普查表数据整理计算得出;2015 年根据《中国统计年鉴 2016》数据推算得出。

2.人才质量稳步提升

2000 年以来,西部地区大专及以上教育程度人才中,本科、研究生学历的比重不断提高,人才质量稳步提升。2000 年,受教育程度为专科、本科和研究生的比重分别为 68.3%、30.4%和 1.4%,2010 年三项比重分别为 61.0%、36.5%和 2.5%,2015 年分别为 51.69%、44.78%和 3.53%,本科、研究生的比重明显提高,学历结构层次得到改善。

从西部地区内部来看,各省区市在这 15 年间,本科、研究生的比重均不同程度提高,人才学历结构层次得到明显提升,其中变化幅度最大的是西藏,大专比重下降了 20.69 个百分点,本科比重提高了 20.9 个百分点。陕西是研究生比重提升最快的省份,也是人才受教育程度最高的省份,见表 9.2。

表 9.2　三个时点年全国及西部地区大专及以上教育程度人才学历构成

单位:%

	2000 年			2010 年			2015 年		
	大专	本科	研究生	大专	本科	研究生	大专	本科	研究生
全国	65.85	32.15	2.00	58.01	38.47	3.52	51.14	44.46	4.40

续 表

地区		2000 年			2010 年			2015 年		
		大专	本科	研究生	大专	本科	研究生	大专	本科	研究生
西部地区		68.25	30.38	1.37	61.03	36.47	2.50	51.69	44.78	3.53
西部各省区市	内蒙古	72.91	26.30	0.79	63.51	34.69	1.80	53.14	44.81	2.05
	广西	72.54	26.34	1.12	63.04	34.73	2.23	52.52	45.51	1.97
	重庆	64.58	33.71	1.71	56.20	40.49	3.31	55.22	41.67	3.11
	四川	67.29	30.89	1.82	60.47	36.59	2.94	54.15	43.41	2.44
	贵州	68.88	30.51	0.61	61.22	37.18	1.60	51.09	47.70	1.21
	云南	67.71	30.88	1.41	59.69	38.09	2.22	51.05	44.56	4.39
	西藏	69.27	29.72	1.01	56.70	41.29	2.01	48.60	50.60	0.80
	陕西	61.53	36.27	2.20	59.94	36.54	3.52	44.35	47.01	8.64
	甘肃	69.56	29.13	1.31	60.88	36.72	2.40	52.50	44.94	2.56
	青海	69.71	29.68	0.61	60.61	37.80	1.59	49.96	46.08	3.96
	宁夏	67.61	31.78	0.61	61.21	37.19	1.60	49.97	48.01	2.02
	新疆	74.05	25.30	0.65	65.90	32.45	1.65	54.53	42.59	2.88

数据来源:国务院人口普查办公室、国家统计局人口与就业司编《中国 2000 年人口普查资料》《中国 2010 年人口普查资料》,以及《中国统计年鉴 2016》。

根据以上分析,2000—2015 年的 15 年间,西部地区受过大专及以上教育的人才的变动特点为:

其一,在规模变化上,西部地区人才数量稳步增加,增速快于全国平均水平,在全国所占比重也有所提升;在质量提升上,人才平均受教育年限增加,学历结构层次得到改善,人才质量有所提升。

其二,在西部地区 12 个省区市中,拥有大专及以上教育程度人才数量最多的前 5 位始终是四川、陕西、广西、重庆、内蒙古 5 个省区市,而宁夏、青海、西藏始终处于末三位。15 年间人才数量增加最快的是西藏,内蒙古、重庆、四川、云南、西藏、甘肃、宁夏人才增速均快于西部地区的总体水平。

其三,在西部地区 12 个省区市中,陕西人才的学历结构层次、平均受教育年限一直保持在前列,人才质量较高。而西藏则是西部地区人才学历结构层次、平均受教育年限提升最快的自治区。

其四,综合大专及以上教育程度人才的规模、质量、增加速度等,重庆、陕西、四川 3 省市是西部地区拥有人才资源比较丰富、质量较好的省份。15 年间西藏的人才规模、人才质量得到显著增加和改善。

(二)五类人才的总体情况

人才强国战略已经成为中国经济社会发展的一项基本战略,改革开放以来我国的人才发展取得显著的成就,人才队伍不断壮大,其中包括党政人才、企业经营管理人才、专业技术人才、高技能人才以及农村实用人才在内的五类人才的队伍建设不断加强。鉴于资料的情况,本部分主要利用中共中央组织部《中国人才资源统计报告 2010》发布的数据资料对西部地区五类人才的总体发展情况进行分析。

从五类人才的规模看,2010 年西部地区五类人才资源总量为 2231.30 万人,占全国五类人才总量的 18.34％。其中,四川人才资源规模最大,占西部人才资源的 19.61％,其次是广西、陕西和云南,分别占 12.36％、12.35％和 11.83％。重庆则是西部地区每万人口人才数量最高的省份,其次是内蒙古、西藏和陕西。综合五类人才总量和人才密度,陕西、重庆、四川和内蒙古拥有较为丰富的人才资源,见表 9.3。

表 9.3　2010 年全国及西部地区五类人才资源总量和密度

		五类人才资源总量/万人	占西部地区比重/％	每万人口人才数/人
全国		12165.4	—	907.25
西部地区		2231.3	100.00	618.62
西部各省区市	内蒙古	185.2	8.30	749.19
	广西	275.8	12.36	598.26
	重庆	242.4	10.86	840.21
	四川	437.6	19.61	543.94
	贵州	148.0	6.63	425.41
	云南	264.0	11.83	573.66

续　表

		五类人才资源总量/ 万人	占西部地区比重/ %	每万人口人才数/ 人
西部各省区市	西藏	22.3	1.00	743.33
	陕西	275.6	12.35	737.88
	甘肃	151.4	6.79	591.41
	青海	33.0	1.48	586.15
	宁夏	45.5	2.04	718.80
	新疆	150.5	6.74	688.79

数据来源:根据中共中央组织部《中国人才资源统计报告 2010》(中国统计出版社,2012年)表 1-2 和 2010 年西部各地区第六次人口普查资料整理计算得出。

从每万名劳动力中的研发人员情况看,2010 年陕西每万名劳动力中研发人员的指标最高,为 37.5 人年,也是西部地区唯一高于全国总体水平(33.6 人年)的省份,其次是内蒙古(20.9 人年)、宁夏(19.6 人年)、重庆(19.4 人年),但是与陕西存在较大差距。见表 9.4。

从高技能人才占技能劳动者比例看,2010 年重庆高技能人才占技能劳动者比例最高,为 26.5%,也是西部地区唯一高于全国总体水平的地区,其次为四川(25.0%)、陕西(24.5%)和甘肃(21.3%),但是均低于全国总体水平(25.6%)。见表 9.4。

从主要劳动年龄人口受过高等教育的比例看,2010 年新疆主要劳动年龄人口受过高等教育的比例在西部各省区市中最高,为 15.7%,其次为陕西(14.5%)、宁夏(14.1%)、内蒙古(13.6%)、青海(12.9%)和重庆(12.8%),并且均高于全国总体水平(12.5%)。见表 9.4。

表 9.4　　2010 年全国及西部地区人才发展情况

		每万劳动力中研发人 员指标/人年	高技能人才占技能劳 动者比例/%	主要劳动年龄人口受过高等 教育的比例/%
全国		33.6	25.6	12.5
	内蒙古	20.9	20.9	13.6
	广西	11.5	16.0	9.4

续　表

		每万劳动力中研发人员指标/人年	高技能人才占技能劳动者比例/%	主要劳动年龄人口受过高等教育的比例/%
西部地区	重庆	19.4	26.5	12.8
	四川	16.8	25.0	10.0
	贵州	6.3	19.4	9.0
	云南	8.0	18.6	8.7
	西藏	7.2	20.0	8.7
	陕西	37.5	24.5	14.5
	甘肃	15.1	21.3	11.4
	青海	16.5	13.5	12.9
	宁夏	19.6	14.1	14.1
	新疆	16.9	19.6	15.7

数据来源:根据中共中央组织部《中国人才资源统计报告2010》(中国统计出版社,2012年)表1-2整理。

从人力资本投资情况看,2010年西部地区各省区市中,四川的人力资本投资总量最高,为2307.6亿元,其次为陕西(1461.8亿元)、重庆(1013.2亿元)和广西(1008.0亿元)。西藏的人才资本投资仅有83.2亿元,是四川投资额的3.61%,青海、宁夏也在215亿元左右,与其他省区市差距较大。从人力资本投资占GDP的比例看,除内蒙古,2010年其他11个省区市的投资比例均大于或等于全国总体水平(12.0%),其中最高的是贵州,为19.6%,比全国总体水平高7.6个百分点,最低是广西,与全国总体水平持平。见表9.5。

从人才贡献率看,2010年重庆的人才贡献率在西部地区最高,为19.9%,但依然低于全国总体水平(26.6%)6.7个百分点,其次为四川(16.0%)、内蒙古(13.9%)和陕西(11.2%),西部地区各省区市人才贡献率均低于全国总体水平。见表9.5。

表 9.5　2010 年全国及西部地区人力资源投资及人才贡献率

		人力资源投资		人才贡献率/%
		总量/亿元	占 GDP 比例/%	
全国		47328.3	12.0	26.6
西部地区	内蒙古	944.0	10.2	13.9
	广西	1008.0	12.0	8.6
	重庆	1013.2	13.1	19.9
	四川	2307.6	15.0	16.0
	贵州	740.8	19.6	7.6
	云南	975.2	14.2	6.7
	西藏	83.2	15.5	5.8
	陕西	1461.8	17.7	11.2
	甘肃	707.1	19.4	6.5
	青海	212.5	18.4	6.1
	宁夏	218.1	17.2	8.9
	新疆	715.1	15.6	7.9

数据来源:根据中共中央组织部《中国人才资源统计报告 2010》(中国统计出版社,2012年)表 1-2 整理。

上述六项人才发展指标分别反映了西部各省区市的人才规模、人才密度、人才质量和人力资本投入产出的现状。综合起来看,相对于西部地区的其他省区市,陕西、重庆具有比较丰富的人才资源、较高的人才质量、较高的人力资本投入产出效率,其后是四川和内蒙古。

(三)三类人才的发展情况

受资料限制,本部分主要利用中共中央组织部《中国人才资源统计报告》(2010 年、2011 年、2012 年)发布的数据资料对西部地区党政人才、公有制经济领域企业经营管理人才、公有制经济领域专业技术人才在 2010—2012 年间规模及结构的变化情况进行分析。

1.人才规模增长迅速

从 2010 年到 2012 年,西部地区三类人才规模均呈现增长趋势。其中党政人才从 2010 年的 197.2 万增加到 2012 年的 207.1 万人，年均增长 2.47％，高于全国总体增长速度(1.41％)1.06 个百分点,西部地区党政人才规模占全国规模的比重也从 2000 年的 28.13％增加到 2012 年的 28.73％;公有制经济领域企业经营管理人才从 2010 年的 54.9 万增加到 2012 年的 62.8 万人,年均增长 6.96％,高于全国总体增长速度(3.96％)3.0 个百分点,占全国规模的比重也从 2000 年的 10.30％增加到 2012 年的 10.90％;公有制经济领域专业技术人才从 2010 年的 723.6 万增加到 2012 年的 754.7 万人,年均增长 2.13％,低于全国总体增长速度(2.29％)0.16 个百分点,占全国规模的比重从 2000 年的 22.39％下降到 2012 年的 22.32％。可以看出,2010—2012 年的 2 年间,西部地区的党政人才、公有制经济领域企业经营管理人才队伍建设得到了快速发展,人才规模增长迅速,公有制经济领域专业技术人才队伍建设平稳进行。见表 9.6。

表 9.6　2010—2012 年全国和西部地区"三类人才"规模变化

地区	党政人才总数/万人			年均增长率/％	公有制经济领域企业经营管理人才总数/万人			年均增长率/％	公有制经济领域专业技术人才资源总量/万人			年均增长率/％
	2010 年	2011 年	2012 年		2010 年	2011 年	2012 年		2010 年	2011 年	2012 年	
全国总计	701.0	713.9	720.9	1.41	532.9	527.6	575.9	3.96	3231.5	3290.8	3380.9	2.29
西部合计	197.2	202.4	207.1	2.47	54.9	56.7	62.8	6.96	723.6	734.3	754.7	2.13

数据来源:根据中共中央组织部《中国人才资源统计报告 2010》(中国统计出版社,2012 年)表 2-1-2、表 2-2-4、表 2-3-6,中共中央组织部《中国人才资源统计报告 2011》(中国统计出版社,2013 年)表 2-1-2、表 2-2-4、表 2-3-4,中共中央组织部《中国人才资源统计报告 2012》(中国统计出版社,2014 年)表 2-1-2、表 2-2-4、表 2-3-4 资料整理计算得出。

2.人才结构得到改善、质量进一步提高

首先,高学历党政人才稳步增长。2010 年,西部地区党政人才的学历构成,中专及以下占 9.69％,大专占 37.38％,本科占 49.41％,研究生占 3.52％。到 2012 年,中专及以下比重下降了 2.35 个百分点,大专比重下降了 3.04 个百分点,本科比重上升了 4.30 个百分点,研究生比重上升了 1.09 个百分点。2 年间,大专及以下比重下降,本科及以上比重上升,党政人才的学历结构进一步改善,高学历党政人才稳步增长。西部地区本科及以上学历比重提高 5.39 个百分点,提高幅度大于全国总体水平(5.27 个百分点),但其中研究生学历比重提高幅度(1.09 百分点)要低于全国总体水平(1.15 百分点)。见表 9.7。

表 9.7 2010—2012 年全国和西部地区党政人才学历构成变化

		中专及以下			大专			本科			研究生		
		2010年	2011年	2012年	2010年	2011年	2012年	2010年	2011年	2012年	2010年	2011年	2012年
全国	规模/万人	61.5	54.5	48.9	248.7	242.3	232.1	360.1	381.8	400.0	30.7	35.3	39.9
	占比/%	8.77	7.63	6.78	35.48	33.94	32.20	51.37	53.50	55.49	4.38	4.94	5.53
西部	规模/万人	19.1	16.7	15.2	73.7	72.8	71.1	97.4	104.7	111.2	6.9	8.2	9.5
	占比/%	9.69	8.27	7.34	37.38	35.97	34.34	49.41	51.70	53.71	3.52	4.06	4.61

数据来源:根据中共中央组织部《中国人才资源统计报告 2010》(中国统计出版社,2012年)表 2-1-3、中共中央组织部《中国人才资源统计报告 2011》(中国统计出版社,2013 年)表 2-1-3、中共中央组织部《中国人才资源统计报告 2012》(中国统计出版社,2014 年)表 2-1-3 资料整理计算得出。

其次,公有制经济领域拥有职称的专业技术人才结构。2010 年,西部地区公有制经济领域专业技术人才中,拥有高级职称者占 8.67%,拥有中级职称者占 37.69%,拥有初级职称者占 53.64%。到 2012 年,三种职称占比分别为 10.08%、37.80%、52.12%。2 年间,高级职称比重有所提高,中级职称比重基本持平,初级职称比重有所下降,中高级专业技术人才逐年增加。2000—2012 年间,西部地区高级技术人才增加了 1.41 个百分点,中级技术人才增加了 0.11 个百分点,初级技术人才占比减少了 1.52 个百分点。同期,全国高级专业技术人才占比增加 1.61 个百分点、中级职称增加 0.58 个百分点、初级职称下降 2.19 个百分点。可以看出,西部地区中、高级专业技术人才的增长速度低于全国总体水平。见表 9.8。

表 9.8　2010—2012 年全国和西部地区公有制经济领域专业技术人才的职称构成

		高级			中级			初级		
		2010 年	2011 年	2012 年	2010 年	2011 年	2012 年	2010 年	2011 年	2012 年
全国	规模/万人	288.13	325.33	346.82	1048.89	1092.25	1118.63	1249.37	1246.77	1254.17
	比例/%	11.14	12.21	12.75	40.55	40.99	41.13	48.31	46.79	46.12
西部	规模/万人	51.01	58.13	62.34	221.66	229.88	233.68	315.46	320.55	322.25
	比例/%	8.67	9.55	10.08	37.69	37.77	37.80	53.64	52.67	52.12

数据来源：根据中共中央组织部《中国人才资源统计报告 2010》（中国统计出版社，2012年）表 2-3-5、中共中央组织部《中国人才资源统计报告 2011》（中国统计出版社，2013 年）表 2-3-9、中共中央组织部《中国人才资源统计报告 2012》（中国统计出版社，2014 年）表 2-3-9资料整理计算得出。

最后，公有制经济领域企业经营管理人才的质量逐步提升。2010 年，西部地区公有制经济领域企业经营管理人才的学历构成，研究生比重为 3.40%，本科比重为 40.55%、专科比重为 56.05%。到 2012 年，研究生比重增长了 2.38个百分点，本科增加了 2.88 个百分点，专科降低了 5.26 个百分点。同期，全国研究生比重增加了 1.18 个百分点，本科增加了 3.10 个百分点，专科降低了4.28 个百分点。与全国总体水平比较，3 年间西部地区公有制经济领域企业经营管理人才的学历结构层次提升速度快于全国总体水平，人才质量逐步提高，高学历人才数量逐年增加。见表 9.9。

表 9.9　2010—2012 年全国和西部地区公有制经济领域企业经营管理人才学历结构

		研究生			本科			大专		
		2010 年	2011 年	2012 年	2010 年	2011 年	2012 年	2010 年	2011 年	2012 年
全国	总量/万人	23.89	27.26	32.38	206.32	217.11	246.60	184.03	175.85	187.11
	比例/%	5.77	6.49	6.95	49.81	51.67	52.91	44.42	41.85	40.14

续 表

		研究生			本科			大专		
		2010年	2011年	2012年	2010年	2011年	2012年	2010年	2011年	2012年
西部	总量/万人	1.30	1.55	2.69	15.51	17.61	20.22	21.44	22.07	23.65
	比例/%	3.40	3.76	5.78	40.55	42.71	43.43	56.05	53.53	50.79

数据来源:根据中共中央组织部《中国人才资源统计报告2010》(中国统计出版社,2012年)表2-2-14、中共中央组织部《中国人才资源统计报告2011》(中国统计出版社,2013年)表2-2-10、中共中央组织部《中国人才资源统计报告2012》(中国统计出版社,2014年)表2-2-10资料整理计算得出。

根据上述分析,2010—2012年,西部地区三类人才,特别是党政人才和公有制经济领域企业经营管理人才队伍建设得到进一步增强,人才规模不断扩大、质量不断提升,高学历人才不断增多,学历结构层次提升速度快于全国总体水平。西部地区公有制经济领域的中、高级专业技术人才稳步增加,但职称结构层次提升的速度落后于全国总体水平。

二、西部地区人才资源的劣势

西部大开发战略实施以来,西部地区人才资源的数量与质量都有了较大的提升,然而与全国总体水平,尤其与东部地区比较,西部地区人才资源存在明显的劣势,与全面建成小康社会的要求尚存在较大的差距。

(一)西部地区人才规模小、质量不高

从大专及以上教育程度人才的情况看。在规模上,2015年西部12个省区市的人才总量(4099.58万)占本区域总人口的11.04%,低于全国(12.41%)、东部地区(14.25%)、东北地区(14.17%),仅高于中部地区(10.74%),与东部地区差距3.21个百分点,西部地区拥有大专及以上教育程度人才的密度在全国处于较低水平;在质量上,西部地区人才中具有大专学历的占51.69%,高于全国(51.14%)、东部地区(49.54%)、东北地区(49.64%),低于中部地区(54.21%),高出东部地区2.15个百分点,拥有本科及以上学历的人才,尤其是拥有研究生学历的比重明显低于全国、东部地区,西部地区拥有高学历人才水平较低。见表9.10。

表 9.10　2015 年全国及各大区域大专及以上教育程度人才的学历构成

	总量/万人			比例/%		
	大专	本科	研究生	大专	本科	研究生
全国	8721.53	7581.92	751.32	51.14	44.46	4.41
东部	3707.08	3341.46	435.11	49.54	44.65	5.81
中部	2125.26	1675.03	119.79	54.21	42.73	3.06
西部	2119.08	1835.80	144.70	51.69	44.78	3.53
东北	770.08	729.63	51.71	49.64	47.03	3.33

数据来源:根据《中国统计年鉴》(2016 年)相关数据计算得出。

从五类人才的情况看。在规模上,据中共中央组织部《中国人才资源统计报告 2010》(以下数据均来自此报告),2010 年西部 12 省区市的五类人才总量(2231.3 万)为本地区总人口的 6.19%,低于全国(9.07%)、东部地区(10.14%)、东北地区(7.29%)和中部地区(6.44%),其中与东部地区差距近 4 个百分点,西部地区拥有五类人才的密度在全国处于最低水平;在质量上,西部地区党政人才、公有制经济领域企业经营管理人才、公有制经济领域专业技术人才拥有本科及以上学历的比例(分别为 52.93%、43.95%、39.59%)均低于全国总体水平(分别为 55.95%、55.58%、45.90%)。

从拥有研发人员的情况看。2010 年,全国劳动力中拥有研发人员 33.6 人年/万人,西部地区仅陕西省(37.5 人年/万人)超过全国水平,其余 11 个省全部低于全国水平,其中贵州省仅为 6.3 人年/万人,处于西部地区末位,也处于全国最末位。东部地区仅河北、海南两省低于全国水平,其余 8 个省市均超过全国水平,其中北京高达 147.0 人年/万人,上海市高达 145.9 人年/万人,位于全国前 2 位。东北三省全部超过全国水平。中部地区全部低于全国水平,其中江西省最低,为 20.3 人年/万人。

(二)西部地区缺乏高层次人才

从专业技术人才职称构成看。2010 年西部地区专业技术人才拥有高级职称的比重(7.78%)低于全国总体水平(8.97%),与最高的东北地区(11.47%)差3.69 个百分点,其中具有正高职称的比例在四大区域中处于最低,见表 9.11。

表 9.11　2010 年全国及各大区域专业技术人才职称构成

单位:%

	正高	副高	中级	初级	其他
全国	2.10	6.87	29.95	43.30	17.78
东部	2.47	6.03	28.35	46.43	16.73
中部	2.23	6.83	33.22	40.74	16.97
西部	1.66	6.12	29.83	44.46	17.93
东北	2.30	9.17	33.70	39.31	15.52

数据来源:根据中共中央组织部《中国人才资源统计报告 2010》(中国统计出版社,2012年)表 2-2-5 整理计算得出。

说明:这里的专业技术人才是指在各类单位中从事专业技术工作、专业技术管理工作以及在管理岗位工作具有专业技术职务(资格)的人员。

从非公有制经济领域企业经营管理人才职务构成看。西部地区的企业经营管理人才中具有高级管理级别的比例低于全国总体水平,拥有中级管理级别的比重为全国最低,而具有初级管理级别的比重却是全国最高,见表 9.12。

从技能劳动者中拥有高技能人才的情况看。2010 年,全国高技能人才占技能劳动者比例为 25.6%,西部地区仅重庆市(26.5%)超过全国水平,其余 11 个省区全部低于全国水平,其中青海仅为 13.5%,处于西部地区末位,在全国仅高于处于最末位的海南(12.3%)而居倒数第二位。

表 9.12　2010 年全国及各大区域非公有制经济领域企业经营管理人才职务级别构成

单位:%

	高级管理人员	中级管理人员	初级管理人员
全国	21.44	31.71	46.85
东部	21.55	31.40	46.99
中部	21.27	32.91	45.83
西部	21.37	30.81	47.82
东北	20.83	33.81	45.35

数据来源:根据中共中央组织部《中国人才资源统计报告 2010》(中国统计出版社,2012年)表 2-2-21 整理计算得出。

(三)西部地区人才效率不高

人才贡献率即人才资本对经济增长的贡献率,指人才资本作为经济运行中的核心投入要素,通过其自身形成的递增收益和产生的外部溢出效应,对经济增长所做出的贡献份额。据《中国人才资源统计报告 2010》数据显示:2010年全国人才贡献率的总体水平为 26.6%,东部地区的北京、天津、上海、江苏、浙江、广东 6 个省市的人才贡献率均大于全国总体水平,只有 4 个省(河北、福建、山东、海南)低于总体水平;虽然中部地区、西部地区和东北地区各省区市的人才贡献率均低于全国总体水平,但贡献率低于 10% 的 8 个省区全部地处西部地区,西部人才效率不高。见表 9.13。

表 9.13　2010 年全国及各大区域人力资本投资及人才贡献率

		人力资本投资		人才贡献率/%
		总量/亿元	占 GDP 比例/%	
全国		47328.3	12.0	26.6
西部	内蒙古	944.0	10.2	13.9
	广西	1008.0	12.0	8.6
	重庆	1013.2	13.1	19.9
	四川	2307.6	15.0	16.0
	贵州	740.8	19.6	7.6
	云南	975.2	14.2	6.7
	西藏	83.2	15.5	5.8
	陕西	1461.8	17.7	11.2
	甘肃	707.1	19.4	6.5
	青海	212.5	18.4	6.1
	宁夏	218.1	17.2	8.9
	新疆	715.1	15.6	7.9

续　表

		人力资本投资		人才贡献率/%
		总量/亿元	占 GDP 比例/%	
中部	山西	1103.1	13.5	11.4
	安徽	1627.5	15.0	10.9
	江西	999.8	12.3	15.5
	河南	2678.0	12.8	11.2
	湖北	1579.4	11.2	16.4
	湖南	1805.5	13.0	14.1
东部	北京	2367.3	18.4	35.8
	天津	888.0	9.8	27.6
	河北	1725.4	9.3	20.0
	上海	011.7	12.5	36.7
	江苏	3656.6	9.7	31.3
	浙江	2808.4	11.1	29.9
	福建	1153.8	9.8	25.7
	山东	3125.8	8.5	20.9
	广东	3522.9	8.3	30.2
	海南	253.7	14.7	11.9
东北	辽宁	1921.7	11.8	19.6
	吉林	913.4	11.3	16.4
	黑龙江	1334.3	12.6	15.0

数据来源:根据中共中央组织部《中国人才资源统计报告 2010》资料整理。

说明:人力资本投资占 GDP 比例,指全社会教育支出、卫生支出及研发(R&D)支出之和占 GDP 的比例。

(四)西部地区人力资本投资强度较高但投资总量低

2010 年全国人力资本投资占 GDP 比例为 12.0%,西部 12 个省区市中除内蒙古低于 12% 以外,其余 11 个省份均超过全国总体水平,其中贵州高达 19.6%,居全国之首,甘肃高达 19.4%,显然西部各省份对人力资本的投资强度要大于全国总体水平。然而受西部地区经济发展水平的限制,经济总量不高,使得人力资本投资总量不大,西部 12 个省区市中除广西、重庆、四川、陕西 4 个省区市的人力资本投资总量超过千亿元外,其余均低于这一水平,西藏的投资总量仅为 83 亿,青海、宁夏仅为 200 亿元,位居全国末位。其他区域,尤其是东部地区,虽然多数省份的人力资本投资占 GDP 比例低于全国总体水平,但投入的总量基本都高于西部地区,其中江苏投入高达 3656.6 亿元,广东高达 3522.9 亿元,分别是西藏投资总量的 43.9 倍和 42.3 倍(见表 9.13),西部地区的经济发展水平限制了对人力资本的投入规模。

三、西部地区科技创新的现状、成效与问题

中国共产党十八届五中全会提出要牢固树立创新、协调、绿色、开放、共享的发展理念,并把创新摆在五大发展理念之首,强调必须抓住科技创新这个核心,科技创新是提高社会生产力和综合国力的战略支撑,是全面建设小康社会的前提和保障。

科技创新是原创性科学研究和技术创新的总称,是指创造和应用新知识和新技术、新工艺,采用新的生产方式和经营管理模式,开发新产品,提高产品质量,提供新服务的过程。我国建设创新型国家的本质是要使经济社会发展从主要依赖资本投入和资源消耗驱动转到主要依靠创新驱动上来,实现经济发展方式的根本转变。创新能力的提升主要通过创新资源的不断投入,知识的持续创造、传播和应用来实现,其绩效体现在经济社会和人民生活的改善上。为比较全面、科学地反映我国西部地区科技创新的状况,本研究参照国家科技部 2013 年《国家创新能力评价指标体系(征求意见稿)》,并考虑数据的可得性,从科技创新资源、知识创新与传播能力、科技创新绩效三个方面来分析西部地区科技创新的现状、成效与问题。

(一)科技创新资源

1. 研发(R&D)经费投入强度逐年提高,但在全国仍处于低水平

研究与试验发展(R&D)经费支出包括全社会用于基础研究、应用研究和试验发展的经费支出,R&D 经费支出占国内生产总值(GDP)的百分比,即 R&D 经费投入强度,能够反映某地区对科技创新的投入水平。

2005 年到 2015 年的 10 年间,西部地区 R&D 经费支出从 312.1 亿元增

加到 1731.61 亿元,以年均 18.69% 的速度增加。同期,西部地区生产总值
(GDP)从 34086.7 亿元增加到 145018.92 亿元,年均增长 15.58%。显然,
R&D 经费支出增长速度快于地区生产总值增长速度,R&D 经费投入强度逐
年增强,从 2005 年的 0.92% 提高到 2015 年的 1.19%。

在西部地区 12 个省区市中,无论是 R&D 经费支出,还是投入强度,陕西、四
川、重庆始终处于前 3 位,西部其他省份与前三者存在较大差距,其中西藏的
R&D 经费投入强度长期在 0.30% 以下;陕西省科研机构、高等院校密集,各年份
R&D 经费投入强度均大于全国总体水平,在全国排前 8 位。然而在西部大部分
省区市的 R&D 经费投入强度普遍提高的情况下,陕西的投入强度却呈逐步减弱
的趋势,从 2005 年的 2.35% 下降到 2015 年的 2.18%,尽管投入强度在西部地区
仍居于第一位,但在全国投入强度的排名从 2005 年仅次于北京的第二位逐步下
降到 2010 年的第四位、2015 年的第八位,见表 9.14。

表 9.14　三个时点年全国及各大区域和西部各省份研发经费投入强度

		2005 年		2010 年		2015 年		
		R&D 投入/亿元	R&D 投入占 GDP/%	R&D 投入/亿元	R&D 投入占 GDP/%	R&D 投入/亿元	R&D 投入占 GDP/%	2005—2015 年年均增长率/%
全国		2449.97	1.31	7062.58	1.76	14169.88	2.07	19.18
东部地区		1649.15	1.49	4699.20	2.03	9628.88	2.58	19.30
中部地区		275.76	0.74	1002.69	1.16	2146.91	1.46	22.77
东北地区		212.92	1.24	486.31	1.30	662.47	1.15	12.02
西部地区		312.13	0.92	874.37	1.07	1731.61	1.19	18.69
西部各省区市	内蒙古	11.70	0.30	63.72	0.55	136.06	0.76	27.81
	广西	14.59	0.37	62.87	0.66	105.91	0.63	21.92
	重庆	31.96	0.92	100.27	1.27	247.00	1.57	22.67
	四川	96.58	1.31	264.27	1.54	502.88	1.67	17.94
	贵州	11.03	0.55	29.97	0.65	62.32	0.59	18.94
	云南	21.32	0.62	44.17	0.61	109.36	0.80	17.77

续　表

		2005 年		2010 年		2015 年		
		R&D 投入/亿元	R&D 投入占 GDP/%	R&D 投入/亿元	R&D 投入占 GDP/%	R&D 投入/亿元	R&D 投入占 GDP/%	2005－2015年年均增长率/%
西部各省区市	西藏	0.35	0.12	1.46	0.29	3.12	0.30	26.39
	陕西	92.45	2.35	217.50	2.15	393.17	2.18	15.58
	甘肃	19.61	1.01	41.94	1.02	82.72	1.22	15.49
	青海	2.96	0.55	9.94	0.74	11.58	0.48	14.46
	宁夏	3.17	0.52	11.51	0.68	25.48	0.88	23.06
	新疆	6.41	0.25	26.65	0.49	52.00	0.56	23.31

数据来源:2006 年、2011 年、2016 年《中国科技统计年鉴》,中国统计出版社。

但与全国及其他区域比较,西部地区投入总量仅占全国总投入的12%左右,约为东部投入总量的18%。西部地区的投入强度也远低于东部地区和全国总体水平,而且差距不断扩大,与东部地区的差距从2005年的0.57个百分点扩大到2015年的1.39个百分点,同期与全国的差距从0.39个百分点扩大到0.88个百分点。虽然西部地区在2005年的投入强度大于中部地区,但2010年、2015年后者超过前者,且两者差距也呈现逐步拉大的趋势(表9.14)。

2.研发的人力投入强度增大,但仍落后于全国总体水平

研发人员是指从事研究与试验发展活动的人员。每万名就业人口中的研发人员数可以反映某地区用于研发的人力投入强度,是衡量科技创新资源的另一个重要指标。

根据历年《中国科技统计年鉴》资料,西部地区研发人员从2010年的506549人增加到2015年的749132人,5年间净增242583人,年均增长8.14%。12个省区市均有不同程度的增加,其中重庆从2010年58886人增加至2015年97774人,年均增长10.67%,是西部地区增长最快的省域。内蒙古从32873人增加至50695人,年均增长9.05%。四川从130400人增加到198708人,年均增长7.79%。重庆、内蒙古、四川3省区市是西部研发人员增

加最快的地区。与全国及其他区域比较,西部地区研发人员的增长速度(8.14%)虽超过中部地区(5.32%),与东部地区(8.66%)接近,但仍低于全国总体水平(9.13%)。

从研发人员投入强度看,西部地区从 2010 年的 25.06 人/万人提高到 2015 年的 34.93 人/万人。12 个省区市中,陕西、重庆、宁夏、四川、内蒙古 5 省区市的研发人员投入强度较大,位于西部地区的前 5 位。其中陕西 2015 年达到 64.00 人/万人,重庆达到 57.27 人/万人。与全国及其他地区比较,2015 年西部地区研发人员投入强度低于全国总体水平(70.79 人/万人),在四大区域中处于末位,见表 9.15。

表 9.15　两个时点年全国及部分区域与西部各省份研发人员规模及投入强度

单位:人

		2010 年		2015 年	
		研发人员	每万就业人员研发人员	研发人员	每万就业人员研发人员
全国		3542244	46.54	5482528	70.79
东部地区		2275470	75.70	3447546	106.75
中部地区		760225	34.35	985246	42.64
东北地区				300604	50.73
西部地区		506549	25.06	749132	34.93
西部各省区市	内蒙古	32873	27.75	50695	34.63
	广西	52481	18.08	64843	22.99
	重庆	58886	38.24	97774	57.27
	四川	130400	27.32	198708	41.00
	贵州	23431	13.23	40516	20.81
	云南	37780	13.66	67540	22.95
	西藏	1618	9.33	2112	9.00
	陕西	98701	47.59	132545	64.00
	甘肃	31301	20.87	40787	26.56
	青海	7643	24.84	6675	20.77

	2010 年		2015 年	
	研发人员	每万就业人员研发人员	研发人员	每万就业人员研发人员
宁夏	10370	31.81	16133	44.54
新疆	21065	23.55	30804	25.78

数据来源:数据资料来自 2011—2016 年《中国科技统计年鉴》、2011—2016 年《中国统计年鉴》和 2011—2016 年各省统计年鉴。

说明:2010 年东北地区的黑龙江、吉林归入中部地区统计,辽宁归入东部地区统计。

(二)知识传播与创新能力

知识创新是通过科学研究以获得新的基础科学和技术科学知识的过程,是技术创新的基础,是促进科技进步和经济增长的革命性力量。而知识传播则是知识从发源地向外进行空间传播、转移,或通过合法手段从知识生产者传递到使用者的过程。在知识经济时代,知识传播不仅促进知识创新,而且使知识作为生产投入的作用越来越重要,可以替代物质投入或使物质投入更加有效,从而达到节省物质资源、提高经济效益的目的。鉴于数据资料可得性,我们运用"互联网普及率""GDP 专利申请数""万人发明专利授权数"三个指标来反映西部地区的知识传播、创新活力和创新能力。

1. 知识传播与应用能力得到增强,但普及率仍低于全国水平

在互联网加速向经济社会各领域广泛深入的今天,互联网已与人们的生活、生产、生产力发展等发生深度融合,已成为"大众创业、万众创新"的聚集平台,成为创新知识实现空间迅速传播、转移并得以快速应用的重要途径和通道。互联网上网户数和普及情况能够充分反映一个国家或地区的知识传播与应用能力。

从互联网上网户数变化看,据国家统计局数据,西部地区 2010 年上网人数为 9946 万人,2015 年增加到 16043 万人,年均增长速度(10.03%)快于全国总体水平(8.52%)。西部地区上网户数占全国总户数的比重也从 2010 年的 21.7%上升到 2015 年的 23.3%,四川、陕西、广西、云南 4 省区的上网户数一直稳居西部地区的前 4 位,2015 年 4 省区合计上网人数占西部总上网人数的

55.7%。但西部内部差距较大,尽管青海、宁夏、西藏 3 省区上网户数的增加速度快于西部地区总体水平,但实际户数规模一直处于 12 个省区市的末三位,合计仅占西部总户数的 4.9%。

从互联网普及率看,虽然西部地区上网户数占全国户数的比重有所提升,但普及率仍低于全国总体水平。新疆的互联网普及率一直居于西部地区首位,也高于全国总体水平,陕西、重庆也一直处于较高的水平,青海 2014 年的普及率也超过全国平均水平。从 2010 年到 2015 年,12 个省区市的普及率均有不同程度的提高,其中宁夏、青海、贵州、内蒙古、贵州、广西普及率提升幅度显著,超过全国总体水平。

西部地区近年来互联网建设与普及得到长足发展,知识扩散和应用能力得以显著增强,但与全国总体水平仍有差距,见表 9.16。

表 9.16　三个时点年全国及西部地区互联网普及率

		互联网普及率/%			2010—2015 年间增量/百分点
		2010 年	2014 年	2015 年	
全国		34.3	47.9	50.3	16.0
西部地区	内蒙古	30.8	45.7	50.3	19.5
	广西	25.2	39.4	42.8	17.6
	重庆	34.6	45.7	48.3	13.7
	四川	24.4	37.9	40.0	15.6
	贵州	19.8	34.9	38.4	18.6
	云南	22.3	35.1	37.4	15.1
	西藏	27.9	39.4	44.6	16.7
	陕西	34.3	46.4	50.0	15.7
	甘肃	24.8	36.8	38.8	14.0
	青海	33.5	50.0	54.5	21.0
	宁夏	28.0	45.1	49.3	21.3
	新疆	37.9	50.3	54.9	17.0

数据来源:2010 年、2014 根据国家统计局各地区年度数据整理计算得出,2015 年数据来自第 37 次《中国互联网络发展状况统计报告》。

2.科技创造活力不断增强,但与东部的差距越发显著

"单位 GDP 专利申请数"能够很好地反映一个地区的技术创造活力,单位 GDP 专利申请数越高,表示该地区的技术创造活力越强,地区的科技创新越发达。

从 2000 年到 2015 年,西部地区专利申请受理量从 16381 项增加到 391038 项,以年均 23.55% 的速度增长,快于全国总体水平(19.96%)。单位 GDP 专利申请数稳步增长,反映出西部地区的科技创新活力不断增强。从西部内部看,重庆、四川、陕西 3 省市的单位 GDP 专利申请数一直保持前 3 位,其中重庆、陕西 2015 年分别达到 5.3 项和 4.2 项,均超过全国总体水平。广西在 2010 年及以前一直在 0.6 项左右,2015 年跃升至 2.6 项,超过西部地区的总体水平。其余省份均处于西部地区总体水平以下,而且与前 4 省存在较大差距,其中内蒙古、西藏处于末 2 位,单位 GDP 专利申请受理量均不到 1 项,见表 9.17。

表 9.17　四个时点年全国及西部地区单位 GDP 专利申请数

单位:项

		单位 GDP 专利申请数			
		2000 年	2005 年	2010 年	2015 年
全国		1.7	2.15	3.0	3.8
西部地区		0.9	1.0	1.4	2.4
西部各省区市	内蒙古	0.7	0.4	0.2	0.5
	广西	0.8	0.6	0.5	2.6
	重庆	1.0	1.8	2.9	5.3
	四川	1.1	1.4	2.3	3.7
	贵州	1.0	1.1	1.0	1.7
	云南	0.9	0.7	0.8	1.3
	西藏	0.2	0.4	0.3	0.3
	陕西	1.2	1.1	2.3	4.2
	甘肃	0.8	0.9	0.9	2.2
	青海	0.7	0.4	0.4	1.1

续　表

		单位 GDP 专利申请数			
		2000 年	2005 年	2010 年	2015 年
	宁夏	1.2	0.8	0.4	1.5
	新疆	0.8	0.7	0.7	1.3

数据来源:根据 2001 年、2006 年、2011 年、2016 年《中国统计年鉴》年度数据计算得出。

说明:GDP 专利申请数＝专利申请数(项)/生产总值(亿元)

与全国及其他区域比较,虽然自 2000 年以来西部地区专利申请量增长速度快于全国总体水平,但专利绝对数量并不高,2015 年 391083 项仅占全国总量的 14.95%,同期东部地区达到 59.55%,西部地区专利申请量仅为东部地区专利申请量的 25.10%。从单位 GDP 专利申请量看,2000—2015 年间,西部地区单位 GDP 专利申请量逐步提升,从 2000 年的 0.9 项增加到 2015 年的 2.4 项,但与全国、东部地区的水平呈现逐步拉大的趋势,2000 年西部与全国、东部的差距均为 0.7 项,到 2015 年,差距分别扩大到 1.4 项和 1.8 项。西部地区的科技创新活力与东部地区的差距越来越显著,见表 9.18。

表 9.18　四个时点年全国及各大区域专利申请量及单位 GDP 专利申请量

	2000 年		2005 年		2010 年		2015 年	
	专利申请量/项	单位 GDP 专利申请量/(项/亿元)	专利申请量/项	单位 GDP 专利申请量/(项/亿元)	专利申请量/项	单位 GDP 专利申请量/(项/亿元)	专利申请量/项	单位 GDP 专利申请量/(项/亿元)
全国	170682	1.6	476264	2.5	1222286	3.0	2616683	3.8
西部	16381	0.9	34053	1.0	112713	1.4	391083	2.4
中部	16335	0.9	37594	1.1	140203	1.8	382707	2.6
东部	82700	1.6	262416	2.4	780151	3.4	1558154	4.2
东北	12758	1.3	25823	1.5	50930	1.4	91564	1.6

数据来源:根据 2001 年、2006 年、2011 年、2016 年《中国统计年鉴》年度数据计算得出。

说明:GDP 专利申请数＝专利申请数(项)/生产总值(亿元)。

3.自主创新能力和技术产出效率提高,但仍处于较低的水平

万人发明专利授权数反映了一个地区自主创新能力和技术产出效率,地区万人发明专利授权数越高,该地区自主创新能力和技术产出效率越高,知识创新能力越强。

从 2000 年到 2015 年,西部地区发明专利授权量从 1045 项增加到 31152 项,以年均 25.40% 的速度增长,超过全国总体水平(22.19%),万人发明专利授权数稳步增长,从 2000 年的 0.03 项增加到 2015 年的 0.84 项,反映出西部地区的科技创新能力的增强。从西部地区内部看,陕西、重庆、四川 3 省市万人发明专利授权数一直保持前 3 位,其中陕西 2015 年达到 1.8 项。其余省份均处于西部地区总体水平以下,而且与前 3 省存在较大差距,其中青海、内蒙古、西藏处于末 3 位,见表 9.19。

表 9.19　四个时点年全国及西部地区万人发明专利授权数

单位:项

		万人发明专利授权数			
		2000 年	2005 年	2010 年	2015 年
全国		0.10	0.42	1.01	1.87
西部地区		0.03	0.06	0.21	0.84
西部各省区市	内蒙古	0.03	0.04	0.11	0.32
	广西	0.02	0.03	0.09	0.84
	重庆	0.02	0.06	0.40	1.31
	四川	0.03	0.07	0.27	1.11
	贵州	0.02	0.04	0.13	0.43
	云南	0.03	0.07	0.14	0.44
	西藏	0.02	0.00	0.05	0.12
	陕西	0.05	0.12	0.51	1.80
	甘肃	0.03	0.05	0.14	0.48
	青海	0.03	0.04	0.07	0.35
	宁夏	0.04	0.07	0.10	0.66

续　表

	万人发明专利授权数			
	2000 年	2005 年	2010 年	2015 年
新疆	0.04	0.04	0.09	0.40

数据来源:根据 2001 年、2006 年、2011 年、2016 年《中国统计年鉴》年度数据计算得出。

说明:万人专利授权数＝发明专利授权数(项)/总人口(万人)。

与全国及其他区域比较,虽然自 2000 年以来西部地区发明专利授权量增长速度超过全国平均水平,但落后于中部地区(27.63％),与东部地区差距更大(31.19％)。西部地区 2015 年发明专利授权量仅占全国总量的 12.15％,同期东部地区达到 69.13％,西部地区发明专利量仅为东部地区的 17.58％。从万人发明专利授权量看,西部地区虽然逐步提升,从 2000 年的 0.03 项增加到 2015 年的 0.84 项,但与全国、东部地区的水平呈现逐步拉大的趋势,2000 年西部与全国、东部地区的差距均为 0.1 项,到 2015 年,差距分别扩大到 1.1 项和 2.6 项。西部地区的科技创新能力与技术产出效率仍比较落后,见表 9.20。

表 9.20　四个时点年全国及各大区域发明专利授权情况

单位:项

	2000 年		2005 年		2010 年		2015 年	
	发明专利授权数	万人发明专利授权数	发明专利授权数	万人发明专利授权数	发明专利授权数	万人发明专利授权数	发明专利授权数	万人发明专利授权数
全国	12683	0.1	53305	0.4	135110	1.0	256400	1.9
东部	3019	0.1	12015	0.3	53791	1.1	177238	3.4
中部	906	0.0	2282	0.1	7704	0.2	35177	1.0
西部	1045	0.0	2210	0.1	7671	0.2	31152	0.8
东北	820	0.1	1740	0.2	4654	0.4	12833	1.2

数据来源:根据 2001 年、2006 年、2011 年、2016 年《中国统计年鉴》年度数据计算得出。

说明:万人发明专利授权数＝发明专利授权数(项)/总人口(万人)

(三)科技创新绩效

科技创新的最终目的是促进经济和社会的进步,对科技创新绩效评价则是科技创新对经济和社会发展的贡献,表现为经济增长方式发生根本转变,投入产出的效率更高,人民生活水平得到改善。我们用人均 GDP、单位 GDP 能耗、知识密集型服务业增加值占 GDP 的比重三个指标来反映西部地区科技创新绩效。

1. 劳动生产率显著提升,但速度仍远远落后于全国和东部地区

地区劳动生产率用指标表示为该地区的全员劳动生产率,是反映该地区的生产技术水平、经营管理水平的重要指标,全员劳动生产率越高,说明经济产出越大,该地区的创新绩效越高。

2000 年到 2015 年,西部地区的全员劳动生产率从 9212 元/人提升到67616 元/人,15 年间增加了 6.3 倍,年均增长速度(14.21%)快于全国平均水平(13.22%),劳动生产率显著提升。从西部地区内部看,2015 年内蒙古、重庆、陕西、青海、宁夏、新疆的全员劳动生产率高于西部平均水平,其中内蒙古、重庆超过全国平均水平。西部各省差距较大,2015 年西藏全员劳动生产率为43726 元/人,处于西部地区的末位,仅为第一位内蒙古的 35.89%,见表 9.21。

表 9.21　四个时点年全国和主要区域及西部地区全员劳动生产率

单位:元/人

		全员劳动生产率			
		2000 年	2005 年	2010 年	2015 年
全国		13743	24917	54039	88508
东部地区		24815	46333	86603	115490
中部地区		9723	18297	39311	63601
东北地区		20288	33635	67421	97579
西部地区		9212	17746	40277	67616
西部各省区市	内蒙古	14498	37509	98523	121825
	广西	8106	14740	32965	59586
	重庆	10782	23812	51466	92055
	四川	8433	15706	36009	62003
	贵州	5519	10314	25988	53952
	云南	8762	14069	26119	46284
	西藏	9486	17326	29267	43726

续　表

		全员劳动生产率			
		2000 年	2005 年	2010 年	2015 年
西部各省区市	陕西	9950	19907	48811	87020
	甘肃	7131	13900	27480	44217
	青海	9288	18244	43888	75201
	宁夏	10709	20448	51830	80391
	新疆	20276	32897	60778	78028

数据来源:根据 2001 年、2006 年、2011 年、2016 年《中国统计年鉴》,各省区市统计年鉴的年度数据计算得出。

说明:全员劳动生产率(元/人)＝地区生产总值(元)/地区全部就业人员(人)

与全国其他三大地区比较,2000—2015 年间,西部地区全员劳动生产率水平一直位于第三位或第四位,而且与东部地区的差距持续拉大,从 2000 年的 15603 元提高到 47874 元,差距扩大 2 倍。尽管西部地区的劳动生产率也持续得到提高,但提升速度仍远远落后于东部地区。

2. 单位 GDP 能源消耗明显降低,但能耗水平仍处于全国最高

单位 GDP 能源消耗测度技术创新对于减少资源消耗的效果,反映了地区经济增长的集约化水平。技术创新水平越高,地区经济增长的集约化水平越高,单位 GDP 能源消耗越低。

根据《中国统计年鉴》和各省区市统计年鉴可以查询到的数据,从 2005 年到 2015 年,西部地区单位地区生产总值能耗呈现逐步减少的趋势,重庆、四川、云南、贵州、内蒙古 5 省区市下降速度排前 5 位,超过全国总体下降速度,新疆下降速度最为缓慢。但从 2005—2015 年单位 GDP 能耗的绝对量看,广西是西部地区保持较低量的省份,而宁夏则是历年保持最高的省份,见表 9.22。

表 9.22　三个时点年全国及西部地区单位 GDP 能源消耗

		2015 年/ (吨标准煤/万元)	2010 年/ (吨标准煤/万元)	2005 年/ (吨标准煤/万元)	年均增长率/%
全国		0.63	0.89	1.42	−7.81
西部地区	内蒙古	1.03	1.92	2.48	−8.41
	广西	0.58	1.04	1.22	−7.17
	重庆	0.51	1.13	1.42	−9.73
	四川	0.56	1.28	1.53	−9.56
	贵州	0.89	2.25	3.25	−12.15
	云南	0.73	1.44	1.73	−8.27
	西藏	—	1.28	—	
	陕西	0.67	1.13	1.48	−7.62
	甘肃	1.11	1.80	2.26	−6.86
	青海	1.71	2.55	3.07	−5.68
	宁夏	1.95	3.31	4.14	−7.25
	新疆	1.68	—	2.11	−2.25

数据来源:根据 2006 年、2011 年、2016 年《中国统计年鉴》,分省统计年鉴相关数据整理而得。

与其他区域比较,尽管西部地区的单位能耗下降幅度最大,但耗能水平也一直处于全国最高水平。可以看出,科技创新对西部降低能耗发挥了积极作用,经济增长的集约化水平在提高,但由于原来基础较差,提高能源利用效率、降低能耗任务仍十分艰巨,见表 9.23。

表 9.23　部分年份全国及各大区域单位生产总值能耗

单位:吨标准煤/万元

	2009 年	2010 年	2011 年	2012 年	2015 年
全国	1.36	1.29	1.04	1.04	0.63
东部地区	0.87	0.84	0.70	0.70	0.44
中部地区	1.31	1.25	1.27	1.27	0.61

续　表

	2009 年	2010 年	2011 年	2012 年	2015 年
西部地区	1.70	1.59	1.27	1.27	0.78
东北地区	1.29	1.23	1.08	1.02	0.70

数据来源:2009—2012 年数据来自《2015 国家西部大开发报告》第 262 页表 5,2015 年数据根据 2016 年全国及各省统计年鉴相关数据整理而成。

3.知识密集型服务业增加值占 GDP 的比重显著提升,但仍处较低水平

知识密集型服务业增加值占 GDP 的比重,即服务业中金融和保险、邮政和电信、商业活动、健康和教育等行业的增加值占 GDP 的比重,反映地区的知识密集型服务业发展水平,能测度地区经济产出中的知识含量大小和产业结构升级水平。知识密集型服务业增加值占 GDP 比重越高,该地区经济产出中的知识含量就越大,产业结构升级水平就越高。但由于无法在可查到的资料中准确地获得知识密集型服务业产值数据,故在此仅用第三产业产值占 GDP 的比重作为数据分析基础。

2000 年到 2015 年,西部地区第三产业对 GDP 的贡献率呈逐步提升趋势,从 39.59%提高到 43.39%。与全国和其他区域比较,西部地区第三产业的贡献率低于全国总体水平,在四大区域中一直处于第三位。与东部地区的差距逐渐扩大,从 2000 年的 2.20 个百分点扩大到 2015 年的 7.43 个百分点,与全国总体水平的差距从 0.20 个百分点扩大到 6.85 个百分点。第三产业是一个庞杂的混合产业群,既包括知识密集、科技含量极高产业,如金融和保险、邮政和电信、计算机服务和软件、商业活动、健康和教育等行业,也包括劳动密集型、科技含量低的产业,如批发、零售、餐饮、居民服务业等。如今,需要依靠现代科学技术革命,从根本上改变第三产业的面貌和促进第三产业的兴起。如互联网发展和网络服务业的兴起,使信息、计算机在第三产业的渗透越来越深入而广泛,从而拓展了第三产业的服务领域,推动了经营方式和管理方式的革命性变革,提高了企业管理的现代化水平,提供了优质、便捷的服务,为社会生产和生活消费创造了全新的服务方式。高科技发展从根本上改变了第三产业的面貌、发展规模、服务质量和经济效益,东部地区第三产业的贡献率稳定持续的提升就是知识创新、科技创新推动第三产业发展的最好的见证。反观西

部地区的第三产业对经济产出的贡献状况,第三产业亟须加大科技含量,见表 9.24。

表 9.24 全国及各大区域和西部地区第三产业产值占 GDP 的比重

单位:%

		2000 年	2005 年	2010 年	2015 年
全国		39.79	41.33	44.07	50.24
东部地区		41.79	42.28	44.33	50.82
中部地区		41.65	41.54	34.56	42.40
东北地区		37.27	38.22	36.87	45.59
西部地区		39.59	39.44	36.87	43.39
西部各省区市	内蒙古	39.36	39.49	36.06	40.45
	广西	37.98	39.18	35.35	38.80
	重庆	41.66	41.54	36.35	47.70
	四川	39.45	38.41	35.09	43.68
	贵州	35.68	40.66	47.31	44.89
	云南	37.10	39.70	40.04	45.14
	西藏	46.15	55.16	54.16	53.80
	陕西	42.31	39.32	36.44	40.74
	甘肃	41.52	40.71	37.29	49.21
	青海	43.51	39.27	34.87	41.41
	宁夏	43.24	42.36	41.57	44.45
	新疆	39.44	35.69	32.49	44.71

数据来源:根据 2001 年、2006 年、2011 年、2016 年《中国统计年鉴》相关数据整理而成。

四、西部地区科技创新面临的主要问题

从以上分析可以看出,无论是科技创新资源、知识创新与传播能力,还是科技创新绩效,西部地区在全国均处于低水平,与其他区域,特别是东部地区的差距巨大,且逐渐扩大。有研究将我国 31 个省区市的科技水平分为 6 大

类,西部地区12个省区市分别被归于第四、五、六类,属于科技进步中等水平、中下等水平和落后地区。① 西部地区科技创新效率水平不仅与东部地区差距悬殊,西部地区内部各省区市之间差异也较大,科技创新面临诸多因素的制约和挑战。

(一)来自人才与效能的制约

1.科技人才缺乏、人才质量不高

虽然西部地区的科技队伍和科研基础设施建设自大开发以来有长足进步,但与全国,特别是东部地区相比仍差距巨大,与全面建成小康社会的目标之间存在一定的差距。统计分析显示,西部地区拥有大专及以上教育程度的人才仅为东部地区的52.20%,五类人才仅为东部地区的43.42%,每万劳动者中拥有研发人员的比例除陕西外均低于全国总体水平;西部地区人才质量较低,人才的学历以大专教育水平为主,本科和研究生教育水平的人才占比低;西部地区缺乏高层次人才。分析发现,无论是专业技术人员的职称构成,还是企业经营管理人才的职务层次,或是技能人才中高技能人才的比重,均显示出西部地区高层次人才缺乏、高层次拔尖人才匮乏。

2.人才产出效能、科技创新效能均不高

西部地区人才产出效能低下。虽然自2000年以来西部地区专利申请量增长快速,但单位GDP专利申请量与全国、东部地区的水平呈现逐步拉大的趋势。西部地区2015年发明专利授权量仅占全国总量的12.15%,仅为东部地区的17.58%,万人发明专利授权量与全国、东部地区的水平也呈现逐步拉大的趋势。西部地区人才科技创新活力、自主创新能力和技术产出效率处于较低水平,与东部地区的差距越来越显著。2010年西部地区12个省区市中,有11个省区市的人才贡献率低于全国总体水平,其中8个省区市的人才贡献率为全国的最低水平。

西部地区科技创新成果转化渠道不畅。科技和经济呈现相互依存、相互渗透的一体化发展趋势,其最重要的结合点就是科技成果的转化。但西部地区有相当数量的成果没有转化为产品,科企合作与校企合作对科技创新效率

---

① 穆效荣,马跃. 西部地区科技创新现状及对策研究[J].创新论坛技术与创新管理,2007(6):1-6.

的作用并不理想。受体制机制制约,占有较大比重的国防科技成果多数没有进入民用领域,面向经济建设,解决产业发展关键问题的技术创新明显不足。如陕西省是全国航空、航天、兵器、农业等领域的重要科研和生产基地,科教力量雄厚、科研人才济济,科技成果众多,但受技术市场发育不完善、技术中介机构发育水平低、公共科技设施和产业研发设施共享度低等因素的制约,使得科技力量对经济发展的促进作用还远远没有充分发挥出来,使西部地区的科技创新绩效不高。

(二)来自科技政策与投入的制约

1.科技政策有待进一步完善

有研究对西部大开发科技政策绩效进行评价,认为与东部地区相比较,西部地区的科技成果依然偏少,科技成果的市场化程度较低,其根本原因在于西部地区的产权保护制度不完善;其市场制度不健全,不能保护交易者的合法权益;企业和科研机构之间缺乏有效的沟通;各区域之间,尤其是东、西部地区的科技交流较少。西部地区的科技政策有待进一步的完善。[①] 由于科技成果的市场化的政策、体制机制不完善,科技创新内在动力不足,缺乏一个公正、公开、公平的竞争环境,加之许多科研单位自成体系、自我封闭,严重制约了知识和科技要素的流动。

2.人力资本、科技投入能力有限,区域内部不平衡

统计分析发现,虽然西部地区的人力资本投资强度已明显提高,甚至超过全国总体水平,但受西部地区经济总量不高的限制,人力资本投资总量在全国仍处于低水平;研发(R&D)活动是整个科技活动的核心,虽然西部地区 R&D 的经费投入和人力投入逐年提高,但同样受经济发展水平的限制,投入强度远低于东部地区和全国总体水平,差距呈现不断扩大的态势,西部地区 R&D 经费投入总量仅占全国总投入的 12% 左右,约为东部投入总量的 18%。西部地区又远离国家经济、文化中心,人才、信息、技术装备、交通运输等条件都不如东部地区,科技和开发成本更高。与此同时,西部内部科技创新投入发展又存在巨大的地区差距,无论是人才资源还是科技创新资源与基础等,陕西、四川、重庆在西部地区一直处于领先地位,与全国的差距不是很大,但西藏、青海、宁

---

① 王思薇,安树伟.西部大开发科技政策绩效评价[J].科技管理研究,2010(2):48-50.

夏、贵州等省区与前3省存在较大差距,许多指标均处于全国的末几位,从而在整体上拉低了西部地位的发展水平,这种区域间参差不齐的现状已严重影响了西部地区的科技创新活力和创新效率。

（三）来自创新基础与创新能力的制约

1.西部地区科技创新基础条件较差

信息化水平是支撑科技创新的关键条件之一,是推进知识创新、知识传播、知识应用的重要手段和途径。分析发现,虽然西部地区的互联网用户数量增加迅速,但互联网的普及率仍低于全国总体水平,这在一定程度上影响了科学知识和技术的普及、推广和应用,影响了公众基本科学素养的提高。有研究指出,就知识资本存量而言,西藏仅相当于全国平均数的32%,贵州为38%,青海为44%,云南为49%,宁夏为54%,内蒙古为57%[1];在科技基础与科技设施方面,西部地区除四川、重庆、陕西外,其他地区与东部地区的差距非常明显。现有的国家级重点实验室、工程中心和孵化基地等,主要集中分布在四川、陕西、重庆、甘肃等地,而一些省区几乎是空白,呈现出整体薄弱和发展不均衡的特点。

2.科技创新主体的创新能力和意识需要增强

企业是科技创新的主体之一,科技创新的原动力来自企业。从科技创新主体的创新能力情况来看,目前东部地区企业科技创新能力强,企业创新机制灵活,已基本成为科技创新的主体,中部也有类似的倾向。但西部地区企业的技术创新能力表现不突出,特别是企业的技术创新机制不活,企业自身的科研创新意识和能力比较弱。有研究认为,西部地区应抓住发达地区先进产业转移和技术溢出带来的新机遇,在加大产业引进力度的同时,同步引进相关的研发机构和中介企业,这是目前西部地区实现科技创新能力提升的重要途径。但事实也表明,西部地区企业的科技资金投入对创新效率的正向影响作用正变得越来越大,企业对科技资金投入比例逐年增加,在科技创新中的自主性开始增强。[2]

---

① 李慧.增强西部地区科技能力的机制创新研究[J].科学与管理,2010(5):70-74.
② 彭伟,段小燕.西部地区科技创新效率及影响因素的综合评析[J].未来与发展,2014(8):106-110.

第十章　西部沿边地区人力资源与开发开放

"一带一路"倡议推进和全方位对外开放格局的逐步形成,将西部沿边地区由开放的末梢变成了开放的前沿。2015 年 12 月 24 日《国务院关于支持沿边重点地区开发开放若干政策措施的意见》(国发〔2015〕72 号)指出,重点开发开放试验区、沿边国家级口岸、边境城市、边境经济合作区和跨境经济合作区等沿边重点地区是我国深化与周边国家和地区合作的重要平台,是沿边地区经济社会发展的重要支撑,是确保边境和国土安全的重要屏障,正在成为实施"一带一路"倡议的先手棋和排头兵,在全国改革发展大局中具有十分重要的地位。人力资源是沿边地区开发开放建设不可或缺的要素资源。然而,西部沿边地区人力资源开发建设与沿海发达地区存在显著差别,区位优势和经济实力使沿海发达地区聚集了全国大量优秀人才和人力资源,企业只需通过人力资源市场就能获得所需资源的有效匹配。但西部边疆沿边地区缺乏像东部地区人力资源集聚的优势和基础条件,需要依靠对本地人力资源开发和挖掘获得满足,需要通过建立科学的人力资源开发体系、形成有效的开发机制、创建优越的人力资源开发环境等来解决问题。本研究以 2016 年获国务院批复同意设立的广西凭祥重点开发开放试验区为研究对象,对西部沿边地区人力资源状况与沿边开发开放的关系进行分析。

一、广西凭祥重点开发开放试验区人力资源现状

2016 年《国务院关于同意设立广西凭祥重点开发开放试验区的批复》(国函〔2016〕141 号)同意设立广西凭祥重点开发开放试验区(以下简称试验区)。批复指出,试验区位于广西壮族自治区西南部,与越南接壤,是我国对越及东盟开放合作的重要前沿。建设试验区是推进"一带一路"建设、加快沿边开发

开放步伐、完善我国全方位对外开放格局的重要举措,有利于深化与越南政治、经济、文化、科技等方面合作,把广西建设成为我国面向东盟的国际大通道,打造西南、中南开放发展新的战略支点,形成与"一带一路"沿线国家有机衔接的重要门户,促进广西北部湾经济区、珠江—西江经济带建设和左右江革命老区振兴,实现边疆繁荣稳定发展。

(一)开发开放试验区的基本情况

试验区范围包括广西崇左市下辖的凭祥市全域以及宁明县、龙州县、大新县、江州区、扶绥县部分区域,面积 1279 平方公里。试验区区位优势独特,与越南谅山、高平、广宁等 3 省 10 县接壤,边境线长 533 公里,是我国对越南及东盟开放合作的重要前沿,是中国通往中南半岛最便捷的陆路大通道;试验区开发禀赋丰裕,农林资源丰富,锰、膨润土、铝土矿、稀土等矿产资源储量大,是全国重要的食糖生产基地,旅游资源、民族文化资源丰富,是桂西资源富集区重要组团,发展潜力巨大;试验区口岸资源丰富,种类齐全,已成为我国与越南等东盟国家人员、资金、货物往来的重要国际通道,2015 年对外贸易进出口总值达到 201.3 亿美元,居广西第一;试验区综合实力不断增强,人民生活水平快速提高。自实施西部大开发战略以来,经济社会得到了长足发展,初步形成糖业、锰业两大支柱产业,红木、边境贸易、跨境旅游等特色优势产业不断壮大,国际金融、现代物流、跨境电商等新兴产业蓬勃发展。

随着国家"一带一路"倡议深入推进,中国-东盟自贸区升级版加快建设,中国与东盟经贸文化合作不断深化发展,为试验区建设成为中越全面战略合作的重要平台提供了重要的历史机遇。

(二)试验区的人力资源现状

人力资源是指能够推动社会和经济发展的,能为社会创造物质财富和精神财富的体力劳动者和脑力劳动者的总称。由于受资料的限制,研究以常住劳动年龄人口状况来代表人力资源状况。试验区区域范围包括崇左市下辖的凭祥市以及宁明县、龙州县、大新县、江州县、扶绥县部分区域,仅凭祥市为完整的行政区域,鉴于数据资料的可得性,研究主要对凭祥市和崇左全市的人力资源现状进行分析。

1.劳动年龄人口规模与构成

据第六次人口普查资料,2010 年崇左市常住人口 199.43 万,其中 15～59 岁劳动年龄人口 133.02 万,占总人口的 66.70％,低于全国劳动年龄人口在总人口中的比重(70.14％)。2010 年凭祥常住人口 11.22 万,其中 15～59 岁劳动年龄人口 8.08 万,占总人口的 72.04％,高于全国总体水平,比广西全区高出 6.86 个百分点,比崇左全市高出 5.34 个百分点。而且凭祥劳动年龄人口的社会抚养比仅为 38.80％,远低于崇左全市(49.92％)、广西全区(53.43％)和全国(42.72％)的水平。相比较而言,凭祥的劳动力资源比较丰富。

同时还应该看到,由于西部地区妇女生育水平较高,少儿人口(0～14 岁)在总人口中的比重较高,这意味着西部地区拥有比较丰富的劳动力储备。广西、崇左、凭祥的 0～14 岁人口在总人口中的占比均高于全国总体水平,即拥有比较丰富的劳动力储备,见表 10.1。

表 10.1　2010 年全国及不同区域人口年龄构成及社会抚养比

单位:％

	全国	广西	崇左	凭祥
合计	100.00	100.00	100.00	100.00
0～14 岁	16.60	21.70	19.04	17.74
15～59 岁	70.14	65.18	66.70	72.04
60 岁及以上	13.26	13.12	14.26	10.22
社会抚养比	42.72	53.43	49.92	38.80

数据来源:2010 年全国人口普查数据和 2010 年广西壮族自治区人口普查数据。

进一步分析劳动年龄人口的年龄构成。与广西全区、全国比较,崇左、凭祥的 15～29 岁劳动年龄人口比重偏低,30～44 岁比重偏高,45 岁及以上比重基本持平。据国家统计局资料,2010 年全国流动人口中,20～24 岁组的人口最多,占到 17.2％。大量低龄劳动力人口流出是导致崇左、凭祥 30 岁以下劳动年龄人口占比低于全国总体水平的主要原因。龙州县、大新县这种现象尤其明显,30 岁以下劳动年龄人口占比明显偏低,45 岁以上明显偏高,劳动年龄人口呈现明显的老龄化,见表 10.2。

表 10.2　2010 年全国、广西及试验区各区域劳动年龄人口的年龄构成

单位:%

	<30 岁	30~44 岁	45 岁及以上	合计
全国	35.16	36.40	28.45	100
广西	36.47	36.64	26.89	100
崇左	31.83	39.36	28.82	100
凭祥	32.70	41.00	26.29	100
江州	33.85	40.09	26.06	100
扶绥	33.00	39.15	27.85	100
宁明	33.30	39.35	27.35	100
龙州	27.78	39.98	32.25	100
大新	27.84	39.96	32.20	100

数据来源:2010 年全国人口普查数据和 2010 年广西壮族自治区人口普查数据。

2.劳动年龄人口流动

1978 年改革开放以来,国内人口流动激增,成千上万人口从我国中西部地区向东南沿海涌去,形成一发不可收的"孔雀东南飞"态势。广西是西部地区人口流出第二大省(四川第一),劳动年龄人口又是流动人口的主体,劳动年龄人口大规模的跨区净流出,很大程度上削减了广西、崇左的人力资源规模,这也是劳动年龄人口占比低于全国总体水平的根本原因。近年来,崇左市各级党委、政府为增加农民收入,积极采取措施,做好农村劳务输出工作,输出规模不断扩大、方式不断改进、品牌不断形成、发展目标不断升级,劳务输出已经成为增加农民收入的首要渠道。全市劳务输出规模每年达到 4 万人左右,占流出总数的 7%,年人均劳务收入达到 1.35 万元。[①]

由于人口的净流出,使西部地区常住人口规模小于户籍人口规模,与东部地区常住人口规模大于户籍人口规模的情形完全相反,广西全区、崇左全市也不例外。但唯一例外的是凭祥,常住人口规模大于户籍人口规模,见表 10.3。在全区、全市绝大部分地区人口处于净流出的背景下,凭祥的人口却处于净流

---

① 资料来源:崇左市发展与改革局《崇左市统筹城乡就业和社会保障事业发展"十三五"规划》。

入状态。凭祥独特的经济、社会、生态发展环境对区域外人口具有一定的吸引力，与崇左市其他各县劳动年龄人口占比普遍徘徊于66%上下不同的是，凭祥高达72%，甚至超过全国总体水平（70%），见表10.1。

表10.3　2010年广西、崇左及试验区各区域户籍人口与常住人口规模

单位：万人

	户籍人口	常住人口
广西	5159.17	4602.38
崇左	234.77	199.43
凭祥	10.64	11.22
江州	34.78	31.67
扶绥	43.20	37.91
宁明	41.23	33.71
龙州	26.02	22.18
大新	35.98	29.66

数据来源：2010年广西壮族自治区人口普查数据。

另据崇左市公安局提供的每年1—6月实发暂住证资料，可以观察2010—2015年崇左、凭祥暂住人口的变动趋势：

从暂住人口规模变动看，全市从2010年的2.86万增加到2015年的4.09万，年均增加7.41%，同期凭祥从0.55万增加到1.43万，年均增加21.26%，增长速度快于全市总体水平。

从暂住人口来源地看，全市来自自治区内其他市的比例从2010年的70.01%缓慢下降到2015年的63.29%，与此同时来自区外的比例则从29.16%缓慢上升到36.71%。凭祥的变动趋势与全市一致，但来自区外的暂住人口占比高于全市水平（表10.4）。

从暂住人口的流动目的看，因务工经商目的来崇左的暂住人口占比从2010年的49.18%上升到2015年的71.71%，其中2012年高达81.31%。同期凭祥从66.26%上升到87.08%，其中2013年高达95.69%。因务工经商而流入的人口已成为崇左、凭祥暂住人口的主体，而且凭祥的占比高于全市水平。

从暂住人口居留时间看,2010—2015 年间,无论是崇左还是凭祥,居留 5 年及以下的暂住人口占比快速上升。2012 年以前居留 5 年以上暂住人口在 50％以上,之后居留 0.5 年到 5 年之间的暂住人口成为主体,人口流动速度显著加快,见表 10.5。

表 10.4　2010—2015 年崇左及试验区暂住人口来源及流动目的

		2010 年	2011 年	2012 年	2013 年	2014 年	2015 年
暂住人口/万人	崇左	2.86	4.56	4.68	3.94	3.96	4.09
	凭祥	0.55	1.16	1.35	1.35	1.05	1.43
来自自治区以内/％	崇左	70.01	69.47	71.28	64.31	55.59	63.29
	凭祥	54.18	45.02	51.43	49.71	53.67	53.65
来自自治区以外/％	崇左	29.16	28.99	28.00	34.87	44.41	36.71
	凭祥	41.55	49.22	46.18	47.91	46.33	46.35
务工经商/％	崇左	49.18	56.26	81.31	76.25	76.41	71.71
	凭祥	66.26	79.20	94.88	95.69	84.08	87.08

数据来源:崇左市公安局提供的《2007—2015 年崇左市暂住人口统计数据》。

说明:暂住人口规模为每年 1—6 月公安机关实发的暂住证数量。

表 10.5　2010—2015 年崇左及试验区暂住人口在流入地居留时间变化

单位:％

年份	崇左			凭祥		
	半年以下	半年—5 年	5 年以上	半年以下	半年—5 年	5 年以上
2010 年	3.56	35.94	60.51	5.08	23.71	71.21
2011 年	8.58	38.28	53.14	6.64	25.96	67.40
2012 年	4.84	57.14	38.02	5.26	58.87	35.87
2013 年	24.72	60.01	15.27	6.66	58.98	34.36
2014 年	23.63	72.27	4.09	31.26	68.74	0.00
2015 年	16.34	75.12	8.54	10.78	87.85	1.36

数据来源:崇左市公安局提供的《2007—2015 年崇左市暂住人口统计数据》。

3.劳动年龄人口质量

从受教育程度看,据第六次全国人口普查资料,2010年凭祥6岁及以上人口受教育水平在小学及以下的占33.83%,初中占44.73%,高中占14.24%,大专及以上占7.20%。小学及以下比例低于全区、全市,与全国总体水平接近,高中、大专及以上占比高于全区、全市。凭祥6岁及以上人口平均受教育年限为8.71年,高于全区(8.48年)、全市(8.18年)水平,但低于全国(8.86年)总体水平。凭祥人口受教育程度高于全区和全市,见表10.6。

表10.6　2010年全国、广西、崇左及试验区6岁及以上人口受教育程度构成

	小学及以下/%	初中/%	高中/%	大专及以上/%	平均受教育年限/年
全国	33.75	41.70	15.02	9.52	8.86
广西	38.65	42.64	12.14	6.57	8.48
崇左	39.62	45.71	9.92	4.30	8.18
凭祥	33.83	44.73	14.24	7.20	8.71

数据来源:2010年全国人口普查资料、2010年广西壮族自治区人口普查资料。

4.人才队伍

近年崇左市政府将人才工作摆在更加突出的位置,努力以引进高端人才推动科技自主创新和产业结构升级,人才队伍不断发展壮大。"十二五"期末,全市人才资源总量12.85万人。其中党政人才队伍13169人,企业经营管理人才9564人,专业技术人才35933人,高技能人才8161人,农村实用人才60161人,社会工作人才1501人。党政人才队伍、企业经营管理人才队伍、专业技术人才队伍中拥有大学本科及以上学历的比例为51.92%、35.57%、30.83%。同比"十一五"期末,全市人才资源总量增加3.6万人,五年间以年均6.80%的速度增长。党政人才队伍、企业经营管理人才队伍、专业技术人才队伍中拥有大学本科及以上学历的比例分别提高8.63、7.71和5.69个百分点。[①]

但与全国、东部地区比较可以明显看出,崇左的企业经营管理人才、专业

①　资料来源:崇左市发展与改革局《崇左市统筹城乡就业和社会保障事业发展"十三五"规划》。

技术人才、高技能人才占比显著偏低,这三方面的人才缺乏,而农村实用人才占比显著偏高,党政管理人才占比也偏高,这与崇左市比较落后的产业结构有关系。另有研究指出,崇左人才资源存在结构性失衡[1],具体表现为:其一,人才知识结构老化,不适应凭祥试验区开发开放建设对人才的特殊要求,外向型的国际化人才、边贸物流规划和管理人才、沿边工业技能专业人才严重匮乏。其二,人才结构不合理,高层次人才比例偏低,复合型、创新型人才和学术技术带头人较为紧缺,自主创新能力较弱。高技能人才存量不足,文化程度偏低。拥有自主知识产权和关键核心技术同时具有创业技能的现代企业家人才和企业科技人才短缺。其三,人才部门分布不合理,专业技术人员主要集中在教育、卫生部门,处于经济一线的人才数量比重低,工业企业拥有人才数量少。如2015年大新县5583位专业技术人才中,分布在卫生、教育部门的就有4204人,占75.30%。其四,人才地域分布差异明显,人才主要集中在江州区及各市县的城区,基层、农村、边远乡镇、企业生产一线科技人员缺乏。

2015年,凭祥市人才总量为3953人,占崇左全市人才总量(不包括社会工作人才)的3.11%,低于凭祥常住人口占崇左市常住人口5.63%的水平(2010年人口普查数据)。2014年,凭祥万人常住人口人才数量为354人,崇左为623人。[2] 另据《中国人才资源统计报告2010》资料,2010年全国每万人人才拥有量为912人,广西为599人,崇左仅为464人。[3] 显然,凭祥人才拥有量明显低于全市平均水平,与全区、全国的水平相差更大。

从凭祥的人才构成看(见表10.7),除农村实用人才外,凭祥各类人才占全市各类人才的比重均高于人才总量的占比水平(3.11%),尤其是党政人才、高技能人才的占比较高。再从凭祥各类人才的占比看(见表10.8),与全国、东部地区、西部地区、自治区的平均水平比较,凭祥的企业经营管理人才、高技能人才显著偏低,而农村实用人才占比偏高,党政管理人才显著偏高。

---

① 广西东南亚研究会,广西社会科学院东南亚研究所.广西凭祥国家重点开发开放试验区政策研究报告[R].2015-09.
② 说明:2014年,崇左常住人口203.98万,凭祥常住人口11.18万。
③ 说明:崇左的数据是根据《崇左市统筹城乡就业和社会保障事业发展"十三五"规划》中相关数据计算而得。

表 10.7　2015 年崇左与凭祥人才资源比较

	崇左市		凭祥市	
	人数/人	每万人中人才数/人	人数/人	每万人中人才数/人
人才总量	126988	623	3953	354
党政人才	13169	65	897	80
企业经营管理人才	9564	47	380	34
专业技术人才	35933	176	1682	150
高技能人才	8161	40	464	42
农村实用人才	60161	295	530	47

数据来源:崇左市数据来自《崇左市统筹城乡就业和社会保障事业发展"十三五"规划》,凭祥市数据来自崇左市人社局提供的《凭祥市人力资源情况材料》。

表 10.8　全国及各区域各类人才构成情况

单位:%

	党政人才	企业经营管理人才	专业技术人才	高技能人才	农村实用人才	合计
全国	5.33	22.67	42.23	21.79	7.98	100
东部	4.27	29.11	43.22	16.71	6.69	100
西部	8.36	16.69	44.14	17.02	13.79	100
广西	7.02	16.59	42.88	22.47	11.04	100
崇左	10.37	7.53	28.30	6.43	47.38	100
凭祥	22.69	9.61	42.55	11.74	13.41	100

数据来源:全国、东部、西部、广西数据来自《中国人才资源统计报告 2010》,崇左市数据来自《崇左市统筹城乡就业和社会保障事业发展"十三五"规划》,凭祥市数据来自崇左市人社局提供的《凭祥市人力资源情况材料》。

说明:崇左、凭祥为 2015 年数据,其他区域为 2010 年数据。

5.跨境劳务流动

自 2015 年 7 月被广西壮族自治区人民政府确定为中越边境地区跨境劳务合作先行先试市后,崇左市积极推进与越南边境省劳务对接洽谈,先后与越南谅山、高平两省签署了双方开展劳务合作的有关会议纪要。同年 8 月,出台了崇左市开展跨境劳务合作实施方案和管理暂行办法。2016 年 2 月崇左市委分别与越南谅山省委、高平省委签署了《中国共产党广西壮族自治区崇左市委员会代表团与越南共产党谅山省委员会代表团会谈纪要》《中国共产党广西壮族自治区崇左市委员会代表团与越南共产党高平省委员会代表团会谈纪要》，进一步明确加强跨境劳务合作。2016 年 3 月，派出以市外侨办、市旅发委、市交通局、市人社局及大新县、龙州县相关领导为成员的联合工作组赴越南高平省，与高平省外事厅、文体旅游厅、交通运输厅等有关部门就包括跨境劳务合作在内的中越合作项目进行工作会谈，并向越方提交了《中国广西崇左市政府与越南高平省人民委员会跨境劳务合作协议（征求意见稿）》（以下简称合作协议），建议将务工时限由 3 个月延长至 6 个月，明确跨境务工人员的定义、出入境通道、劳动权益保护及具体组织实施等。

尤其是近几年，中国的和平稳定及经济发展带动的人民币升值，使越南民间人力资源不断向广西边境城市流动，凭祥试验区的发展吸引了越来越多的越南商人及劳动力人口。据不完全统计，2013—2015 年间，每年越籍务工人员通过凭祥口岸入境人数 7100 多人，并且呈现逐年增长趋势，其中进入浦寨、弄怀边贸管理区 5700 多人，进入凭祥市内务工 1400 多人，进入市内务工人员越来越多。

从入境越籍人员从事的行业看，主要有商务活动（包括翻译等）、季节性甘蔗砍伐、红木加工及销售、服务业和装卸等五类。其中，从事商务活动 3000 多人，从事装卸 1000 多人，从事服务行业约 700 人，从事红木销售和加工 1900多人，从事甘蔗砍伐劳动 500 人以上。

从行业分布来看，多以劳动密集型及低技术含量为主，占行业分布的三分之一，其中以短期季节性劳务协作、红木加工、红木营销、边贸点装卸为主要工种。

从入境人员构成看，性别构成，男性 4600 余人，女性 2400 余人；年龄构成，青壮年 6000 余人，中老年 1000 人左右；文化程度构成，初中以下 1400 余人（占 19.7%），初中 3800 余人（占 53.5%），高中及以上 1800 余人（占 25.4%）。

从薪酬工资水平看，从事劳动密集型或技术含量较低行业的工资在

1200～3500 元/月,从事高技术或专门技术行业工资都在 3500 元/月以上,高技术及专门技术行业工资水平明显要高于劳动密集型或技术含量较低行业的工资水平。

随着越南经济快速发展,近年来到越南等国务工的中国公民也增多,据不完全统计,2013—2015 年间,经凭祥市中转外出越南等国务工的中国公民达3200 多人,主要从事翻译、企业中层管理和技术人员等岗位工作。

(三)人力资源的基本特点

基于上述分析,凭祥人力资源总体状况及特点可以概括如下:

1.人力资源数量比较充足,劳动力资源储备比较丰富

与西部地区、广西全区的情况基本一致,崇左市由于劳动年龄人口,尤其是低龄劳动年龄人口大规模的跨区向东部地区净流出,很大程度上削减了人力资源规模,劳动年龄人口占总人口的比重低于全国平均水平。但凭祥独特的经济、社会、生态发展环境对区域外人口具有一定的吸引力,人口处于净流入状态,劳动年龄人口占比高于全市、全区、全国平均水平,人力资源数量比较充足。同时,0～14 岁少儿人口占比也高于全国平均水平,劳动力资源储备比较丰富。

2.劳动年龄人口以壮年为主体,人力资源初现老龄化

由于大量青年劳动力(30 岁以下)的流出,崇左、凭祥的劳动力以 30～45岁壮年为主体,该年龄段劳动力占全体劳动年龄人口的比重要比全国平均水平高出 4 个百分点,劳动力初现老龄化态势。但从社会抚养比看,凭祥尚处于"人口红利"较为丰盈的时期。

3.暂住人口增加迅速,务工经商为主要流入目的

2010—2015 年间,崇左市暂住人口持续增加,其中流入凭祥的暂住人口增加更为迅速;暂住人口以务工经商为最主要的流动目的,且来自广西区域外的暂住人口逐年增多,这两个特征在凭祥尤为突出。绝大多数暂住人口在流入地居留时间在 5 年以下,近几年暂住人口的流动性明显加大。

4.人口受教育程度相对较高,人力资源质量相对较好

凭祥 6 岁及以上人口平均受教育年限为 8.71 年,高于全自治区(8.48 年)和全市(8.18 年)水平,但低于全国总体水平(8.86 年),受过高中及以上教育

人口占比高于全区和全市。

5.人才总量严重不足,结构不够合理

凭祥人才总量严重不足,人才拥有水平与全市、全区,乃至全国比较仍存在巨大的差距。现有人才结构不合理,尤其是企业经营管理人才、高技能人才严重缺乏,高学历人才、管理型人才、技能型人才、外向型国际化人才紧缺,在人才的知识结构、层次、分布等方面都存在结构性问题。

6.跨境劳务输入增长迅速,主要分布于低技术含量行业

随着边境贸易繁荣和跨境劳务合作的推进,来自越南的跨境务工人员增长迅速,虽然他们受教育程度(高中及以上的占25%,初中的占54%)高于本地劳动力,但主要还是集中于劳动密集型或技术含量较低的行业,薪酬待遇不高。

二、试验区人力资源开发面临的机遇与挑战

机遇往往与挑战并存。"一带一路"倡议、沿边重点开发开放试验区建设,试验区的人力资源开发、人才集聚获得了前所未有的重大发展机遇,但同时也将面临种种的挑战和困难。

(一)人力资源开发面临的机遇

中国-东盟自贸区是中国第一个自贸区,也是目前中国建成的最大的自贸区。随着中国-东盟自贸区升级版建设的推进、各重点领域合作的深入发展,中国与东盟国家都迫切需要大批农业、贸易、投资、信息通信、公共管理、工程建设、物流会展等方面的各类管理人才、营销人才、策划人才、信息技术人才、生物技术人才、新材料技术人才、环保技术人才等高新技术领域的领军型人才,双方在人才交流及合作的领域已被提到新的战略高度,展现出巨大的市场潜力和广阔的发展空间。

1.沿边经济增长极建设将对人力资源产生明显的集聚作用

经济要素和相关活动在空间上并非均匀分布,总是呈现局部集中特征。人才、人力资源作为重要的经济要素,在区域或产业空间上的集中会导致人才、人力资源在这两类空间的密度高于其他空间,从而形成人才、人力资源集聚现象。伴随人才、人力资源不断集聚而产生的信息共享、知识溢出、学习创

新、竞争激励、时间规模等效应,人才、人力资源集聚现象发生从量变到质变的转化,表现为所在区域内人力资本对经济增长的作用会加倍放大,高于集中前处于分散状态的水平,这就是人才、人力资源的集聚效应。

"努力将试验区建设成为中越全面战略合作的重要平台、中国-中南半岛国际经济走廊和重要门户、中国-东盟自贸区升级版的先行区、西南沿边经济发展的增长极和桂西南新的区域经济中心、睦邻安邻富邻的示范区和沿边开发开放的排头兵"是《广西凭祥重点开发开放试验区建设实施方案》对试验区建设的总体定位,赋予了试验区拥有其他地区无可比拟的有效聚集与扩散各种经济要素的地缘优势和能力。其一,试验区可以依托得天独厚的区位优势、口岸优势、政策优势,通过打造"大通道、大口岸、大加贸",促进外向型经济发展,使经济活跃度大大提升,成为沿边经济增长极和区域新的经济中心。其二,作为丝绸之路经济带的沿线重要节点,西南、桂西南地区开放发展新的战略支点,试验区在推动区域特色发展和城镇化中将发挥重要的作用。通过打造在传统产业优化升级、承接东部产业转移和新兴产业创新发展中推动产业、要素、人才集聚的经济带核心城市,提高和增强区域经济带上的辐射带动作用,以新型工业化为主导驱动区域经济发展和城镇化步伐。其三,随着铁路、公路、机场、口岸、港口等重要交通设施加快建设,保障民生等基础设施条件加快建设,着力抓好就业、住房、医改、教育、社保等民生工作,将极大改善试验区的发展条件与生活环境,为人力资源、人才的集聚创造良好的发展环境,也将使农业人口就近就地城镇化的趋势进一步增强。沿边开发开放战略将极大提升试验区的综合竞争力,将加快人才、人力资源的集聚。

人才集聚现象是一种规模经济现象,人才集聚的前提是人口集聚。经济生活越发达,人口集聚现象就越突出,人口集聚又带来人才的聚集。目前凭祥人口处于净流入的状态,跨境劳动力输入增多,人力资源流入势头开始增强就是最好的见证。可以预见,随着试验区成为新兴经济增长区域,特别是具有广泛对外联系的区域性中心城市和边境口岸中心城市的快速发展,各种经济要素不断集聚,自然将成为人力资源、人才的集聚中心。

2. 拥有独特的区位优势和政策待遇

人力资源政策性开发,是指国家通过制定和颁布政策法规来引导、推动、激发全体劳动者努力学习,提高技能,增加人力资源存量,充分合理使用人力资源。与人力资源开发相关的政策主要包括劳动政策(包括劳动预备制度、劳动就业政策、劳动合同制、劳动市场制度、劳动保护制度、劳动定员定额制度、员工培训制度、社会保障制度、劳动工资制度、退休制度等)、人事政策(包括尊重知识、尊重人才的政策,学位、职称以及职业资格制度,人才流动与人才市场制度,双向选择制度,聘任制,竞争上岗制度,奖励制度,培训制度,培训与继续教育制度,社会保障制度以及退休制度等)、人口政策、教育政策、科学技术政策、劳动报酬政策(以按劳分配为主,按劳分配与按生产要素分配相结合的政策)等,对人力资源开发起到明确的导向、协调、规范和推动的作用。

试验区地处中国的西南边陲,又是少数民族人口(壮族人口占 87%)集居地区,在人力资源开发、人才引进方面可以享受国家对外开放、西部大开发、民族区域自治和沿边开发开放地区所特有的政策待遇。这是国内很多地区所没有的。

西部大开发有关的人才优惠政策有:对西部地区,特别是艰苦边远地区的基层机关、事业单位人员的工资待遇加大政策倾斜力度,落实津贴动态调整机制;完善留住人才、吸引各类人才到西部地区基层工作的优惠政策,在职务晋升、职称评定、子女入学、医疗服务等方面给予政策倾斜。

边疆地区的人才优惠政策有:加大对边境地区企业经营管理人才、专业技术人才、高技能人才、农村实用人才及带头人的培养力度,建立吸引人才、培养人才、留住人才的机制;加大国家重点建设高校、民族院校、职业院校和各级党校、行政学院、干部学院以及其他各级各类干部人才培训机构对边境地区人才培养培训力度,采取定向培养、专项培训等措施,培养边境地区急需的各类人才;提高边境县村委会干部补助标准,落实对县乡基层医生、教师的工资待遇倾斜政策。

少数民族地区的人才政策有:在实施"三支一扶"(支农、支教、支医和扶贫)和大学生志愿服务西部计划等项目时,继续向少数民族和民族地区倾斜;加大选调生工作力度,积极引导优秀高校毕业生到民族地区基层一线锻炼成长;推进民族地区干部挂职锻炼工作。

广西北部湾经济区的人力资源支持政策有:创建北部湾经济区人才人事

改革试验区,实施人才强区战略,加快产业人才小高地建设。创新人才培养引进和使用机制,包括建立人才激励机制,实施柔性引进人才政策,实行公务员聘任制度,实行专才特聘制度,建立经济区编制调剂制度,创新职称政策等。同时为外籍人才、国内高学历人才、投资创业者、务工人员在经济区长期居留、落户、子女就学等提供政策支持。[①]

崇左市人才引进优惠政策有:聘任政府高层次专业工作人员实行年薪制,聘用期可享受 9 万~15 万元年薪待遇;引进事业单位且签订协议服务 5 年及以上的急需紧缺高层次人才(包括"985"院校毕业的硕士、博士生,拥有专利和专业技术人才,享受省级政府特殊津贴或优秀专家,享受国务院特殊津贴人员,国家"百千万人才工程"人选,省级"十百千人才工程"人选,国家杰出专业技术人员,"长江学者",国家有突出贡献的中青年专家,两院院士等),除正常的工资、福利、保险待遇外,还享受数额不等的住房补贴和安家费。对携带创新创业项目或高新技术成果等到崇左经济开发区、工业园区、科技创业园落户的创新团队或高层次创新型人才,采取一团队(人)一政策扶持办法,并一次性给予创业启动资金;选拔"选苗育苗"青年人才,对于符合前置条件的品学兼优的在校大学生,每月给予助学补贴,并在服务期内可参加崇左市公务员、选调生考试,享受引进人才有关政策待遇;以调动、兼职、挂职、咨询服务、来崇创业等方式引进的高层次人才,合作方式和待遇可按照"一人一策、一事一议、特事特办"的原则具体洽谈。

显然,试验区拥有明显的区位优势和一系列政策资源,关键在于如何理顺、整合现有的人才、人力资源政策,补充现有政策的不足,深度挖掘国家层面、自治区(区域)层面、市级层面给予的各项优惠政策措施,灵活运用,充分发挥政策效果,为试验区的人才、人力资源开发服务。

3.区域协同增强有利于实现人才、人力资源区域共享

相对于以往的区域发展战略(如西部大开发、东北振兴和中部崛起等),"一带一路"倡议将通过不断深化向东开放、扩大向西开放、提升内陆开放型经

---

① 广西东南亚研究会,广西社会科学院东南亚研究所.广西凭祥国家重点开发开放试验区政策研究报告[R].2015-09.

济水平、完善全方位主动开放格局等策略,把内陆地区、邻近"一带一路"国家的区位优势和地缘优势转化为强劲的发展动力,更强调区域之间、不同板块之间的互动合作,通过经济纽带将各区域联系在一起,通过市场的力量促进区域之间的互动,达到协调发展、协同发展、共同发展的目的。

我国东、西部区域经济社会发展水平和区域产业布局定位不同,很大程度上导致了区域人才吸引力差距过大和人才、人力资源分布不平衡。东部地区飞速发展和资源优势,吸引了大量人才、人力资源的聚集,东部地区人才资源密集和西部地区人才资源匮乏形成了鲜明的对比。西部地区人才短缺、结构布局不尽合理等问题一直是困扰西部发展难以化解的现实问题,成为制约西部地区经济协调发展的重大问题,推进东、西部地区人才共享,在很大程度上可以缓解西部地区人才短缺、结构布局等问题。随着"一带一路"倡议逐步推进,区域政策不断创新,地区封锁和利益藩篱将被逐步突破,内外联动、区域协同不断增强,区域间的人力资源合作开发、人才合作共享势在必行。

(二)人力资源开发面临的挑战

人才、人力资源是一个国家或地区软实力的最重要组成。随着沿边重点开发开放试验区建设的加快推进,对人才、人力资源的需求将越发迫切,呈现出新的特点和需求。

1.扩大对外开放,增强国际合作,综合外向型人才需求增加

试验区是我国对越及东盟自贸区开放合作的重要前沿和门户。随着中国-东盟自由贸易区升级版建设的加快推进,中国与东盟政治、经济、文化交流合作不断提升到新的水平,尤其是在经济方面,双向投资、贸易、旅游等合作日益活跃,迫切需要大量既掌握各国语言又有专业知识的人才,当下尤其需要商务、投资、金融、旅游、信息、法律、会展、教研等方面的人才。然而试验区目前这样的外向型国际化人才十分紧缺,远不能适应试验区扩大对外开放的需要。

2.产业升级、承接东部产业转移需要高素质劳动力

根据《广西凭祥重点开发开放试验区建设实施方案》,试验区将依托中越边境经济合作区、凭祥综合保税区、边境经济合作区等平台,积极吸引东部地区企业落户试验区,承接发达地区的产业转移,大力发展加工贸易,优化本区域产业结构、提升产业能级、增强产业竞争力。

前述分析表明,凭祥人才总量严重不足,人才拥有水平与全市、全区,乃至全国比较仍存在巨大的差距。一是现有人才结构不合理,尤其是企业经营管理人才、高技能人才严重缺乏,高学历人才、管理型人才、技能型人才、外向型国际化人才紧缺,在人才的知识结构、层次、分布等方面都存在结构性问题。各类专业技术人才的短缺导致东部地区的产业转移遭遇人才瓶颈。二是人力资源区域流动性强、人才流失严重。一方面,劳动力成本是劳动密集型制造业中人力资本的核心要素,也是影响其转移的关键因素。西部虽然劳动力丰富而廉价,但东部劳动密集型企业向西部转移并不明显,其原因在于东部地区劳动密集型产业的工资水平相对于西部地区具有优势。另一方面,人力资源的良性发展需要得到社会的支持和维护。西部地区的生活环境和交通条件等不仅难以吸引中高级人才到西部就业和创业,而且西部自身培养的人才也流失严重。东、西部地区对于人力资源的社会支持和维护存在较大差距,不仅体现在人才引进政策与机制上,也体现在对人力资源的社会保障上。通过西部人力资源水平评价我们发现,西部地区的经济活动人口各类社会保险参保率在四大区域中均处于最低水平,从而大大拉低了西部人力资源水平的综合得分(周丽苹、陈磊,等,2015)。

　　在产业结构与就业结构之间的相互牵动和推动关系上,一般是随着产业结构优化升级、产业重点转移,劳动力随之发生从第一产业向第二产业转移,工业化基本完成后,劳动力又向第三产业转移。所以,作为掌握一定知识技能的劳动力,其产业配置规律应当与一定时期产业发展要求和产业结构变动规律相一致,才能有效促进产业结构升级和优化。但若劳动力素质低下,知识和技能不高,劳动力在产业间的转移处于停滞、关闭或半关闭状态,已有的生产力便难以充分发挥应有效率,产业结构转型和优化就比较艰难和缓慢。西部地区人才短缺、人力资源水平不高,大量劳动力集聚于产值低、效能低、科技依赖性低的行业,已影响和制约了西部地区产业的发展能力和发展水平,抑制了东部产业的顺利转移。

　　3.发展特色优势产业、增强产业竞争力需要高层次专业人才

　　发展特色优势产业,壮大试验区的经济实力是试验区建设的主要任务。糖业、矿业、红木、边境贸易、生态旅游业是试验区的五大特色传统优势产业,

如今,糖业、矿业、红木、边境贸易、跨境旅游传统特色优势产业不断壮大,五大产业交相辉映,支撑起了试验区的特色支柱企业,糖业、矿业、红木产业规模以上工业总产值占全市工业总产值达到 70％以上,素有中国"糖都"、中国"锰都"、中国"白头叶猴之乡""崇左天下美"的美誉。友谊关口岸成为我国通往越南及东盟过货量最大的陆路口岸,口岸和边民互市点对外贸易不断扩大,外贸进出口总额连续 6 年稳居全区第一,出口总额连续 8 年稳居全区第一。

但是,五大传统产业目前仍然处于相对分散、专业化分工程度不高、产业集聚和规模化程度低的状态。试验区现有的产业园区、边境经济合作区、工业区、青年产业区等工业区专业化和规模化程度均不高,龙头企业不多,核心竞争力不强,形不成规模效应,糖业、矿业、红木产业分工细化不足,多年来在低水平上徘徊。旅游产业也相对分散,没有充分利用旅游资源培育旅游特色产品,没有形成相对集中的生态旅游区,没能带动旅游相关产品的发展。同时,缺乏产业的有效联动,支柱产业向上下游延伸的能力不足,难以形成合理的产业分工体系、实现区域内产业的优势互补和区域产业的协同发展,从而无法达到优化区域产业结构、提升产业能级、增强区域产业竞争力的目的。

新常态的经济发展,以提高质量和效益为中心,以增强产业竞争力为主攻方向,而这只有依靠人才,才能实现创新驱动发展。当前试验区传统优势产业还存在粗放式发展,管理成本和经营费用过高,资源消耗高,虽有特色但规模小、效率不高、层次较低等问题。这些问题都源于以人才和科技为支撑的经济发展动力不足、竞争力不强。

如锰、铜、稀土、铝等矿产资源仍然停留在初级加工阶段,矿产得不到充分的利用,在高效清洁稀土资源开发上缺乏创新能力。如食糖精深加工、蔗渣造纸和发电、糖蜜生产化工产品、糖果食品加工等糖业循环经济没有形成完整的产业链体系,综合利用水平不高。而蔗糖业、矿业的专业技术人员,尤其是高层次的人才非常缺乏。专业人才不足将直接影响试验区传统优势产业竞争力的提升,如试验区农村实用人才奇缺,将严重阻碍试验区的农林产品生产和农业科技创新的国际合作,阻碍试验区中现代农业合作示范基地的建设。

4.弥补劳动力短缺,亟须破解跨境劳务合作难题

长期以来,横跨我国由西向东的大规模人口迁移流动,使作为劳动力蓄水池的西部地区已初显劳动力,尤其是青壮年劳动力短缺的端倪,近年试验区对越南劳动力需求量逐年递增就是明证。这些跨境劳务多从事劳动密集型及低技术含量工种,其中又以短期季节性劳务协作、红木加工、红木营销、边贸点装卸工为主,是对本地用工,特别是劳动密集型和低技术含量用工短缺的一种补充。可以预见,随着东部、发达地区企业在中越跨境经济合作区、凭祥综合保税区、边境经济合作区等平台的陆续落户,随着集进口、加工和销售于一体的边境综合专业市场和加工基地的建成,随着中越现代农业合作示范基地、糖业循环经济示范基地、农产品加工基地等的加快建设,随着通道经济逐步向口岸经济转型,试验区对不同层次的劳动力资源需求将有一个大的提升,在本地劳动力外流的情况下,为弥补本地劳动力不足而大量使用越南劳务将是一种自然选择。事实上,利用廉价的跨境劳务,既是试验区自身发展的需要,同时也是一种发展策略。随着东部地区用工、土地等成本的日益上升,产业从东部地区向中西部地区转移的步伐也在不断加快。试验区在拥有独特的区位优势、自然资源优势、政策优势等的基础上,如果再拥有丰富的廉价劳动力资源优势,将极大地推动承接东部、发达地区产业转移,有利于吸引劳动力密集型企业来试验区落户,起到"筑巢引凤"的作用。然而由于中越边境劳务合作的相关政策、管理机制等的滞后,目前跨境劳务合作受到边检、边防等系列制度的限制,越南劳工输入尚处于散乱、不规范、甚至违法的状态。同时跨国劳动力的大量涌入,不仅带来了较多的治安问题,而且越南技术工人的技能和低薪,冲击着试验区本地劳动力人口的就业、发展及收入,亟须破解管理机制和政策制度的难题。

三、制约试验区人力资源开发的因素

(一)人力资源开发需要坚实的经济基础

人力资源开发与经济增长的依存关系体现在两个方面:其一,人力资源开发和经济发展是一种互为条件、相互促进的关系。人力资源积累可以促进经济增长,但如果区域经济长期没有增长,人力资源开发的经济效益就会下降。

其二,人力资源开发不是一项无成本活动,需要一定的经济实力予以支撑。人力资源开发的资金投入主要包括:教育和职业培训的费用,医疗卫生、增进健康的费用,为求职和帮助求职而发生的流动迁移的费用,安排国外移民入境的费用。所有投入都是提高人力资源质量的代价,是人力资本形成的必要投入,政府、企业、社会、家庭、个人则是人力资源开发投资的行为主体。

2010—2015 年,全国、东部、西部、广西壮族自治区经济增长速度分别为10.60%、9.96%、12.20%和11.92%,西部大开发、"一带一路"倡议推动了西部经济的快速增长和结构优化,经济增长速度超过了东部和全国总体水平,对人力资源的数量、质量和结构也提出了新的需求,促进了人力资源开发目标的调整与升级。然而,东、西部地区的经济实力差距仍然巨大,表 10.9 显示,2015 年东部地区国民生产总值、公共财政收入分别占全国总量的 54.41% 和55.98%,人均 GDP、人均财政收入、居民收入、农民收入水平均高于全国总体水平,雄厚的经济实力为人力资源开发提供了坚实的经济保障。而西部地区生产总值占到全国总量的 21.16%,仅为东部地区生产总值的 38.89%,人均GDP、人均公共财政收入、城镇居民人均可支配收入、农民居民人均纯收入水平均低于全国总体水平,分别为东部地区的 54.99%、52.40%、72.15% 和63.60%,薄弱的经济基础已成为西部地区人力资源开发的"瓶颈"。

进一步观察崇左和凭祥,2010—2015 年间,崇左、凭祥的经济增长速度高于全国和东部地区,2015 年凭祥市人均 GDP、人均财政收入高于全市、全区、西部地区的总体水平,居民收入水平高于全市、全区总体水平,人均公共财政收入甚至超过全国总体水平,在西部地区,凭祥犹如一颗"璀璨的明珠",见表10.9。然而,从 2010—2015 年间的公共财政收入的增长速度看,在西部地区、广西壮族自治区均高于或与全国、东部地区持平的大环境下,崇左、凭祥却明显处于低位。全国、东部地区的政府财政收入增长速度均高于经济增长速度,而崇左和凭祥则低于经济增长速度,财政收入增长速度并没有实现与经济总量增长速度同步,换言之,政府财力并没有随着经济增长而得到同步的增强,与西部地区的总体水平、与广西壮族自治区的差距也较大,这在很大程度上影响到地方政府提供社会公共物品和服务的能力、范围和数量,其中包括对人力资源开发、人才引进、教育培训的投入能力和投入强度。同时,农村居民收入低下,也直接影响到农村家庭对子女教育的投入能力。

表 10.9　2015 年全国和各区域经济增速及人均指标比较

	生产总值			公共财政收入			居民收入	
	GDP/亿元	人均 GDP/元	2010—2015 年年均增长速度/%	总量/亿元	人均公共财政收入/元	2010—2015 年年均增长速度/%	城镇居民人均可支配收入/元	农村居民人均纯收入/元
全国	685505.80	49992	10.67	83002.04	6038	16.90	31194.80	11421.70
东部	372982.67	71019	9.96	46466.23	8848	15.40	36691.30	14297.40
西部	145018.92	39054	12.24	17213.81	4636	19.20	26473.10	9093.40
广西	16803.12	35190	11.92	1515.16	3159	16.50	26416	9467
崇左	682.82	33355	11.72	73.20	3587	9.60	23184	7707
凭祥	50.90	44415	11.70	8.60	7535	10.20	25877	7664

数据来源:根据 2016 年《中国统计年鉴》相关数据计算而得,崇左数据来自《政府工作报告——2016 年 2 月 25 日在崇左市第三届人民代表大会第七次会议上》,凭祥数据来自凭祥市统计局提供的《凭祥市 2016 年年鉴》和《政府工作报告——2016 年 3 月 7 日在凭祥市第十五届人民代表大会第七次会议上》。

自西部大开发战略实施以来,虽然中央政府对西部地区,特别是民族地区的教育投资比例逐年上升,甚至高于东部地区,加上地方各级政府给予的不同程度的经费支持和政策倾斜,西部和民族地区教育办学条件得到很大改善。但以发展西部地区特色教育、实现教育跨越式发展所需的人力、物力和财力来衡量,现有投入还不足以满足教育发展的需求。一方面,虽然西部经济增长速度提升,但经济总量仍然偏低,产业结构比较落后,经济基础薄弱,政府财力不足。同时受到自然条件的约束,教育成本过高,使西部地区长期处于基础薄弱、资金需求量大而投入不足的窘境,特别是农村、边远、贫困、民族地区优秀教师少、优质教育资源少,教育质量总体不高。另一方面,由于教育投资转化为教育能力并发挥出经济价值需要一个较长的时间,存在一些地方干部片面强调地方经济发展,对短期内难以见成效的教育行业关注不多的现象,影响到对教育的投入。在东、中部地区,已经形成了较为合理的国家、集体、个人进行教育投资的投资体制。而西部地区教育投资集中于国家、政府,人力资本投资体制不健全,容易形成依赖思想而缺乏寻求自身发展的动力。

(二)人力资源开发需要科学的制度安排

人力资源开发对经济和社会的促进作用受到制度环境的制约。有效的制度安排能促使人力资源开发发挥最大的作用,是国家或地区实现经济快速发展的主要动力和重要保障。有效的制度安排应当具备两个特征:一是能够使每个社会成员从事生产性活动的成果得到有效的保护,从而使他获得一种努力从事生产活动的激励;二是能够给每个社会成员以发挥自己才能的最充分自由,从而使整个社会的生产潜力得到最充分的发挥。这些制度主要包括人力资源配置机制、市场机会公平机制、人才使用的激励机制等。

尽管 20 世纪 90 年代以来大量人才外流给西部地区的人才管理体制带来了较大转变,西部地区也做出了体制上的调整,但总体上讲,西部地区人才管理体制仍然以"计划调节"为主,制度安排仍带着明显的计划经济体制的痕迹。《崇左市专业技术人才队伍建设中长期规划(2010—2020 年)》《崇左市农村实用人才和农业科技人才队伍建设中长期规划(2010—2020 年)》都提出目前试验区人力资源开发存在管理制度不完善的问题,充满生机和活力的用人机制和科学的人才评价机制尚未形成。长期受传统计划经济体制的影响,劳动人事制度改革滞后,大多数人才仍然要接受刚硬的国家统一管理和调遣,谈不上利益机制的驱动,市场机制在人力资源配置中的基础性作用还没有进一步增强,人才信息共享、人才自由流动等方面仍存在诸多体制性障碍。一个单位招聘人才,往往采取的是"只能进、不能出"的管理办法,其后果是形成人才为部门或单位所有,"一厢情愿的用人机制"使人才流动环境闭塞,许多人才处于闲置状态,以致用非所长等弊病难以消除,人才的使用和配置很难与社会经济的需要相吻合,许多高科技人员留在非生产部门,不能到生产一线为经济社会发展做出直接贡献。试验区的人才总量不足,管理型人才、技能型人才、外向型国际化人才紧缺,人才配置与试验区的产业结构优化升级与开发开放不协调,不能支撑区域经济的跨越式发展。在这样的管理体制下,用人单位很难及时根据自身需要引进急需人才,从而造成用人单位缺乏人才管理和利用的积极性,未能形成有效的人才激励机制。薪酬分配不科学,业绩评价、监管激励缺乏,存在"大锅饭"现象。同时,个人发展又受到"论资排辈""任人唯亲""拉关系,走后门"等不良因素的阻碍,形成"庸才驱逐良才"的现象,不仅造成内部人才的大量闲置和浪费,而且可能挫伤人才的积极性和创造性,造成不稳定甚至流失,使本来就捉襟见肘的人才很难发挥其应有的作用,人才政策不能有效落实,政策效果也不能很好地体现。僵化的人事制度和管理机制,最终导致人才使用效率低下。一方面是人才引而不用,固化或半固化在单位内而闲置起来;另一方面是能力错位,工作能力和岗位匹配不当,存在大材小用、小材大用、专才乱用、过度使用等现象,人才的不合理使用使人才效率大大降低。有研究表明,西部地区普遍存在人才效率低下的问题,西部地区的人才 GDP、每万名大专及以上受教育程度的人申请专利数均低于全国平均水平,与东部地区差距巨大(周谷平,等,2012)。

如果说以上只是试验区人力资源开发中存在的制度安排问题的话,那么从更大区域间关系(从东部与西部的关系、西部地区与广西的关系、全省与崇左的关系)的视角看,由于缺乏人才开发的统揽全局的全国性系统规划,缺乏全国性的有效协调和宏观指导,区域内的各级人才主管部门,各级政策的人才开发规划和人才政策、措施只能考虑本地区的局部问题和局部利益,一方面造成竞争失度,另一方面又影响了人才的合理流动,还造成了某些产业、某些部门和某些领域人才开发在低层次上的重复建设。

（三）人力资源开发需要良好的发展环境

发展环境差异引起的人才流动是造成区域人才结构失衡的重要原因。区域政策、环境、机制的优势可以降低人才流入的门槛和成本而成为人才聚集的"高地"。地理位置好,行业声望高,单位实力雄厚,条件和待遇优越,发展潜力大,自然能吸引更多、更好的人才;追求收益最大化是人才流动的根本目的,这里的收益除物质收益外,还包括职位、声誉、事业发展、发展潜力等非物质收益。在市场经济发展较快的地区,不仅有对人才大量需求的市场,具备政策、制度、机制等的优势,而且可以为人才提供优良的生活环境、工作环境和发展环境,人才便具有向经济发展较快的地区流动的必然性。凭祥试验区虽地处西南经济圈和东盟经济圈交会地带,但来自东部及周围经济圈内各大中心城市对人才的争夺无疑对试验区形成了巨大的冲击力。相比之下,试验区的弱势明显表现为:地处边境山区,交通不便,各种基础设施也相对落后,生产生活

中国西部人力资源区域差异与协调发展

条件不如大城市;规模小,信息化程度不高,学术氛围不浓,观念较为保守,不利于激发人才的创新意识;人才市场培育和发展较为滞后,人才薪酬偏低,优秀人才优惠政策并不完善,福利待遇难以满足高层次人才要求,高层次人才载体集聚能力还不够强。尽管中央对中西部有政策倾斜,但中西部地区人才流失仍比较严重,尤其是人才资源密集的几大系统(如高教、国防工业、卫生、科研单位等)人才流失问题突出,其中高学历层次人才、中青年专业技术人员流失问题更为严重。西部地区大专以上学历毕业生有相当数量流向东部沿海发达地区。随着近年来周边城市加快吸引人才尤其是高端人才优惠政策的出台,"人往高处走"的人才流动规律给试验区人才发展更是带来了严峻的挑战。这些区域为了在区域发展中抢占制高点,打造新的增长极,都在纷纷储备、培养、开发人才,人才竞争非常激烈,一系列试验区、改革区的批准和建设都需要大量的人才,尤其是那些紧缺的高层次人才。在这样的宏观形势下,经济实力相对薄弱的凭祥试验区要与其他地区竞争,尤其是与定位比较相似的地区如东兴试验区竞争,充满了艰巨的挑战。

(四)人力资源开发需要优质的教育和培训

如今,发达地区与欠发达地区的差距本质是知识的差距,也就是"人的能力"的差距。这种能力主要表现为知识、技能、文化水平和精神观念等,这些都是教育、培训的结果。优质的教育、培训是提高人口质量、积累人力资源存量的最重要途径,通过教育、培训获得知识、技能的人力资源将具有更高的生产力,会带来更高的经济和社会效益。

然而随着城镇化的推进,生育率下降,进城务工人口增多,广西乃至整个西部地区,普遍存在教育类型结构失衡,城乡教育发展不均衡,普通教育、职业教育、成人教育发展不协调等问题,制约着人力资源的开发。高等院校的布局与专业设计不够合理,优质高等教育资源相对匮乏。作为西部贫困省份、面向东盟的省份,实现农业产业化而缺乏优质的农业高等院校的支撑,要加快工业现代化的速度而缺乏优质的工业高等院校的支持,要成为加强中国与东盟经济圈合作交流的重要窗口而缺乏面向东盟的中外合作人才培养的高等院校。高等专门人才的培养主要依靠省属普通高等院校,优质资源缺乏严重制约全省人才的培养。院校专业结构的失衡,表现为第一、第二产业专业数量不足、培养质量不高,与产业结构不够协调,过多开设第三产业类热门专业而忽视第一产业对农业人才、第二产业对制造类人才的需求,教育结构失衡使社会人才结构难以适应产业结构调整和经济可持续发展的需求,也使农村劳动力得不到合理有序的转移。

同时,职业培训体系滞后于区域产业发展需求。针对市场经济进一步发展,各经济团体对劳务人员素质的要求越来越高,崇左市确立"市场导向培训,培训促进输出"的指导思想,把职业技能和综合培训作为劳务输出的一个重要环节来抓,引导农民从"洗脚上田"向"洗脑进城"的转变。但是就目前效果来看不容乐观,职业培训体系未真正建立健全,更未形成产业规模,技能培训的针对性和有效性还有待于进一步提高,大量的农村富余劳力不仅文化素质低,也没有掌握一定的新技能,不能满足本试验区开发对高素质劳务人员的需求。

第十一章　西部人力资源开发的思路与对策

　　自改革开放,尤其是西部大开发以来,我国西部地区经济社会发展迅速,人民生活明显改善,更为人力资源的成长、集聚、发展提供了一片沃土。反思过去,认识当前,是为了更好地把握未来。针对西部人力资源的现状、特点和面临的问题,需要通过加大人力资源建设投入、加快重点人才培养和引进、协调区域人才流动、推进大众创业创新等措施和途径,迅速增强人力资本积累、提升人才效能、共享区域人才和充分挖掘人力资源潜能,迅速提升西部人力资源的综合能力,为西部大开发、"一带一路"建设提供丰富而高质的人力资源保障。

　　一、加大人力资源建设投入,增强人力资本积累

　　(一)对人力资源进行全方位投资以提升人力资本的质量

　　实践与研究均已证明,单纯加大物质资本投资并不能从根本上改变西部地区的落后局面,增强西部地区的自我"造血"功能和发展能力,才是改变落后局面的关键。紧紧抓住"一带一路"倡议给西部大开发带来的机遇,继续加大对西部人力资本的投资,不仅包括对人力资源的健康投资、教育投资、科技素质与劳动技能的投资,也包括对人力资源与市场经济相适应的价值取向、发展意识、创新意识的投资。

　　(二)重视基础教育对提升人力资源质量的基础性作用

　　通过增加基础教育的投入从根本上来提升西部地区人力资源的素质和能力。首先,要促进义务教育的均衡发展,实施义务教育办学基本标准和质量标准,完善农村、边境地区学校的布局与资源配置,对贫困地区、落后地区和弱势群体要有所倾斜,把全面推进素质教育、全面提高教育质量作为义务教育均衡

发展的根本任务,以奠定人才成长的良好基础;其次,要加快普及高中阶段教育,根据西部地区人口城镇化进程合理调整好普通高中的布局,保持高中阶段普通教育与职业教育的协调发展,鼓励高中阶段教育办出特色,结合社会实践教育,适当进行职业教育,培养学生的职业素质和能力,以提升人才的基本能力;最后,要将学前教育纳入教育事业发展规划,政府承担发展学前教育的责任,鼓励社会力量举办学前教育机构,要增强农村、边境地区的幼儿教育。

(三)缩小西部高等教育差距共同打造西部人才高地

借鉴美国西部大开发中发挥以斯坦福大学为代表的一批西部名校为当地开发输送优秀人才,有力地推动美国西部经济持续发展的经验,明确我国西部大开发必须把部、省共建重点高校纳入西部经济建设总体规划之中,采用优先发展战略,以改变西部长期以来优质高等教育资源短缺的问题,发挥其培养西部优秀人才的"龙头"作用(吴德刚,等,2015)。针对青海、贵州等省份高等教育水平偏低的问题,加强专项经费支持,实施政策倾斜,通过"扶持弱者""弥补缺陷",努力缩小西部各省之间高等教育的差距,提高西部高等教育整体水平,共同打造西部人才高地;优先发展具有西部地区资源优势的特色专业,如冶金、矿产、航空航天、民族旅游、生态保护、农牧、管道运输等,为西部发展培养留得住、用得上的应用型、复合型人才;西部地区是多民族地区,民族构成复杂,不仅是高等教育,还包括初等教育、中等教育、职业培训等,都要实行双语教学,促进少数民族学生的全面发展,提高民族人才的适应能力,优化西部人才基础。

(四)重视服务型职业教育对提升劳动者综合职业能力的意义

西部地区目前正处于产业结构调整、推进"供给侧改革"的进程中,职业教育的专业设置要以市场需求为中心,开展服务型职业教育,紧密结合区域经济特色,规范和引导职业院校的专业设置行为,发挥地方教育优势和办学条件,建立和培育具有区域优势的特色专业与潜力专业,坚持"产教融合",以产业结构调整为导向,以区域支柱产业和特色产业为依托,紧扣经济发展的需求,注重职业教育资源的统筹分配和优化整合,积极探索适合职业院校的人才需求预测与专业结构动态调整机制。

充分重视服务型职业教育对培养劳动者综合职业能力的重要作用。立足西部各区域经济社会的发展实际,合理引导学生接受职业教育,提高学生技术技能水平和就业创业能力,为培养大工匠打下扎实基础,职业院校学生应逐渐成为西部地区产业工人的主要来源,为承接东部地区产业转移创造条件,助推经济转型和产业升级;通过大力发展服务型职业教育,为产业优化升级配置新增劳动力,逐步实现以职业院校招生代替招工,逐步替换低技能劳动力,实现劳动力结构和就业结构的升级;服务型职业教育以就业为导向,围绕现代农业、装备制造业、现代服务业、战略性新兴产业、民族传统工艺等领域,着重培养一线劳动者的综合职业能力,特别在培养技能型人才、农村实用人才方面发挥关键的基础性作用;改革人才培养模式,扩大"双师型"教师规模,推广现代学徒制和企业新型学徒,依托龙头企业、产业协会、专业市场等,开展适合各地情况和特色的多种模式职业教育,提高实践教学水平和技术服务能力,提高学生实践操作能力。

(五)大力发展继续教育以拓宽各类人才的培养渠道

以加强人力资源能力建设为核心,更好满足人们对提高学历、获得职业资格、提高技术等级、转业转岗、更新知识技能及提高文化素养以及个人发展等需要,大力发展继续教育,拓宽各类专门人才和实用人才的培养渠道。建立健全继续教育体制机制,鼓励个人多种形式接受继续教育,支持用人单位为从业人员接受继续教育提供条件;鼓励学校、科研院所、企业等相关组织开展继续教育,建设以电视和互联网等为载体的远程开放继续教育及公共服务平台,为学习者提供方便、灵活、个性化的学习条件和机会;建立继续教育学分积累与转换制度,实现不同类型学习成果的互认和衔接,探索职业资格体系与学历资格体系并重且相互衔接的机制。

(六)重视发展民族特色职业教育以培养民族特色技能人才

民族特色职业教育,是指民族地区的职业院校根据本地区社会经济发展状况,利用本民族独特的历史传统文化优势,因地制宜,突出特色,设置专业培养人才和未来的劳动者。西部地区除汉族以外,有蒙古族、回族、藏族、维吾尔族、苗族、彝族、壮族等44个少数民族,是中国少数民族分布最集中的地区。少数民族地区自然资源和人文资源富集,为西部地区发展民族特色职业教育提供了极为丰富的营养、灵感和资源。从少数民族独特的历史文化传统中萃取精华纳入职业教育的教学内容,如将民间工艺作为职业技术教育的内容之一,就可以使学生把理论与实践结合起来,不仅可以培养拥有民族特色技能的专业人才,而且使民间文化和民间工艺得以传承。同时将自然与人文的独特基因融入现代化的潮流,民族地区的传统文化通过与现代职业教育体系的结合,能够利用现代教育的教学手段培养掌握民族传统技艺的学生,是传统与现代的结合。培养民族地区旅游、民族工艺、民族医药、民族食品的专业人才,以适应西部地区新兴产业兴起对技能人才的需要。努力实现把自然与人文资源转化成经济发展的资源,把自然与人文优势转化成经济发展优势。

二、引进、培育重点领域人才,提升人才资源效能

(一)引进、培养高层次创新型人才和产业发展紧缺人才

高层次创新型人才作为科技创新的引领者、高新技术的领军人、新兴产业的开拓者,在很大程度上成为一个国家或地区核心竞争力的重要标志,对经济科技发展水平和国际竞争地位发挥着关键性的作用。构建包括国际视野范围的高端人才数据库和人才流动服务平台,努力集聚能吸引高端人才的各种元素并创造良好发展环境,加强与国内高校院所、国际人才中介服务机构的合作,调动企业用人主体的积极性,引进一批具有国际先进和国内领先水平,掌握核心技术、引领新兴产业发展的创新型科技领军人才和一批具有较强创新能力的骨干研发人员;加大培养和使用力度,支持本土更多35岁以下优秀青年科技人才脱颖而出。探索企业导师与学校导师共同培养研究生的"双导师制",为企业定向培养创新科技人才。拓宽对35岁以下具有研究潜力的优秀青年科技人才的资助渠道,加大对青年人才科研资助力度。

各省区市要围绕本地区特色优势产业,围绕"一带一路"建设的重点产业、重点领域、重大项目,结合产业结构调整和产业集群发展需要,对各产业紧缺的创新人才做出近期和中长期预测,编制特色产业人才开发目录,动态发布新兴产业人才供求信息,以重点产业、特色产业、优势产业为突破,实施政策重点倾斜、人才重点引育、资金重点投入,使重点产业和行业的人才资源快速增长,努力建成在西部地区具有影响力的、具有西部地区鲜明产业特色的人才集聚小高地。

(二)统筹推进各类人才队伍建设

西部地区各省区市要坚持"三支队伍、两类人才"(指党政人才队伍、企业经营管理人才队伍、专业技术人才队伍、高技能人才、农村实用人才)一起抓,稳定和用好现有人才。研究制定推进党政人才、企业经营管理人才、专业技术人才流动的政策,打破身份界限,促进党政机关之间、企业之间、事业单位之间及其相互之间各类人才有序流动、合理配置。积极推进职称制度改革,评聘专业技术职称向重点行业领域和基层一线倾斜政策,加大农村实用人才评价力度。在统筹推进人才队伍建设的同时,加强人才形势分析和需求预测,建立人才培养结构与经济社会发展需求相适应的动态调控机制,重点培养和造就与西部地区开发开放、产业转型升级发展需要相适应的、素质优良、引领创新创业的各类人才队伍。随着"一带一路"建设实施的不断深入,进一步扩大对外开放和加强国际合作,对西部地区各类人才的专业能力又将提出更高的要求:

党政人才,应具备国际化视野和宏观决策能力。需要对"涉外"部门公职人员、重要岗位领导干部开展国际化培训计划,轮流到发达国家名校进行在职学习和培训,到有外交关系的国家进行访问、交流、学习,迅速提升西部地区党政人才的国际化水平。

企业经营管理人才,应具备战略思维和经营管理能力。需要联合国内外知名高校加强企业家系统化、国际化能力培训。以职业经理人和专业化高层次经营管理人才为目标,培养具有全球视野的创新型企业家后备梯队。针对西部地区产业发展特色,开展企业家分行业培养,提高精细化管理水平。

专业技术人才,应成为特色优势产业的创新型和应用型专业人才。需要着力推进各项"人才工程",培养和引进在特色优势产业或领域掌握核心技术的专业技术人才,培养技术人才的创新精神、创新思维和创新能力,支持优先发展领域的专业技术人才掌握国际最新最先进的知识、技术和信息,营造宽容的发展环境。

高技能人才,应成为高职业素质和技能的高级工和技师。需要发挥企业推进在岗技能人才技能提升和创新发展的主体作用。依托职业院校培养中、高级技工。加强农村转移劳动力的职业技能培训。改革高技能人才选拔与评价机制,畅通成才途径。

农村经济实用人才,应成为生产型、经营型、技术服务型、技能型的"四型"农业实用人才。需要将中青年农民、返乡创业者、大中专毕业生作为重点培养对象,掌握种养业产前、产中、产后各环节生产技术和标准化操作规程,增强乡镇企业经营人才的管理能力,提高技能带动型和技术服务型人才的专业技术水平。

(三)改善发展环境以吸引人才和留住人才

有调查发现,西部科技人力资源流动存在明显的选择性、目的性,其原因是个人的价值取向和环境差异,认为发达地区有很强或较强吸引力的占78.65%,而对西部地区"就业机会"不满意率达到57.7%;"创新氛围"不满意率为54.1%;"经济状况"不满意率为52.9%。[①] 人力资源的良性发展需要得到社会的支持和维护,否则就不能保障其正常参与社会经济活动,难以充分发挥其效能。个体是否能健康成长,其能力的发挥程度都与他所在的社会环境和经济环境密切相关。西部地区要提高人力资源水平,要吸引人才、引进人才、留住人才,就需要营造一个有利于人力资源开发、人才成长发展的经济环境和社会环境。

首先,要注重创造更多更好的就业机会,牢牢抓住东、西部地区产业转移的战略机遇,大量引进外来优秀企业、加快提升本土传统产业、大力发展新兴产业和服务业,不断提供更多更好的工作岗位,以机遇吸引人才,以人才促进发展,以发展创造机遇,形成良性循环的人才发展模式。

其次,鼓励、支持和扶持创新和创业,支持企业产业化前期的研究开发,支持产业关键技术的开发。鼓励大学生、高校和院所的教师和研究人员来西部创业;重视高新技术产业开发区、大学科技园区、生态工业园区等园区建设和发展,这也是集聚人才和发展经济的最佳途径。

再次,加快人才聚集,离不开城市的资源配套。优化交通运输、居住环境、医疗和教育资源,不断完善城市功能,改善生活环境,提升城市承载能力,使不断涌入的人才无后顾之忧。只有坚持以人为本的科学理念,保障好、维护好、发展好外来人才的根本利益,不断营造并完善适合人才发展的载体,才能真正

---

①　王成军,冯涛.基于调查、统计的西部科技人力资源流动状况分析[J].西北人口,2011(4).

地吸引人才、留住人才,才能充分发挥人的主观能动性,才能在西部地区参与"一带一路"建设长期战役中发挥关键作用。

(四)优化配置人才资源以提升人力资本效能

有研究发现,东部地区人力资本对经济增长的推动作用要大于西部地区,人力资源配置影响到物质资本的生产效率,合理的人力资本配置会提高物质资本对经济增长的贡献率。[①] 我们研究也发现,尽管西部地区人力资源数量较为丰富,但人力资源的产出规模与经济活动参与规模并不相匹配,人力资源效能难以充分发挥。由于历史、地理、政策、制度、人文等方面原因,西部地区人才流动受阻、配置不合理。人才交流机构缺少全局观念而各自为政,部门、区域之间的人才不能互相流动、浪费严重。

要畅通人才流动渠道、合理配置人才资源,实现人力资本与物质资本的合理配置,做到"人尽其才,物尽其用",实现西部人力资本效益的最大化。首先,要建立开放、竞争、有序、合理、规范的人才市场体系,勇于打破人才地域、单位、户籍、身份等界限,打破不同所有制身份、干部身份的限定,消除人才在不同地区、部门、行业、岗位间流动的障碍,建立有利于人才交流的市场机制;其次,要提高人才的使用效率,将优秀人才集中投放到关系西部经济发展全局的重要地区、部门和岗位,在整体上形成集中力量办大事、集中力量解决主要问题的绝对优势;再次,信任人才、放手使用人才,让人才充分发挥才能,做到人尽其才;最后,以地区的物质资本与经济发展规划为依据,以区域宏观、长期的综合效益为目标,通过地区间的人口和劳动力迁移以及不同的人口政策、劳动力政策的调节作用实现人才的有效配置。

三、协调区域人力资源流动,实现区域人才资源共享

(一)全方位、多层次推进区域人才合作与共享

区域人才资源是指一定区域内所拥有的和所利用的,能为本地区创造物质财富、精神财富和文化财富的人才总量。在市场经济条件下,区域经济发展

---

① 雷鹏.人力资本、资本存量与区域差异——基于东西部地区经济增长的实证研究[J].社会科学,2011(3).

日益突破行政区域界限,区域间合作由浅入深,由单元到多元,走向经济区域协调发展,地区间人才资源的合作共享也应运而生。进一步扩大西部内部各省区市之间以及与东部、中部、东北部地区的人才交流与共享的范围和领域。在人才合作共享内容上,西部各省区市政府要制定本区域人才合作共享的重点战略,加强针对性,根据本地区产业布局的需要,突出重点产业、关联性产业的人才合作共享。要立足本区域与其他区域经济的互补性合作,寻求产业人才培养的差别化与产业人才链的衔接。要把握区域人才开发共享的特点和规律,积极探索多样化的有效的合作途径和渠道,在充分尊重各地区利益、充分考虑各地区资源类型和禀赋差异的基础上,寻求利用市场机制实现各区域人才开发共享的路径和模式。实行柔性引才引智机制,坚持"不求所有、但求所用、来去自由"的原则,围绕各区域重点领域、重点产业、重大项目,加强区域人才共享,采取聘用、兼职、咨询、科研和技术合作、技术入股等方式,有针对性地开展紧缺人才的合作共享。

(二)逐步建立区域内和区域间的制度性合作机制

西部各省区市要围绕人才开发共享工作的热点以及人才发展的需求,在人才信息服务、高层次人才智力服务、人才流动、人才培训、公共人事服务、人事政策互通以及人事人才工作理论研究等方面加强与其他区域的合作,着力建立起相互兼容的人才合作交流的信息资源贯通机制、项目开发合作机制以及政策人事部门合作机制,消除人才合作共享中的制度性障碍。完善区域人才共享交流信息平台,建立起覆盖党政干部人才、职业经理人、企业工程技术人才、科研人才、技能人才、教育人才等信息数据库;通过开发并组织实施一批人才与智力、资金、项目等要素有效结合,有利于促进区域内和区域间经济社会发展的合作项目,形成区域内或区域间相互促进、共同发展的人才资源合作共享的工作格局。

(三)建立统一开放、竞争有序的人才市场体系

按照建立统一规范的人力资源市场的要求,推动相关体制改革,打破人才市场建设和运作上的行政区域界限,突破行业壁垒、城乡分割和地区分割,形成统一开放、竞争有序的人才市场体系。包括:通过推进公共财政体系改革,改变户籍与享受教育、医疗、就业、基本社会福利紧密挂钩的状况,消除户籍制

度对人才流动的巨大制约性;探索社会保障体系与全国接轨的方法,制定相应的实施细则,使之更具可操作性,充分起到促进人才合理流动的作用;进一步加强人才市场法制建设,维护流动人才与用人单位的合法权益;推动人才服务机构的市场化、企业化进程,鼓励各种资本参与人才市场运作,成立多元投资的人才服务机构。

(四)正确处理好政府调控和市场调配的关系

人才合作共享机制的进程应该是由政府职能部门对口合作到半官方合作,直至最后民间合作的人才合作共享。人才共享的最终目标就是在无政府调控的前提下,由市场自发地配置人才资源。但是在目前西部地区人才流失严重的情况下,要缩小东、西部地区人才资源及人才环境的巨大差距,留住乃至增多西部区域人才,亟待政府作为,需要采取更有效的人才倾斜政策,使之摆脱不良循环状态。要加强区域人才政策衔接协调,对区域间人才流动、人才培养、资源互认、公共服务等方面的政策和制度进行协调和衔接。深化区域人才共享的机制,利用工资、成本效益等个体利益驱动调节人才及用人单位的区域内外选择,同时考虑区域全局、长远利益,对人才区域共享从政策角度进行管理、调节和控制。同时也要处理好政府调控与市场调配之间的关系。政府在人才合作共享机制中应发挥引导和促进的作用,加强区域内以及与其他区域的人才合作共享,但是不能完全替代市场在人才资源配置中的基础性作用。因此,政府应以市场为导向,因势利导,积极促进人才共享机制的建立,倡导共同利益和区域竞争力,尽量消除共享和合作过程中出现的摩擦和矛盾。

(五)增强企业跨国人力资本运营的管理能力

随着"一带一路"倡议推进,在中央加快沿边开发开放步伐和睦邻周边的外交战略大背景下,越来越多的西部企业将走出国门到境外拓展更广阔的发展空间。一个企业要想在世界上真正立足并赢得国际社会依赖,必须在高科技领域能定标准、有话语权。中国企业在"走出去"过程中必须把人才、品牌、自主创新作为立身之本。因此,企业在跨国经营中,妥善处理好人才的本地化、劳资关系,培养提高员工的忠诚度显得尤为重要。企业在走出去过程中首先要深入了解东道国法律法规、风土人情,不仅需要对所在区域的政治环境、法律环境、市场环境等有充分了解,更需要关注当地的就业环境、劳资关系、薪酬与福利模式及水平、文化特点,这直接影响企业在当地跨国经营的稳定性和可持续性;结合不同国家和地区的人才环境特点,依据跨国经营环境下当地的业务定位模式,制定相匹配的人才结构、人才配置策略。

四、推进大众创业创新,充分发掘人力资源潜力

(一)大力推进大众创业创新,激发人力资源活力

推进大众创业创新,是稳增长、扩就业、激发群众智慧和创造力的重大举措,对于推动经济结构调整、打造发展新引擎、增强发展新动力、走创新驱动发展道路具有重要意义。加快西部地区产业结构的转型升级,发展"互联网+"创业服务,构建创业产业生态。创新服务业发展模式和业态,大力发展第三方专业服务,提高服务业和非公企业就业比重。积极培育战略性新兴产业和先进制造业,挖掘第二产业就业潜力。培养新型职业农民,鼓励各类城乡劳动者根据市场需求到农村就业创业。

支持各类市场主体不断开办新企业、开发新产品、开拓新市场,培育新兴产业,形成小微企业"铺天盖地"、大企业"顶天立地"的发展格局。通过引导和推动创业孵化与高校、科研院所等技术成果转移相结合,引导和鼓励国内资本与境外合作设立新型创业孵化平台,提升技术支撑和孵化能力,推进农民工创业园、小微企业创业孵化基地建设。通过加大财政资金支持和统筹力度,完善普惠性税收措施,发挥政府采购支持作用,建立和完善创业投资引导机制,拓宽创业投资资金供给渠道等,完善小微企业创业创新的扶持机制,支持创业起步成长。

培育创业创新公共平台。大力推广创客空间、创业咖啡、创新工场等新型孵化模式,加快发展各类众创空间,实现创新与创业、线上与线下、孵化与投资相结合。落实众创空间型创业孵化基地房租、宽带接入补助等各项优惠政策。打造一批创业示范基地,形成市场主导、风投参与、企业孵化的创业生态系统。拓宽创业投融资渠道,运用财税政策,支持风险投资、创业投资、天使投资等发展。壮大创业投资规模。支持创业担保贷款发展,支持农民工返乡创业,发展农民合作社、家庭农场等新型农业经营主体,创建一批农民工返乡创业园,支持农民网上创业。支持举办创业训练营、创业创新大赛、创新成果和创业项目

展示推介等活动,搭建创业者交流平台,培育创业文化,让大众创业、万众创新蔚然成风。完善公共就业服务体系的创业服务功能,充分发挥公共就业服务、中小企业服务、高校毕业生就业指导等机构的作用,为创业者提供项目开发、开业指导、融资服务、跟踪扶持等服务,创新服务内容和方式。营造宽松便捷的创业环境,以创业带动就业。

(二)实施就业优先战略,实现充分就业和高质量就业

坚持劳动者自主就业、市场调节就业、政府促进就业和鼓励创新的方针,深入实施就业优先战略和更加积极的就业政策,实现充分就业和高质量就业。

把促进就业作为经济社会发展的优先目标,紧紧围绕地区产业发展布局、产业转型升级、重大项目等,构建经济发展、重大项目和扩大就业的联动机制,做到发展经济和增加就业并重、并举,培育和创造更多的就业增长点和就业岗位,增加就业总量。

统筹推进高校毕业生等重点群体就业。把高校毕业生就业摆在就业工作首位,健全高校毕业生到基层工作的服务保障机制,鼓励毕业生到乡镇特别是困难乡镇机关事业单位工作;加大对困难群体特别是零就业家庭成员的就业援助力度,建立健全就业援助制度和工作保障制度,实施实名制动态管理和分类帮扶,全面推进充分就业社区建设;积极落实军队转业人员和退役军人安置办法,做好军队转业人员安置和退役军人就业工作。

加强失业调控,开展再就业帮扶行动。健全覆盖各类失业人员的失业登记制度,完善就业登记、失业登记与就业服务有机衔接的工作流程,研究建立就业和失业状况的评价体系、失业预警机制和制定控制失业的宏观调控政策,制定失业调控预案,实施失业预防、调节和控制,将失业人员数量调控在适度范围内,保持就业局势稳定。对经济结构调整中的下岗失业人员,加强就业服务、转业转岗、落实各项就业扶持政策,妥善处理劳动关系、社会保险转移接续,促进其尽快转岗再就业。

推进农村劳动力转移就业,鼓励和支持农村劳动力就地就近转移就业,完善农民工职业培训、就业服务、劳动维权"三位一体"的工作机制,强化劳务输出,发展劳务经济。

实行更加有利于促进就业的财税、金融扶持政策:对劳动者自谋职业和从事个体经营、创办企业的,给予税收优惠支持;对企业吸纳符合条件的人员就业依法给予税收优惠;鼓励引导金融机构做好对劳动者创业和组织起来就业的创业担保贷款工作,支持劳动者自主创业、自谋职业。

（三）建立更规范开放的市场,实现人力资源有效配置

充分发挥市场在人力资源配置中的决定性作用,更好发挥政府作用。加大政府支持力度,形成政府宏观调控和提供公共服务、市场主体公平竞争、中介组织规范服务的人力资源市场运行格局。加强人力资源市场建设,进一步完善基层就业工作经费保障机制,完善人力资源市场基础设施建设,分批次、年度建设基层乡镇就业和社会保障综合服务中心,逐步实现人力资源市场一体化,提高就业服务整体能力。积极培育和发展网上人力资源市场,促进人力资源服务的规范化、标准化,提高专业化、信息化水平。建立就业信息资源库,加强信息系统应用,实现就业管理和就业服务工作全程信息化。推进就业信息共享开放,支持社会服务机构利用政府数据开展专业化就业服务,协同提升公共就业服务水平。

参考文献

[1]蔡昉,都阳.中国地区经济增长的趋同与差异——对西部开发战略的启示[J].经济研究,2000(10).

[2]陈磊,郑运鸿,周丽苹.基于省域尺度的西部人力资源水平研究[J].工业经济论坛,2015(2).

[3]陈磊,周丽苹,班茂盛,等.基于聚类分析的中国低龄老年人力资源水平区域差异研究[J].人口学刊,2015(4).

[4]陈明星,李扬,龚颖华,等.胡焕庸线两侧的人口分布与城镇化格局趋势[J].地理学报,2016(2).

[5]戴志伟.宁波人才竞争力的评价模型构建[J].商场现代化,2006(30).

[6]段成荣.省际人口迁移迁入地选择的影响因素分析[J].人口研究,2001(1).

[7]段小梅,黄志亮.西部地区建设人力资源强区的学理依据及现实需要[J].云南农业大学学报,2015(4).

[8]段兴民.西部可持续发展的人力资源开发战略[J].中国人力资源开发,2009(1).

[9]冯宗宪."一带一路"构想的战略意义[N].光明日报,2014-10-20.

[10]高其勋,张波.区域人力资源可持续发展评价指标体系的构建[J].经济论坛,2006(3).

[11]耿祥建,陈洁.公共部门人力资源绩效测评指标与方法设计的新路径[J].陕西理工学院学报(社会科学版),2009(4).

[12]郭会娟.我国西部经济发展进程中的人力资本投资[J].资源与产业,2012(6).

[13]郭琳,车士义.中国的劳动参与率、人口红利与经济增长[J].中央财经大学学报,2011(9).

[14]国家发展改革委,外交部,商务部.推动共建丝绸之路经济带和21世纪海上丝绸之路的愿景与行动[EB/OL].

[15]国家人口和计划生育委员会发展规划与信息司.人口发展功能区研究[M].北京:世界知识出版社,2009.

[16]韩喜平,徐广顺.区域经济发展差距的人力资源因素——基于吉林省和浙江省发展差距的思考[J].人口学刊,2004(3).

[17]何立峰.国家西部开发报告(2017)[M].杭州:浙江大学出版社,2017.

[18]胡新,惠调艳,郑耀群.西部大开发中区域产业转移与产业升级[M].北京:社会科学文献出版社,2015.

[19]黄群慧.中国工业化进程:阶段、特征与前景(上)[J].经济与管理,2013(7).

[20]峻峰.西部地区人力资源开发与经济增长[D].北京:中央民族大学,2005.

[21]李慧.增强西部地区科技能力的机制创新研究[J].科学与管理,2010(5).

[22]李建民.人力资本投资与西部地区大开发[J].人口与计划生育,2000(4).

[23]李巨光.基于科研人员特点的绩效评价方法研究[J].农业科技管理,2010(2).

[24]李娜.对西部人力资源开发与利用的思考[J].山西林业,2005(4).

[25]李维新,贾琳.东北地区人力资源结构及省际差异比较研究[J].东北亚论坛,2006(4).

[26]李兴江,宋承春.人才资源开发指标体系构建:基于西北地区的实证研究[J].西北师大学报(社会科学版),2010(3).

[27]李兴江,张明霞.甘肃与浙江区际经济合作的博弈分析[J].开发研究,2007(2).

[28]李仲生.人口经济学[M].3版.北京:清华大学出版社,2006.

[29]林牧,国洪岗.区域人力资源发展水平评价指标体系构建[J].商业时代,2011(3).

[30]刘金玉.西部地区人才现状的原因分析及对策探究[J].鸡西大学学报,2011(7).

[31]刘卫东,宋周莺,刘慧,等.2015中国区域发展报告——"新常态"下的西部大开发[M].北京:商务印书馆,2016.

[32]刘云,杨欣仪.西部地区人力资源开发现状与对策分析[J].当代经济,2009(10).

[33]陆远权,马垒信,何倩倩.我国省区人力资源状况比较研究——基于因子分析和聚类分析[J].科技与管理,2010(5).

[34]罗淳,吕昭河.中国东西部人口发展比较研究[M].北京:中国社会科学出版社,2007.

[35]马述忠,冯晗.东西部差距:变动趋势与影响因素[M].杭州:浙江大学出版社,2011.

[36]毛瑛,朱斌,刘锦林,等.我国西部地区卫生人力资源配置公平性分析:基于资源同质性假设[J].中国卫生经济,2015(7).

[37]穆效荣,马跃.西部地区科技创新现状及对策研究[J].技术与创新管理,2007(6).

[38]欧鋈.浅议人力资源对中国西部地区经济发展的重要性[J].沿海企业与科技,2011(7).

[39]彼得·德鲁克.管理的实践[M].齐若兰,译.北京:机械工业出版社,2009.

[40]彭磊.西部地区人力资源流动状况评价研究[D]成都:四川大学,2006.

[41]彭伟,段小燕.西部地区科技创新效率及影响因素的综合评析[J].未来与发展,2014(8).

[42]钱滔.西部大开发战略回顾与展望[C]//周谷平.中国西部大开发发展报告(2012).北京:中国人民大学出版社,2012.

[43]秦玉才,周谷平,罗卫东."一带一路"读本[M].杭州:浙江大学出版

社,2015.

[44]秦玉才,周谷平,罗卫东."一带一路"一百问[M].杭州:浙江大学出版社,2015.

[45]任保平,马莉莉,师博.丝绸之路经济带与新阶段西部大开发[M].北京:中国经济出版社,2015.

[46]宋寿金.区域人力资源开发研究[M].广州:广东人民出版社,2004.

[47]孙诚.人力资源与西部开发——我国西部地区人力资源开发研究[M].北京:经济科学出版社,2007.

[48]谈君豪.对西部地区人力资源开发管理的几点思考[J].企业家天地,2013(12).

[49]谭捷.西部地区人力资源开发研究[D].贵阳:贵州大学,2006.

[50]谭周令,程豹.西部大开发的净政策效应分析[J].中国人口·资源与环境,2018(3).

[51]汤伟娜,汪海霞.西部地区工业企业自我发展能力评价指标构建及评价研究[J].新疆职业大学学报,2015(2).

[52]汤甬.中国西部人力资源水平区域差异比较研究[D].杭州:浙江大学,2010.

[53]陶晓波.区域人力资源和社会保障协调发展指标体系构建实证研究[J].华东经济管理,2012(6).

[54]田成诗,盖美.中国人口流动规律、动因及对经济增长的影响[M].北京:科学出版社,2015.

[55]田雪原,周丽苹.中国人口[M].北京:五洲传播出版社,2004.

[56]田雪原.西部开发重在人力资本积累[J].中国人口科学,2001(1).

[57]万丽娟,董海雯,刘晓琴.论西部人力资源开发的问题与对策[J].重庆大学学报(社会科学版),2003(6).

[58]王桂新,等.21世纪中国西部地区的人口与开发[M].北京:科学出版社,2006.

[59]王金波."一带一路"建设与东盟地区的自由贸易区安排[M].北京:社会科学文献出版社,2015.

[60]王金祥,姚中民.西部大开发重大问题与重点项目研究(综合卷)[M].北京:中国计划出版社,2006.

[61]王思薇,安树伟.西部大开发科技政策绩效评价[J].科技管理研究,2010(2).

[62]王秀银,崔树义,鹿立.现代人口管理学[M].济南:山东人民出版社,2011.

[63]王玉姣.人力资源管理[M].北京:清华大学出版社,2013.

[64]韦欣.西部地区人力资本投资优化策略分析[J].企业技术开发,2014(14).

[65]魏后凯.西部大开发"十三五"总体思路研究[M].北京:经济管理出版社,2016.

[66]文魁,谭永生.试论我国人才评价指标体系的构建[J].首都经济贸易大学学报,2005(2).

[67]吴德刚,曾天山,邓友超.我国西部地区人才资源开发战略研究[J].教育研究,2015,36(4).

[68]伍爱春,杨熙.浅谈中国西部人力资源现状及其对策[J].经济师,2001(8).

[69]徐建平.区域社会人力资源指标体系研究[D].上海:华东师范大学,2003.

[70]徐梁."一带一路"背景下动态比较优势增进研究——基于要素结构变动视角[D].杭州:浙江大学,2016.

[71]徐绍史.国家西部开发报告(2016)[M].杭州:浙江大学出版社,2016.

[72]徐现祥,舒元.物质资本、人力资本与中国地区双峰趋同[J].世界经济,2005(1).

[73]杨锦英.西部人力资源深度开发的两个突破口[J].经济学家,2002(6).

[74]杨云彦.人口资源与环境经济学.北京:中国经济出版社,1999.

[75]姚檀栋,秦大河,沈永平,等.青藏高原冰冻圈变化及对区域水循环和

生态条件的影响[J].自然杂志,2013,35(3).

[76]姚引妹,李芬,金燕燕.西部地区人才开发[C]//周谷平.中国西部大开发发展报告(2012).北京:中国人民大学出版社,2012.

[77]尹豪,陈炳镇.东北亚区域人力资源开发与合作研究[J].人口学刊,2009(5).

[78]曾培炎.西部大开发政策回顾[M].北京:中共党史出版社,2010.

[79]张绘.城镇化进程中促进西部地区经济可持续发展的战略[J].经济纵横,2017(9).

[80]张玲,李祥丽.人力资源价值评估模型的构建及指标分析[J].河北农业大学学报(农林教育版),2008(3).

[81]张祥晶.中国在业人口区域分布研究[M].北京:中国社会科学出版社,2012.

[82]张旭路,金英君,王义源.高等教育层次结构对中国新型城镇化进程的影响研究[J].中国人口·资源与环境,2017(12).

[83]赵昌文,鲍曙明,潘萍.中国西部大开发十年评估[M].北京:中国发展出版社,2013.

[84]赵琛徽.人员素质测评[M].武汉:武汉大学出版社,2010.

[85]赵丛敏.人力资本与区域经济发展初步研究[J].北京机械工业学院学报,2002(2).

[86]郑小兰.管理型人才资源价值评估模型的建立及应用[J].企业经济,2007(10).

[87]中共中央组织部.中国人才资源统计报告[M].北京:中国统计出版社,2012-2014.

[88]周谷平,吴华,等.西部地区教育均衡发展的资源统筹和制度创新研究[M].杭州:浙江大学出版社,2012.

[89]周谷平.中国西部大开发发展报告(2012)[M].北京:中国人民大学出版社,2012.

[90]周丽苹,陈磊,班茂盛."一带一路"战略与西部人力资源[C]//周谷平.中国西部大开发发展报告(2015).北京:中国人民大学出版社,2015.

[91]周丽苹,鲁心驰,马伟红.疏离与融合:中国西部职业教育的发展[C]//周谷平.中国西部大开发发展报告(2017).北京:中国人民大学出版社,2017.

[92]周脉耕,李镒冲,王海东,等.1990—2015年中国分省期望寿命和健康期望寿命分析[J].中华流行病学杂志,2016(11).

[93]周楠楠.西部地区产业结构与人力资本结构协同发展困境及对策[J].改革与战略,2017(4).

[94]邹磊."一带一路"合作共赢的中国方案[M].上海:上海人民出版社,2016.

[95]C. Cindy Fan. Interprovincial migration, population redistribution, and regional development in China:1990 and 2000 census comparisons[J]. *The Professional Geographer*, 2005,57(2):295-311.

[96]Kaori Mizumoto, Mari Kondo. Sustainable human resources development for health — Looking forward to 30 years and beyond[J]. *Kokusai Hoken Iryo* (*Journal of International Health*),2014,29(2):121-122.

[97]Michiyo Higuchi. Sustainable human resources development to bridge the gap between research and practice in public health[J]. *Kokusai Hoken Iryo* (*Journal of International Health*),2014,29(2):131-135.

[98]Nuray Yapici-Akar, Onur Dirlik, Aslihan Kiymalioglu, Ozlem Yurtseven, Huseyin Boz. Evaluation of contemporary trends in international human resources management from strategic approaches and regional models perspective: A cross-sectional analysis of 1998—2008 [J]. *Business and Economics Research Journal*,2011,2(4):97-113.

[99]Regina M. A. A. Galhardi. Changing occupational structures and human resources development:Implications for developing countries' regional and global integration[J]. *Science & Public Policy*,1998,25(1):55-64.

[100]Shuming Bao, B. Bodvarsson, Jack W. Hou & Yaohui Zhao. Interprovincial Migration in China: The Effects of Investment and Migrant Networks[Z]. IZA Discussion Paper No. 2924,2007.

附　录

附件 1:SPSS 生命表编程程序

1 岁组生命表程度为:

```
COMPUTE m=d/p.
COMPUTE n=1.
IF(x=0)n=1.
COMPUTE q=2*n*m/(2+n*
m).
IF(x=0)q=q=(d/p)/(1+(1-0.
25)*d/p).
IF(x=100)q=1.
IF(x=0)11=100000.
IF(x=0)d1=100000*q.
IF(x=0)12=100000-d1.
LOOP IF(x>0).
COMPUTE 11=LAG(12).
COMPUTE d1=11*q.
COMPUTE 12=11-d1.
END LOOP IF(x=100).
COMPUTE 1=n/2*(11+12).
IF(x=0)1=12+0.15*100000*q.
IF(x=100)1=11/m.
```

10 岁组生命表程度为:

```
COMPUTE m=d/p.
COMPUTE n=10.
IF(x=0)n=1.
IF(x=1)n=9.
COMPUTE q=2*n*m/(2+n*m).
IF(x=0)q=q=(d/p)/(1+(1-0.25)
*d/p).
IF(x=80)q=1.
IF(x=0)11=100000.
IF(x=0)d1=100000*q.
IF(x=0)12=100000-d1.
LOOP IF(x>0).
COMPUTE 11=LAG(12).
COMPUTE d1=11*q.
COMPUTE 12=11-d1.
END LOOP IF(x=80).
COMPUTE 1=n/2*(11+12).
IF(x=0)1=12+0.15*100000*q.
IF(x=80)1=11/m.
```

```
SORT CASES BY x(D).
CREATE t=CSUM(1).
SORT CASES BY x(A).
COMPUTE e=t/11.
LIST x,p,d,q,qq,d1,1,t,e.
```

```
SORT CASES BY x(D).
CREATE t=CSUM(1).
SORT CASES BY x(A).
COMPUTE e=t/11.
LIST x,p,d,q,11,d1,1,t,e.
```

上述程序中,m 为年龄组死亡率,n 为年龄组组距,q 为死亡概率,1 为生存人年数,11 为尚存人数,d1 为死亡人数,12 为求 11 和 1 而设置的中间变量,t 为生存总人年数,e 为平均期望寿命。

附表 1   2000 年、2005 年、2010 年、2015 年全国各省份流入人口

单位:万人

地域	2000 年	2005 年	2010 年	2015 年
北京	463.75	578.23	1049.83	1165.16
天津	218.16	215.63	495.22	566.28
河北	488.17	487.60	829.73	966.94
山西	372.06	287.49	676.47	737.06
内蒙古	382.78	445.17	717.09	741.48
辽宁	648.22	655.45	931.01	853.15
吉林	294.93	264.72	446.22	526.15
黑龙江	376.84	369.14	555.78	489.02
上海	538.46	718.48	1268.53	1344.16
江苏	909.98	1107.85	1822.68	1945.60
浙江	859.87	1095.75	1990.09	1926.85
安徽	355.85	408.77	710.06	916.98
福建	591.12	758.50	1107.45	1215.31
江西	336.48	299.75	530.23	635.40
山东	746.80	780.23	1369.83	1574.67
河南	520.05	355.44	976.41	1044.95
湖北	570.46	470.93	925.02	1225.88

续　表

地域	2000 年	2005 年	2010 年	2015 年
湖南	439.57	447.43	789.88	1016.45
广东	2530.43	2699.45	3680.66	4129.95
广西	323.45	300.03	629.18	690.56
海南	97.81	99.42	184.34	196.14
重庆	262.51	226.01	544.08	689.41
四川	666.56	580.54	1173.52	1540.26
贵州	241.55	244.88	462.95	573.88
云南	387.16	344.94	605.38	716.62
西藏	21.38	11.24	26.20	42.15
陕西	236.53	239.27	589.44	725.46
甘肃	155.69	125.02	311.27	371.35
青海	52.20	51.06	114.10	115.57
宁夏	67.25	57.17	153.45	174.44
新疆	282.97	219.85	427.70	470.86

附表 2　2000 年、2005 年、2010 年、2015 年全国各省省际流入人口

单位:万人

地域	2000 年	2005 年	2010 年	2015 年
北京	246.32	344.88	704.45	768.57
天津	73.50	119.84	299.15	376.27
河北	93.05	88.31	140.47	168.83
山西	66.74	41.74	93.17	72.70
内蒙古	54.79	71.34	144.42	125.75
辽宁	104.52	112.39	178.65	161.55
吉林	30.86	30.59	45.65	51.55
黑龙江	38.66	40.06	50.64	55.17
上海	313.49	470.81	897.70	953.69
江苏	253.69	429.89	737.93	870.06

续 表

地域	2000 年	2005 年	2010 年	2015 年
浙江	368.89	629.70	1182.40	1173.23
安徽	23.01	34.96	71.75	130.10
福建	214.53	287.67	431.36	438.03
江西	25.31	25.38	59.99	99.92
山东	103.32	128.79	211.56	221.70
河南	47.62	28.16	59.21	118.59
湖北	60.97	46.15	101.36	191.43
湖南	34.88	32.35	72.50	121.49
广东	1506.48	1658.95	2149.78	2410.36
广西	42.82	37.23	84.18	108.12
海南	38.18	29.68	58.85	62.66
重庆	40.32	35.58	94.52	130.32
四川	53.62	50.72	112.86	191.64
贵州	40.85	38.66	76.33	107.52
云南	116.44	81.83	123.65	154.48
西藏	10.87	4.32	16.54	15.90
陕西	42.60	38.14	97.44	143.59
甘肃	22.79	16.40	43.28	53.95
青海	12.43	12.51	31.84	34.17
宁夏	19.19	11.76	36.85	33.48
新疆	141.11	104.24	179.16	177.95

附表 3 2000 年西部各省区市人力资源各指标无量纲处理后数据

	内蒙古	广西	重庆	四川	贵州	云南	西藏	陕西	甘肃	青海	宁夏	新疆
Y1	0.2084	0.5568	0.3507	1.0000	0.4449	0.5015	0.0000	0.3914	0.2452	0.0267	0.0355	0.1287 9
Y2	0.3077	0.7933	1.0000	0.7981	0.8510	0.8317	0.5385	0.6298	0.4952	0.4567	0.6346	0.0000
Y3	0.1760	0.8393	0.6097	0.6276	1.0000	0.6862	0.5587	0.5408	0.4133	0.3827	0.5536	0.0000
Y4	0.7534	0.9452	1.0000	0.9315	0.2192	0.1507	0.0000	0.7808	0.4247	0.2192	0.7945	0.4110
Y5	1.0000	0.9545	0.8864	0.8409	0.6136	0.6591	0.0000	0.9773	0.7045	0.6364	0.8182	0.9773
Y6	0.9025	1.0000	0.9407	0.8983	0.7203	0.7627	0.0000	0.9195	0.7097	0.5614	0.7585	0.9364
Y7	0.5691	0.1669	0.1934	0.1985	0.0000	0.2176	0.4956	1.0000	0.2140	0.3066	0.3559	0.8809
Y8	0.6657	0.2125	0.3927	0.2534	0.0000	0.2494	0.2987	0.3266	0.2572	0.3990	0.3745	1.0000
Y9	0.7647	0.5294	1.0000	0.9412	0.3529	0.6471	0.0000	0.9706	0.3824	0.4706	0.9706	0.9412
Y10	0.5943	0.1370	0.2041	0.1602	0.0853	0.1550	0.0000	0.2067	0.2326	0.4238	0.2300	1.0000
Y11	0.5832	0.2516	0.0000	0.2818	0.2333	0.2726	0.1324	0.3145	0.4456	0.1206	0.0236	1.0000
Y12	0.7762	0.1762	0.3667	0.2238	0.0524	0.1619	0.0000	0.5619	0.4476	0.6238	0.3429	1.0000
Y13	0.4286	1.0000	0.3265	0.8980	0.0000	0.8571	0.0408	0.2653	0.1224	0.7755	0.8980	0.7755
Y14	0.5814	1.0000	0.3488	0.9535	0.0000	0.9302	0.6744	0.0465	0.0930	0.7907	0.7674	0.8372

附表 4　2005 年西部各省区市人力资源各指标无量纲处理后数据

	内蒙古	广西	重庆	四川	贵州	云南	西藏	陕西	甘肃	青海	宁夏	新疆
Y1	0.2040	0.5738	0.3550	1.0000	0.4640	0.5188	0.0000	0.3921	0.2703	0.0288	0.0361	0.1410
Y2	0.2340	0.8426	1.0000	0.7617	0.8979	0.7234	0.5106	0.5532	0.6255	0.4851	0.5277	0.0000
Y3	0.2426	0.8426	1.0000	0.7574	0.8979	0.7234	0.5319	0.5319	0.5830	0.4809	0.5277	0.0000
Y4	0.7867	0.9333	1.0000	0.9067	0.3067	0.1733	0.0000	0.8133	0.4800	0.2400	0.7467	0.4800
Y5	1.0000	0.8889	0.8222	0.6889	0.6000	0.6000	0.0000	0.9778	0.7111	0.6889	0.8222	1.0000
Y6	0.9332	1.0000	0.9278	0.8182	0.7193	0.7353	0.0000	0.9626	0.7219	0.6123	0.7834	1.0000
Y7	0.3914	0.1106	0.2260	0.1628	0.0000	0.1632	0.5564	0.3673	0.1672	0.2505	0.4076	1.0000
Y8	1.0000	0.2022	0.3930	0.2483	0.0000	0.1791	0.3074	0.4181	0.1884	0.3956	0.4001	0.8818
Y9	0.1770	0.0973	1.0000	0.3628	0.0885	0.1416	0.0088	0.3186	0.0531	0.0000	0.1858	0.2743
Y10	1.0000	0.2291	0.2400	0.4073	0.1418	0.2255	0.0000	0.4582	0.3418	0.6473	0.5418	0.6982
Y11	0.6933	0.2385	0.0000	0.3159	0.1927	0.2464	0.1284	0.3644	0.3840	0.1743	0.0970	1.0000
Y12	0.7617	0.1589	0.2850	0.1636	0.0514	0.1215	0.0000	0.5841	0.3318	0.3551	0.3505	1.0000
Y13	0.5625	0.2240	0.4115	0.2604	0.1302	0.2813	0.0000	0.4896	0.2500	0.3594	0.3333	1.0000
Y14	0.3938	0.1195	0.1327	0.1460	0.0265	0.1681	0.1770	0.0841	0.0398	0.0000	0.1504	1.0000

附表 5 2010 年西部各省区市人力资源各指标无量纲处理后数据

	内蒙古	广西	重庆	四川	贵州	云南	西藏	陕西	甘肃	青海	宁夏	新疆
Y1	0.2118	0.5741	0.3601	1.0000	0.4608	0.5464	0.0000	0.3700	0.2607	0.0250	0.0316	0.1414
Y2	0.3110	0.8294	0.9097	0.7726	1.0000	0.7358	0.6522	0.4448	0.5652	0.4515	0.4281	0.0000
Y3	0.1976	0.9537	0.9610	0.7951	1.0000	0.7732	0.7171	0.3585	0.5463	0.4561	0.4512	0.0000
Y4	0.8267	0.9200	1.0000	0.8800	0.3867	0.1733	0.0000	0.8667	0.5333	0.2400	0.6933	0.5600
Y5	0.9737	0.8158	0.8421	0.7632	0.5526	0.6053	0.0000	1.0000	0.7105	0.6053	0.8421	0.9474
Y6	0.9484	0.9806	0.9419	0.8903	0.7677	0.8452	0.0000	0.9516	0.7742	0.6677	0.8710	1.0000
Y7	0.4929	0.0550	0.2317	0.1991	0.0000	0.1216	0.5454	0.4174	0.2905	0.4801	0.4812	1.0000
Y8	1.0000	0.1700	0.2843	0.1940	0.0000	0.0832	0.1233	0.4145	0.1222	0.3370	0.4118	0.5646
Y9	0.1164	0.1005	1.0000	0.9497	0.1270	0.1111	0.0000	0.6032	0.0847	0.0159	0.3439	0.2011
Y10	0.7525	0.2400	0.6200	0.5075	0.1275	0.1400	0.0000	0.5575	0.2800	0.4825	0.6750	1.0000
Y11	0.7137	0.1185	0.6220	0.2821	0.0197	0.0832	0.0000	0.4316	0.2299	0.3681	0.4570	1.0000
Y12	0.6096	0.1184	0.3070	0.1711	0.0439	0.0921	0.0000	0.5044	0.2675	0.3070	0.3991	1.0000
Y13	0.5105	0.1255	0.3682	0.2762	0.0711	0.1255	0.0000	0.3808	0.1674	0.3975	0.4100	1.0000
Y14	0.6455	0.1978	0.2612	0.2799	0.1754	0.1978	0.2351	0.2612	0.1343	0.0000	0.3694	1.0000

附表6 2015年西部各省区市人力资源各指标无量纲处理后数据

	内蒙古	广西	重庆	四川	贵州	云南	西藏	陕西	甘肃	青海	宁夏	新疆
Y1	0.2404	0.5561	0.3200	1.0000	0.3657	0.5921	0.0000	0.4011	0.2813	0.0227	0.0314	0.1993
Y2	0.1983	0.5187	0.4067	0.5660	0.2763	0.7448	1.0000	0.3047	0.5097	0.2914	0.2713	0.0000
Y3	0.0000	0.6287	0.4366	0.6048	0.3988	0.6693	1.0000	0.1946	0.3728	0.1728	0.1939	0.0210
Y4	1.0000	0.6098	0.9390	0.7317	0.4146	0.5610	0.0000	0.8902	0.8537	0.1585	0.8171	0.4756
Y5	0.9626	0.9055	0.9538	0.8242	0.7758	0.7033	0.0000	0.9956	0.8220	0.7692	0.8703	1.0000
Y6	0.9616	0.9905	0.9490	0.8929	0.7857	0.8642	0.0000	0.9335	0.8528	0.7309	0.8691	1.0000
Y7	0.7835	0.0000	0.5850	0.2003	0.0724	0.0017	0.5146	0.8827	0.1679	0.7298	0.6051	1.0000
Y8	1.0000	0.1433	0.4511	0.1733	0.0600	0.0022	0.0000	0.4656	0.0211	0.3200	0.3689	0.4233
Y9	0.0994	0.3394	1.0000	0.5884	0.3173	0.1158	0.0000	0.7973	0.2180	0.1045	0.2575	0.2067
Y10	0.7802	0.3096	1.0000	0.7421	0.2846	0.1526	0.0000	0.6608	0.3028	0.5426	0.8430	0.8675
Y11	0.7055	0.0651	0.6526	0.4225	0.1110	0.0071	0.0000	0.4324	0.1586	0.4872	0.5950	1.0000
Y12	0.5964	0.1711	1.0000	0.3629	0.2104	0.1082	0.0000	0.5375	0.2426	0.3231	0.7292	0.9819
Y13	0.6299	0.0449	0.8271	0.1966	0.1845	0.0109	0.0000	0.4891	0.0103	0.3477	0.6924	1.0000
Y14	0.7368	0.0346	0.6419	0.3265	0.2087	0.0000	0.0715	0.1542	0.0012	0.2860	0.6049	1.0000

后 记

回想起来,最早使我对中国西部人力资源及其相关问题产生兴趣的,是田雪原先生 2001 年发表于《中国人口科学》第 1 期上的《西部开发重在人力资本积聚》一文。该文从自然、产出、人力、社会四大方面去考察我国西部的资本结构,发现西部地区自然资本蓄势较强,但产出资本和人力资本较弱,社会资本相对滞后;提出西部开发就是要通过产出、人力、社会三大资本的积聚,有效启动蓄势较强的自然资本,才可能形成强有力的发展态势。其中人力资本是西部开发战略的主流资本,也是"瓶颈"资本。我深受启发。2006 年 10 月,国务院西部开发领导小组办公室和浙江大学共建成立浙江大学中国西部发展研究院(以下简称西部院),我所在的浙江大学人口与发展研究所被整建制划入西部院,自然也就拥有了深入研究西部人口及相关问题的机会和平台。我先后有幸参与了西部院一系列相关课题研究并得到相应经费资助,主要有"'一带一路'建设与促进民心相通研究""新时代促进西部地区高质量发展(2020—2035)""西部大开发重大理论问题暨未来十年深入实施西部大开发战略研究""中国西部人力资源区域差异研究""'一带一路'建设与西部人力资源""西部地区全面建成小康与人才创新""中国西部职业教育发展研究""广西凭祥重点开发开放试验区人力资源开发专项规划"等。多项课题研究和实地调研,不仅加深了我对中国西部真实情况的认识,更为本专著的完成积累了丰富素材和学术思想。

本专著最终能够完成,得益于西部院各位领导和同学们的大力支持。陈磊是我的研究生,其大学本科的专业方向就是人力资源管理,他的加入无疑给我增添了两翼,使研究进程大大加快。研究生汤甬、何尔佳、王婷、鲁心驰、张琳菲等同学参与了前期大量基础性的研究工作,谢谢我的爱徒们! 在书稿付梓之际,要特别感谢西部院周谷平院长,董雪兵、陈健副院长一直以来对我的信任和关心,对我的工作和研究给予的大力支持!要感谢西部院发展中心孟东军老师在日常项目管理、成果申报、专著出版等事宜上给予我的及时指导和服务。

关于中国西部人才、人力资源及相关问题的研究成果,自 2000 年国家开始实施西部大开发战略以来迅速增加,目前已如浩瀚大海,本专著只是其中的一朵浪花,但凝聚了我们近十年来对这一领域研究的真切体验和思辨探索,颇感欣慰。当然,受专业学识、研究能力等的限制,专著必定存有疏误之处,敬请读者不吝赐教!

周丽苹

于浙大紫金港

2019 年 5 月

图书在版编目(CIP)数据

中国西部人力资源区域差异与协调发展 / 周丽苹，
陈磊著.—杭州：浙江大学出版社，2019.6
ISBN 978-7-308-19275-0

Ⅰ.①中… Ⅱ.①周…②陈… Ⅲ.①人力资源管理
－研究－西北地区②人力资源管理－研究－西南地区
Ⅳ.①F249.21

中国版本图书馆 CIP 数据核字(2019)第 129667 号

中国西部人力资源区域差异与协调发展

周丽苹　陈　磊　著

责任编辑	蔡圆圆
责任校对	杨利军　赵珏
封面设计	春天书装
出版发行	浙江大学出版社
	（杭州市天目山路 148 号　邮政编码 310007）
	（网址：http://www.zjupress.com）
排　　版	浙江时代出版服务有限公司
印　　刷	浙江省良渚印刷厂
开　　本	710mm×1000mm　1/16
印　　张	15.75
字　　数	241 千
版 印 次	2019 年 6 月第 1 版　2019 年 6 月第 1 次印刷
书　　号	ISBN 978-7-308-19275-0
定　　价	48.00 元